AtV

Als die Eltern HELLMUT STERNs 1938 beschlossen, nach China zu emigrieren, holte der damals Zehnjährige den Atlas hervor, um zu erkunden, wo dieses Land überhaupt lag. Auf seine Flucht in die Mandschurei nahm Stern auch seine erste Geige mit. Sie wurde für die Familie bald wichtigstes Mittel zum Lebensunterhalt im Exil. Stern musizierte als Kind und Heranwachsender – oft nur für eine Mahlzeit – auf chinesischen Hochzeiten, in Nachtclubs und Restaurants. Ebenso eindringlich wie unsentimental schildert Stern die zum Teil elenden Lebensbedingungen in der Mandschurei und die Brutalität der sowjetischen Besatzer nach 1945, deren Willkür er selbst nur knapp entrinnen konnte. Unter abenteuerlichen Bedingungen organisierte Stern für sich und einige andere Emigranten 1949 die Ausreise aus dem kommunistischen Machtbereich Chinas nach Israel. Dort wurde Stern Mitglied des Israel Philharmonic Orchestra und arbeitete unter Dirigenten wie Bernstein, Klecki und Steinberg.

Doch die Odyssee seines Emigrantenlebens sollte für Stern noch immer nicht zu Ende sein. 1956 folgte er seinem in den USA schwer erkrankten Vater und mußte sich als Schuh- und Orgelverkäufer durchschlagen, bis er wieder in seinem Beruf arbeiten konnte. 1961 kehrte er als Erster Geiger des Philharmonischen Orchesters nach Berlin zurück, wo er mit Celibidache und Karajan zusammenarbeitete.

Sterns Erinnerungen legen die historischen, politischen und kulturellen Triebkräfte offen, die seine Lebensspanne prägten. Es geht um das Verhältnis von Juden und Deutschen und das Leben im Land der einstigen Mörder. Dies alles wird bei Stern so eindringlich und faßbar, weil er es nicht als abstraktes Wissen, sondern als Lebenserfahrung schildert.

Hellmut Stern

SAITEN-SPRÜNGE

Erinnerungen eines
Kosmopoliten wider Willen

Aufbau Taschenbuch Verlag

Abbildungen: S.156 Isaac Berez, S. 213 Siegfried Lauterbach, S. 239 Harro Brödler, S. 284 Cordula Groth, S. 166 und 301 Gustav Zimmermann, alle übrigen Privatarchiv

ISBN 3-7466-1684-0

3. Auflage 2002
Aufbau Taschenbuch Verlag GmbH, Berlin 2000

Umschlaggestaltung Preuße & Hülpüsch Grafik Design
Foto privat, Hellmut Stern 1939 in Harbin (China)
Druck und Binden Elsnerdruck GmbH, Berlin
Printed in Germany

www.aufbau-taschenbuch.de

Inhaltsverzeichnis

1955

Erstes Wiedersehen nach der Emigration 13

Bis 1938

Familie und Kindheit in Berlin 25
Nach 1933 30
Der 9. November 1938 40
Ins Exil 43

1938 bis 1949

Überleben in der Mandschurei 53
Peking 1941/42 66
Anfänge der Musikerkarriere 71
Kriegsende 81
Chinesische Hochzeiten 92
Unter sowjetischer Besatzung 96
In der Inneren Mongolei 103
Reise zu General Guo nach Tsitsihar 111
Fasane, Baldrian & Steine 114

1949

Ausreise 125
Neuanfang in Israel 135
Die Musikantenbörse 143
Im Israel Philharmonic Orchestra 150
Der Trommelwirbel 163
Erste Europareise 169

1956

Zwischenstation Amerika 175
Eine amerikanische Karriere 182
In St. Louis und Rochester 188

Ab 1961

Im Berliner Philharmonischen Orchester 197
Warum zurück nach Deutschland? 203
Anfangsjahre mit Karajan 211
Die Orchesterakademie 222

1969 bis 2000

Rußland-Tournee 1969 225
Das Orchester, das unbekannte Wesen 230
Rückkehr nach Harbin 1979 235
Hörsturz – Absturz? 250
Donnergrollen oder das Ende der Ära Karajan 262
Ein langer Weg nach Israel 275
Israel-Tournee 1990 282
Das letzte Kapitel 289

Mir geht jetzt oft durch den Kopf, wie völlig blind der Mensch ist. Er weiß nichts von der Vergangenheit, weil er nicht dabei war, er weiß nichts von der Gegenwart, weil er dabei ist …

Victor Klemperer

Hellmut Stern lebt in Deutschland. Früher wurden die Juden von den Nazis verfolgt und ermordet. Da Herr Stern ein Jude ist, mußte er mit seinen Eltern aus Deutschland flüchten. Der Vater von Hellmut war Musiker und wollte, daß sein Sohn (Hellmut) auch Musiker wird. Hellmut durfte nicht mit den anderen Kindern Musik üben, weil er ein Jude ist. Den Juden wurde das Geld geraubt, viele Juden waren arm. Die meisten Juden bekamen Hilfe von den Jüdischen Gemeinden aber es reichte nicht lange. Mit der Zeit wurde es in Deutschland immer schlimmer. Die Eltern von Hellmut schrieben an alle Länder, ob man sie aufnehmen könnte. Kein Land nahm sie auf, ausser China. Sie fuhren mit der Eisenbahn bis Italien, dann stiegen sie um auf einen großen Dampfer. Vier Monate dauerte die Fahrt. Sie kamen durch viele Länder. In Harbin, China, hatten sie bereits ein kleines Zimmer. Hellmut war zu der Zeit zehn Jahre alt. In China gab es verschiedene Nationalitäten. Er ging in China in eine russische Schule, in eine Klasse, wo die Sechsjährigen waren. Er wurde ausgelacht, weil er nicht Russisch konnte. Verhauen wurde er auch. Mit der Zeit wurde es ein bißchen besser. Elf Jahre blieb er in Harbin, China. Am 12.08.61 fuhr er zurück nach Berlin. Einen Tag darauf stand er am Brandenburger Tor und sang. Er singt jetzt immer noch bei den Berliner Philharmonikern. Ein paar Jahre später schrieb er ein Buch und wurde berühmt.

Viele Grüße von Tone Domgjoni, 11 Jahre, Klasse 6a

(Aus einem Aufsatz eines Weddinger Grundschülers nach einer Lesung aus »Saitensprünge«)

Vor 38 Jahren, nachdem ich aus der Emigration zurückgekehrt war, interessierte sich niemand für meine Erlebnisse während der Nazizeit und des Exils. Nur ab und zu im privaten Kreise gab ich die eine oder andere Episode aus meiner Vita zum besten. Die Menschen meines Alters wollten damals nichts über diese Zeit hören, ganz zu schweigen von den Älteren, die den Krieg auf die eine oder andere Art erlebt hatten. Man war mit der Zukunft beschäftigt. Doch dann folgte eine neue Generation, die gezielte Fragen zur NS-Zeit, zum Antisemitismus, zur Verfolgung und Emigration stellte.

Jetzt kam die Zeit der Zeitzeugen. Unzählige Schriften aus dem In- und Ausland über Einzelheiten der für uns so entsetzlichen zwölf Nazijahre, über den Krieg und vor allem über die Shoa wurden veröffentlicht, Diskussionen fanden statt, die Historiker rückten ins Rampenlicht – und überall die Zeitzeugen! Sie saßen und sitzen vor Mikrophonen, vor Kameras, in Schulen und Altenheimen und in Jugendclubs, vor jungen und vor alten Menschen. Und sie lesen aus ihren Memoiren, die mal mehr, mal weniger literarisch aufbereitet sind. Das ist gut so und wichtig. Denn so lange es uns noch gibt, müssen wir berichten. Wir sind die Letzten, die das noch aus eigenem Erleben tun können. Nach uns wird man nur noch aus zweiter Hand erfahren können, was geschehen war. Wir berichten aus einer grauenhaften Zeit, die wir zwar überlebten, die aber jeder von uns ganz unterschiedlich erlebte.

So wurde auch ich »Berufszeitzeuge«, und wie so viele habe

auch ich ein Buch geschrieben. Es macht mir Spaß, vor Publikum daraus zu lesen und mit den Menschen, besonders mit jungen Menschen, zu diskutieren.

Wenn das kein Ersatz ist für den Orchesterdienst! Hier kann mich kein Dirigent zwingen, noch einmal und noch einmal von vorne anzufangen, niemand wedelt mir hier mit der Hand vor der Nase herum, um mir zu bedeuten, daß ich vibrieren solle, was ich ohnehin tue, oder daß ich noch leiser spielen solle, obwohl ich schon längst nur noch so tue, als ob ich spielen würde. Hier bin ich endlich Solist und Dirigent in einem!

1955

Erstes Wiedersehen nach der Emigration

Das Israel Philharmonic Orchestra, dem ich angehörte, machte 1955 seine erste Tournee durch Europa. Natürlich stand Deutschland nicht auf unserem Reiseplan – so kurz nach dem Krieg war das undenkbar, aber einige Kollegen, alte Berliner wie ich, beschlossen, den anschließenden Urlaub zu nutzen und Berlin wiederzusehen – zum ersten Mal seit fast zwanzig Jahren.

Diese Kollegen waren alle älter als ich; sie hatten Deutschland im Erwachsenenalter verlassen. Horst Salomon, der Solo-Hornist unseres Orchesters, war neunzehn Jahre alt, als er auswanderte. Die anderen standen damals schon im Beruf: Heinz Schiefer, unser Erster Posaunist, Heinz Berger, Oboe und Englischhorn, und Basia Polischuk, ein Geiger. Ich, der jüngste, hatte Berlin nur als Kind erlebt.

Zu Horst Salomon bestand mehr als die übliche kollegiale Beziehung. Er, der damals 19jährige hochbegabte Schüler des legendären Professors Rempt, wurde vor unserer Flucht aus Berlin der Lehrer meines immerhin schon 56jährigen Vaters. Mein Vater wußte, daß er es als Gesanglehrer in der Emigration schwer haben würde, und beschloß, noch etwas »Praktisches« dazuzulernen – »umzuschichten«, wie man das damals nannte. Daß er sich für das schwierigste Blechblasinstrument, das Waldhorn, entschied, war allein auf seine Liebe zu diesem Instrument zurückzuführen. Es gibt kaum etwas Aussichtsloseres, als in kurzer Zeit Waldhorn spielen zu lernen – noch dazu in solch fortgeschrittenem Alter.

Horst Salomon wurde 1936 von Bronislaw Huberman in das eben gegründete Palestine Orchestra berufen und konnte so Deutschland verlassen. Als wir 1950 von China nach Israel kamen, gehörten er und seine Familie zu den ersten, die wir aufsuchten. Jetzt saßen wir im Flugzeug nebeneinander. Horst, ein sehr kräftiger Mann, war übrigens Amateurringer und liebte schwere Motorräder. Seine Harley-Davidson war in Israel eine Sensation. Als wir langsam nach Berlin einschwebten, merkte ich, daß er immer bleicher wurde. Er sagte kein Wort mehr. Wir landeten in Tempelhof und gingen mit den anderen Passagieren durch einen langen Gang zum Zoll. Als Horst um sich herum überall Deutsch hörte und dazu noch Berlinerisch, schossen ihm plötzlich Tränen aus den Augen, er schüttelte sich vor Weinen. Schließlich heulten wir alle vier – alles gestandene Männer. Erstaunt fragte der Zollbeamte: »Was ist denn hier los?« Und ich: »Wissen Sie, wir kommen alle zum ersten Mal wieder aus der Emigration zurück. In unsere Heimat.« Er ließ uns ohne Kontrolle passieren. Horst mußten wir stützen, wir hatten Angst, er würde zusammenbrechen.

Von Tempelhof fuhren wir zu Schröders, Bekannten von Polischuk, nach Wannsee. Frau Schröder, eine Pianistin, war eine russische Jüdin; ihr Mann, ein Geschäftsmann, hatte es geschafft, Frau und Kinder, zwei Söhne, die damals als »Halbjuden« galten, zu retten. Bei ihnen fanden bis zum Krieg viele Hauskonzerte statt. Es war ein Treffpunkt für jüdische Musiker, die ja damals alle Auftrittsverbot hatten. Bis in die tiefe Nacht saßen wir beisammen und tauschten Erinnerungen aus. Am nächsten Morgen setzte ich mich in die S-Bahn. Den Geruch unserer S-Bahn gibt es in der ganzen Welt nicht noch einmal, er war mir sofort wieder vertraut: Ich war in Berlin.

Ich wollte mein Haus und meine Straße wiedersehen. Langsam schlenderte ich den Südwestkorso entlang, sah mir jedes Haus an, denn dort hatten viele Freunde von uns gewohnt. Einer von ihnen, Dr. Franz Hirschfeld, war noch da;

mit ihm hatten wir schon von Israel aus wieder Kontakt aufgenommen. Hirschfeld war hoher Beamter im Justizministerium gewesen und nach 1933 aus Amt und Würden gejagt worden. Er sah aus, wie man sich in der Nazi-Zeit einen »Muster-Arier« vorstellte, der Prototyp eines preußischen Beamten. Nach 1933 verließ er jeden Morgen um halb acht mit der Aktentasche sein Haus, als ob er zur Arbeit ginge. Statt dessen holte er sich ein paar Brötchen. Der Mann ist über seinem Schicksal fast verrückt geworden. Mein Vater hatte vor unserer Ausreise oft zu ihm gesagt, er solle doch mitkommen, solange es ginge, denn hier erwarte uns die Katastrophe. Aber er antwortete: »Nein, ich kann nicht weg. Hier gehöre ich hin.« Hirschfeld war dann einer der wenigen, denen es gelungen war, in der sogenannten Illegalität in Berlin zu überleben. Er war in der SPD gewesen, wurde nach dem Krieg wieder eingestellt und kam als hoher Beamter zum Innensenator. Und so sah ich ihn wieder, zurück in seiner schönen Wohnung am Südwestkorso 77.

Dann kam ich an dem Haus vorbei, wo mein Freund Peter Hopp gewohnt hatte. Sein Vater machte uns immer herrlichen Kräuterkäse und Kräutertee, und Kasperletheater spielte er auch. Er war Schriftsteller. Später erfuhr ich, daß die dreiköpfige Familie sich unter abenteuerlichen Umständen retten konnte. Nachdem sie im Sommer 1942 eine Vorladung zur Gestapo bekommen hatten, faßten sie einen kühnen Plan. Sie schrieben einen Abschiedsbrief, in dem sie ihren Selbstmord ankündigten, verließen die Wohnung, wie sie war, mit nichts als den Kleidern, die sie am Leib trugen, und tauchten bei Leuten unter, die sie unter Lebensgefahr aufnahmen. Drei Jahre dauerte dieses Leben im Untergrund, verbunden mit ständiger Angst, von der Gestapo entdeckt oder von Fremden denunziert zu werden, und mit der Sorge, ob für den nächsten Tag ein bißchen Brot aufgetrieben werden könne. Mit dem Mut der Verzweiflung hatte es Peters

Mutter immer wieder gewagt, Bekannte zu besuchen und von ihnen Hilfe zu erbitten. Anfang Mai 1945, nachdem die Rote Armee eingerückt war, konnte die Familie ihr damaliges Versteck in einem Heizungskeller verlassen.

Ich ging weiter zur Ecke Südwestkorso/Laubacher Straße, wo früher mehrere Geschäfte gewesen waren und eine Eisdiele, die im Winter Fischladen wurde. Er gehörte der Familie Stempa, deren kleine Tochter Maria meine erste Freundin war. An der anderen Ecke dann »Zuntz sel. Witwe«, wo ich für einen Sechser oder einen Groschen immer Sahnebonbons kaufte. Dann ging ich in die Laubacher, voller Angst, ob unser Haus, die Nr. 16, noch stehen würde. Tatsächlich, alle Häuser der Straße waren unbeschädigt geblieben, alles sah aus wie früher – mit Ausnahme des gegenüberliegenden Eckhauses. Auch das Haus daneben, in dem mein Freund Herbert Lemke, der Portiersjunge, gewohnt hatte, stand noch.

Berliner Kindheit 1932. 2. v. r. Helmut Lemke, ganz rechts Hellmut Stern

Zunächst bin ich gar nicht in unser Haus hineingegangen, sondern wollte erfahren, was aus Herbert geworden war. Ich stand vor der Tür, guckte mir die Schilder an, und da las ich tatsächlich: »Lemke«, Portiersleute wie gehabt, als wenn nichts gewesen wäre. Ich klingelte, und seine Mutter machte auf: »Ja, bitte?« »Kennen Sie mich nicht wieder?« »Nee, wer sind Sie denn?« »Na, ich bin doch der Hellmut Stern von gegenüber.« »Was, das Bübchen, das darf doch nicht wahr sein!« (Ich wurde immer »Bübchen« genannt.) »Na, komm mal rein.« Und da saß der alte Lemke so wie immer in der Küche. »Sage mal, wo kommst du denn her?« »Aus Israel.« »Aus wo?« »Aus Israel.« »Och, nee. – Der Herbert ist grade nicht da, der kommt aber gleich.« »Was?« rief ich. »Der ist da?« »Ja, natürlich ist er da. Jetzt bleibste erst mal hier. Is' ja nett, daß du mal vorbeikommst. Ihr habt ja Glück gehabt, daß ihr den ganzen Mist hier nicht mitmachen mußtet, das muß man ja sagen. Wenn du wüßtest, wie das hier war!« Ich war sprachlos und mußte erstmal schlucken, dann murmelte ich so etwas wie: »Ganz so einfach war's für uns auch nicht.« »Aber euch geht's doch gut. Du bist doch gut angezogen.« Dabei ging es uns damals in Israel vermutlich schlechter als den Portiersleuten hier!

Dann wurde die Tür geöffnet, ein Polizist kam herein: Herbert Lemke! Ich erkannte ihn an seiner großen Nase und seinen Segelohren. Mich erkannte er auch sofort. Wir zogen erst mal zusammen in eine Kneipe, und er erzählte mir von unseren gemeinsamen Bekannten: von Günther Prange, dem beide Beine weggeschossen wurden, von Heinz Droge, dem Portiersjungen aus unserem Haus, der im Krieg gefallen war. Seine Eltern waren stramme Nazis gewesen, und Heinz in seiner Pimpfenuniform hatte nicht mit mir spielen dürfen. Herberts Eltern waren alte Proletarier, sie hatten bei den Nazis nicht so begeistert mitgemacht. Ich fragte nach unserem Haus. »Ja, die alte Plünnecke, die ist noch da. Aber die ist ganz einsam und verbittert, ihr Junge ist auch gefallen. Geh doch mal rauf und sag ihr guten Tag.« »Und wer wohnt in unserer Wohnung?« »Das sind irgendwelche Leute aus dem Osten, Aussiedler.«

Ich faßte mir ein Herz und ging in den Hausflur hinein – wir hatten in der ersten Etage gewohnt. Ich mußte an ein Erlebnis denken, das mein Vater mit einem jungen Kerl hatte, einem Weinreisenden. Mein Vater ging damals gerade aus dem Haus, als der Reisende hineinkam. Sie stießen zusammen, und da sagte der: »Von so einem Saujuden...« und so weiter. Mein Vater ließ sich solche Reden aber nicht gefallen und brüllte das ganze Haus zusammen. Das war 1937. Die Droges kamen aus ihrer Portierswohnung, und ausgerechnet diesen Nazis rief mein Vater zu: »Holen Sie sofort das Überfallkommando!« Es dauerte nicht lange, bis ein Polizeiauto kam. »Was ist denn hier los?« Und mein Vater: »Der Kerl hier pöbelt mich an!«

Und »der Kerl« sagte noch: »Ist ja unglaublich, wegen so einem Juden muß ich mich ...« Da blaffte ihn einer der Polizisten an: »Sie halten jetzt die Schnauze und kommen erst mal mit!« Die Schupos kannten die Einwohner ihres Reviers, man grüßte sich, meinen Vater kannten sie natürlich auch. Sie fuhren zur Wache, und mein Vater gab zu Protokoll, was passiert war. Der Bengel hörte nicht auf zu pöbeln, bis die Schupos ihn abermals energisch zurechtwiesen. Ein Schupo sagte noch zu meinem Vater leise: »Wenn sich alle so gewehrt hätten wie Sie, dann wäre vielleicht manches anders gekommen.«

Ich klingelte also an unserer Wohnungstür, da stand der Name »Wolff« – seltsamerweise: meine Mutter war ja auch eine geborene Wolff. Eine alte Frau öffnete: »Ja, bitte?« »Entschuldigen Sie, daß ich Sie belästige, ich hätte nur furchtbar gern mal einen Blick in die Wohnung getan.« »Ja, wieso denn? Was wollen Sie denn?« »Ich bin hier aufgewachsen und habe hier meine Kindheit verbracht. Jetzt komme ich aus der Emigration auf einen kurzen Besuch.« »Ach Gott, ach Gott, kommen Sie doch rein. Wir sind ja selber auch Vertriebene. Wir kommen aus Ostpreußen und haben die Wohnung hier auch nur zugewiesen bekommen.« Ich fragte sie: »Wer war denn vor Ihnen hier?« »Das kann ich Ihnen nicht sagen, das weiß ich nicht.«

Wir waren nicht die Hauptmieter der Wohnung gewesen. Die Hauptmieterin war eine alte Dame, Frau Regine Wehlau, bei der wir zwei Zimmer zur Untermiete hatten. Für mich war sie eine Art Nenn-Großmutter, ich nannte sie Tante Ginchen. Sie hatte mich sehr gern gehabt, mir immer Geld zugesteckt für ein paar Süßigkeiten oder für die Kindervorstellung im Kino um fünfzehn Uhr am Sonntagnachmittag. Ich schaute mich in der Wohnung um, und die Erinnerungen fielen mich an wie ein physischer Schmerz. Hier stand mein Gitterbettchen, dort das Klavier, auf dem ich, nicht immer zu meiner Freude, üben mußte (ich war furchtbar faul). Auf dem Balkon saß ich oft bei schönem Wetter mit Tante Ginchen, und wir kommentierten das Geschehen auf der Straße. Die Unterhaltung mit ihr war immer etwas laut, da sie schwerhörig war und ihr Apparat oft nicht funktionierte.

Ich erinnerte mich: Tante Ginchen hatte einen Sohn. Der war Zahnarzt und lebte in der Schweiz. Sie hatte große Angst vor ihm, denn er war sehr streng und schimpfte immer mit ihr, wenn er mal zu Besuch kam. Eines Tages, wir saßen wieder auf dem Balkon, kam meine Mutter zu uns heraus und sagte: »Frau Wehlau, ich habe etwas Kopfschmerzen. Hätten Sie vielleicht eine Gelonida?« (Gelonida war cin beliebtes Schmerzmittel, so wie Aspirin.) Tante Ginchen fuhr wie von der Tarantel gestochen auf. »Was, der Sohn ist da?!« Meine Eltern und ich haben diesen kleinen Vorfall nie vergessen. Auf Gelonida folgt bei mir bis heute automatisch: »Was, der Sohn ist da?« Tante Ginchen, die schon nahe der Achtzig war, wurde von den Nazis verschleppt und ermordet.

Ich ging zum Nebenhaus, wo die Hausbesitzerin, Frau Plünnecke, wohnte. Mir öffnete eine vergrämte, in Schwarz gekleidete alte Frau. Als Kind hatte mich Tante Ginchen immer mit der Miete zu ihr geschickt, was ich sehr gerne tat, weil ich meistens einen Keks bekam. »Ach ja, das Bübchen ist da. Naja, ihr habt's gut, ihr lebt. Aber meinen Jungen, den haben die Verbrecher auf dem Gewissen.« Da wollte ich nun wissen, welche Verbrecher sie denn meinte. Sie meinte durchaus die Nazis – aber ich erinnerte mich noch sehr gut, daß sie die erste war, die die Hakenkreuzfahne rausgehängt hatte. Und ihr Junge, älter als ich, war ganz früh schon in der strammen Hitlerjungenuniform umherstolziert. Ich weiß, nicht jeder Hitlerjunge war oder wurde ein Nazi. In diesem Falle stimmte es jedoch. Und nun waren es plötzlich Verbrecher, denn es war ja ihr Junge, der gefallen war. Ich saß dann noch eine halbe Stunde bei ihr. Es war alles andere als angenehm.

Wir blieben zehn Tage in Berlin. Die meisten Abende verbrachten wir bei Schröders, wo wir musizierten und redeten und redeten. Wir erfuhren, wie Herr Schröder seine Frau und die beiden Jungs, Sascha und Walter, durch die furchtbare Zeit gebracht hatte. Wir erfuhren, was die Menschen in der sogenannten Illegalität und im Widerstand durchmachen mußten.

Zu diesen beiden Begriffen muß ich etwas anmerken: Der Gebrauch des Wortes Illegalität im Zusammenhang mit den im »Untergrund« versteckten wenigen Juden, deren die Mörder nicht habhaft wurden, weil es einige mutige und anständig gebliebene Menschen gab, die sie unter Einsatz ihres eigenen Lebens schützten, berührt mich immer peinlich. Verfolgung unschuldiger Menschen war »legal«. Ihnen alles zu nehmen, vor allem aber, sie ihrer Menschenrechte zu berauben, war »legal«. Sie zu quälen und sie zu foltern, um sie dann letztlich zu ermorden, auch das wurde »Legalität«.

»Illegal« aber war der Versuch, den Mördern zu entkommen, überleben zu wollen. Kann man sich das überhaupt vorstellen, wie es ist, wenn man täglich und stündlich mit der Angst leben muß, entdeckt zu werden? Wenn man darauf angewiesen ist, daß gute Menschen einem etwas zu essen bringen, denn man hat ja keine Lebensmittelkarten? Jahrelang! Daß man bei den furchtbaren Bombenangriffen nicht in den Luftschutzkeller gehen darf? Vor allem aber immer wieder die Angst, erkannt und denunziert zu werden. Denn man war ja plötzlich »illegal« in der eigenen Heimat, wo einen doch jeder kannte. Man war kein »Nachbar«, kein »Bürger« mehr, man war nur noch »Jude«! Vogelfrei! Dagegen empfinde ich die Emigration, so bitter sie auch gewesen sein mag, durchaus als das gnädigere Schicksal.

Man sollte die Worte »legal« und »illegal« in Verbindung mit dem Obengesagten immer in Anführungszeichen setzen, denn sonst benutzt man unbeabsichtigt die Terminologie der Nazis.

Auch zu der komplizierten Frage des Widerstandes einige Bemerkungen. Da waren also die Männer des 20. Juli. »Mit soldatischer Treue« hatten sie ihrem Führer gedient. Schließlich hatten sie ihm doch einen Eid geschworen! Dann erkannten sie, daß sie einem verbrecherischen Regime gedient hatten. Aber wann kam ihnen denn nun diese Erkenntnis? 1944! Als ihnen endlich bewußt wurde, daß der Krieg verloren war und sie noch etwas von Deutschland retten wollten. Warum kam sie nicht schon 1933 und vor allem in der Zeit danach, als die Menschenrechte, sichtbar für alle auf den Straßen Deutschlands, buchstäblich mit Füßen getreten wurden, als die Stürmerkästen und die gelben Bänke aufgestellt wurden, als man nicht mehr bei Juden kaufen durfte und sie immer mehr öffentlich verfemt und drangsaliert wurden. Als die Synagogen brannten. Als sie dann den gelben Stern tragen mußten, um endlich ins Verderben deportiert zu werden. Das alles sahen diese gebildeten und hochkultivierten Herren nicht? Trugen sie ihre schmucken Uniformen und die Ritterkreuze etwa nicht doch voller Stolz, hatten sie keinen Anteil an den großartigen Siegen des Führers?

Ihr Andenken soll mit diesen Betrachtungen nicht verunglimpft werden. Daß man ihrer, die sie so furchtbar sterben mußten, in Ehren gedenkt, ist berechtigt. Aber wo ist das Gedenken an die wirklich großen Helden, den »kleinen Mann« und die »kleine Frau«, die während der ganzen Hitler-Zeit unter Lebensgefahr die Verfolgten deckten, ernährten und schützten, ihnen gefälschte Ausweise und Lebensmittelkarten beschafften und sie so bis zur Befreiung am Leben erhielten? Darunter nicht wenige, die auf Grund der bestehenden Rassengesetze selber Verfolgung zu erwarten hatten. Wie viele von ihnen mußten dann doch noch mit ihrem Leben für ihren hochherzigen Einsatz büßen und wurden genau wie die Männer des 20. Juli hingerichtet? Wer singt ihr Lied, wo ist der Gedenktag für sie, wer kennt ihre Namen? Allenfalls in Yad Vashem, in Jerusalem, kann man sie finden, und natürlich bei weitem nicht alle.

Es gibt Literatur über sie, man kann über ihre Schicksale nachlesen. Im Bewußtsein der breiteren Öffentlichkeit jedoch leben sie nicht mehr. Plätze oder Straßen werden nicht nach ihnen benannt. Dafür aber gibt es wohl keine Stadt in Deutschland, wo man nicht wenigstens ein Straßenschild mit dem Namen Hindenburg finden würde.

Horst und ich sind oft auf dem Rückweg von Schröders in unser Hotel an der Wannseebrücke stehengeblieben, um nachzudenken. Wir waren uns einig, daß wir sehr an Israel hingen. Wir waren uns genauso einig, daß wir trotz allem immer Berliner bleiben würden. Diese verdammte unglückliche Liebe zur Heimat, die, nach allem was geschehen war, trotzdem tief in uns bestand und die von so vielen nicht verstanden, ja verurteilt wurde und wird. Dieser Zwiespalt wurde uns jetzt erst so richtig bewußt. Im Grunde genommen wären wir gerne zurückgekommen – die »Berliner Luft« lockte, irgendwie gab es sie immer noch. Wir meinten damals aber, daß ein Zurückkommen nur ein Traum sein konnte. Israel war unsere neue Heimat.

Viel später, ich war schon im Berliner Philharmonischen Orchester, traf ich Horst Salomon wieder in Berlin. Er war etwas wehmütig: »Mensch, du hast es geschafft!« Er hätte ja gar nicht weggehen können, er war viel zu sehr in Israel verwurzelt, hatte seine Kinder dort, seine ganze Existenz.

Von Zürich flog ich dann zurück. Aus irgendwelchen Gründen mußte ich meine Rückkehr um eine Woche vorverlegen. In Israel kam die entsetzliche Nachricht, daß die El Al-Maschine, mit der ich ursprünglich fliegen wollte, über dem bulgarisch-jugoslawischen Grenzgebiet abgeschossen worden war. Aufgrund der Witterungsverhältnisse war das Flugzeug vom Kurs abgekommen. Weit über hundert Menschen sind kaltblütig umgebracht worden. Die Empörung in Israel war um so größer, als die bulgarische Regierung israelischen Beamten verbot, die Wrackteile zu untersuchen. Darüber hinaus war man bestürzt, daß es ausgerechnet Bulgaren waren, die das getan hatten, denn gerade sie hatten im Zweiten Weltkrieg viele Juden vor den Nazis gerettet. Antisemitismus war ihnen doch fremd. So holte mich nach den vielen intensiven Erinnerungen die Gegenwart wieder ein.

Auf dem Spielplatz in Berlin, 1930

Bis 1938

Familie und Kindheit in Berlin

Mein Vater wurde 1880 in Breslau geboren. Sein Vater starb sehr früh, er hat ihn nicht mehr bewußt erlebt. Soviel ich weiß, war mein Großvater Synagogendiener. Die Mutter meines Vaters, eine geborene Abel, stammte aus Posen. Seine zwei älteren Brüder sind schon in den zwanziger Jahren gestorben. Die Tragödie meines Vaters war, daß er als Nachzügler – die zwei älteren Brüder sollten unbedingt studieren – seine Mutter ernähren mußte. Obwohl er so gerne Musik studiert hätte, mußte er eine Banklehre antreten, um einen »anständigen« Beruf zu erlernen. Um 1900 übersiedelten sie nach Berlin, wo er bei der »Mitteldeutschen Kreditbank«, der späteren »Commerz- und Discontobank«, Arbeit fand und es immerhin bis zum Prokuristen brachte. In seiner Freizeit aber machte er das, was ihn wirklich interessierte: Er studierte Musik und Gesang im Klindworth-Scharwenka-Konservatorium bei zwei sehr namhaften Lehrern, Eugen Brieger und Alexander Heinemann. Beide waren sich einig, daß mein Vater zwar niemals eine Sängerkarriere machen würde – seine lyrische Tenorstimme gab das nicht her –, er aber hervorragende pädagogische Fähigkeiten hätte. In der Gesangspädagogik lag tatsächlich auch seine Leidenschaft.

1911 heiratete er. Aus dieser ersten Ehe entstammte meine Schwester Irma, die jetzt in den USA lebt. Mein Vater hatte außerdem noch ein uneheliches Kind, Edith, die 1908 geboren wurde. Beide Halbschwestern haben es ihm zu verdanken, daß sie nicht im Holocaust umgekommen sind. Es war mein Vater, der sich gegen den Willen ihrer Mütter energisch dafür einsetzte, daß die Mädels so schnell wie möglich Deutschland verließen. Ich höre noch, wie er die Mutter meiner Schwester Irma beschwor: »Wir werden alle hier umkommen. Wenn man die Möglichkeit hat, rauszugehen, muß man rausgehen – sofort. Die Mädchen haben die Möglichkeit, über die Jugend-Aliya nach Palästina zu kommen, also raus mit ihnen.« Natürlich hatte er dabei auch an unser aller Rettung gedacht, denn es gab damals einen Erlaß der Engländer, wonach im Zuge der Familienzusammenführung die Angehörigen nach Palästina nachgeholt werden konnten. Sie mußten allerdings ein Jahr lang seßhaft sein, am besten in einem Kibbuz.

Leider aber verließen meine Schwestern ihren jeweiligen Kibbuz vorzeitig, da ihnen die kollektive Lebensweise nicht gefiel. Statt dessen zogen sie mit ihren Männern nach Haifa bzw. Rishon le-Zion. So gab es nicht mehr die Möglichkeit, uns und ihre Mütter nachkommen zu lassen – für meinen Vater ein bitterer Schlag. Ich erinnere mich, daß er während der gesamten Emigrationszeit darunter gelitten hat.

1914/15 wurde mein Vater eingezogen, als sogenannter Einjähriger. Er kam nach Rußland, wurde schwer verwundet und geriet in Gefangenschaft. Nach einem Lazarettaufenthalt wurde er hinter Moskau in ein Gefangenenlager gebracht und mußte als Zwangsarbeiter in einer Zuckerfabrik arbeiten. Von dort wollte er fliehen. Er schlich sich aus dem Lager, ging in die Stadt, suchte und fand eine oder zwei jüdische Familien, die er um Hilfe bat. Die Juden galten zum damaligen Zeitpunkt als deutschfreundlich. Der in Rußland bestehende Antisemitismus fand zusätzliche »Begründung« in der gezielt verbreiteten Meinung, die Juden seien die Verbündeten der Deutschen, ja, sie würden für sie spionieren. Für die Juden galten die Deutschen in den besetzten Gebieten tatsächlich als »Befreier«, hatten sie in Deutschland doch keineswegs unter Verfolgungen zu leiden wie in Rußland. Dazu kam noch die Sprache: Über das Jiddische konnte man sich leicht verständigen.

Wie alle Gefangenen trug mein Vater immer noch die deutsche Uniform. Er besorgte sich aber einen russischen Militärmantel und zog ihn darüber. Er wurde dann von einer jüdischen Familie zur anderen, von einer Stadt in die nächste, immer mit Eßpaketen und Adressen versehen, weitergeleitet. Sie prägten ihm ein Wort ein, das er bei Kontrollen sagen sollte: »Na front« (zur Front). Und im übrigen sollte er den Betrunkenen spielen. Als Soldat konnte er ohne Fahrkarte Eisenbahn fahren. Er sah auch aus wie ein russischer Soldat, lag im Sitz mit geschlossenen Augen. Er hatte natürlich auch Wodka dabei, und wenn ihn jemand etwas fragte, so lallte er: »Na front, na front.« Das war normal und verständlich, wenn einer zur Front muß, dann besäuft er sich eben. So kam er von Station zu Station, von einer jüdischen Familie und von einer russischen Stadt zur anderen, bis er tatsächlich in die Nähe der Front kam. Die Front war irgendwo in der Ukraine. In einem Wald rannte er durch die russischen Linien – es war Stellungskrieg – und gelangte durch das Niemandsland zu den Deutschen. Als sie anfingen zu schießen, riß er den Mantel auf und rief: »Deutscher! Nicht schießen!« So kam er zurück. Für seine Tapferkeit erhielt er das Eiserne Kreuz.

Das Verhältnis zwischen den deutschen Juden und den Juden in Osteuropa war durch die vollkommen unterschiedlichen Weltanschauungen sehr belastet. Während man in Deutschland seit Moses Mendelssohn die Assimilation in das Deutschtum betrieb, war es im Osten genau umgekehrt. Ein russischer Jude versteht sich nicht als Russe, sondern eben als Jude. Auch wenn er nicht gläubig ist. Wir deutschen Juden aber waren zunächst einmal Deutsche und dann erst Juden. Die Einstellung meines Vaters zu den Juden im Osten war geprägt von seinen Erfahrungen in der Gefangenschaft, besonders von ihrer Gastfreundschaft. Später verglich er damit das Verhalten der deutschen Juden den russisch-jüdischen Gefangenen bzw. Einwanderern gegenüber. Die meisten distanzierten sich von den »Ostjuden«, schämten sich ihrer oder machten sie sogar lächerlich. Es gab wenig Hilfsbereitschaft. Das gipfelte dann darin, daß viele deutsche Juden unter Hitler lange noch glaubten, mit der antisemitischen Propaganda seien lediglich die »Ostjuden« gemeint. Welch ein bitterer, welch ein sträflicher Irrtum!

Nach einem Heimaturlaub wurde mein Vater wieder an die Front geschickt, zu einem »Schallmeßtrupp« in Rußland. Dieser hatte die Aufgabe, mit speziellen Geräten in die Stellungen der Russen hineinzuhorchen. Was er da hörte, entzückte ihn, und er hat immer davon erzählt: Ein wunderbarer, mehrstimmiger Gesang der Soldaten klang herüber, der so ganz im Gegensatz zu dem Gegröle seiner Kameraden stand.

Dann kam die Revolution. Er wurde sofort in den Soldatenrat gewählt – er war überzeugter Sozialdemokrat und konnte mitreißend reden. Kaum demobilisiert, wieder in der Bank, rief er den Streik aus – als Prokurist! Die Direktoren ließ er nicht mehr in die Bank. Mit seiner Karriere dort war es natürlich vorbei. Er war ohnehin nie ein kühler Geschäftsmann gewesen. Trotzdem eröffnete er zusammen mit einem Kompagnon dann doch noch ein eigenes kleines Bankgeschäft in der Münzstraße, in Berlin-Mitte. Dieses Geschäft ging relativ gut bis zum Bankenkrach 1929. Er hatte die Einlagen in Aktien angelegt, sein Sozius kam nicht mehr durch zur Börse, es hätte aber sowieso nichts mehr genützt. Nun kamen die Kunden und wollten ihr Geld haben. Er mußte die eisernen Läden herunterlassen und stand absolut mittellos da. Das war das Ende seiner Banklaufbahn.

In diese Zeit fiel die Scheidung von seiner ersten Frau. Er wohnte dann zur Untermiete bei einer Familie Wolff. Die Tochter dieser Familie, Ilse, wurde seine zweite Frau und meine Mutter. Sie war einundzwanzig Jahre jünger als mein Vater. Als Beruf konnte er nun endlich das wählen, was er immer sein wollte: Gesanglehrer.

Am 20. Mai 1928, an einem Sonntag, waren Wahlen in Deutschland. Es war die Wahl, in der die Sozialdemokraten das beste Ergebnis seit 1919 erzielten. Die NSDAP erhielt damals nur 800000 Stimmen. Am Tag darauf, dem 21. Mai, wurde ich geboren. Weil er als Wahlhelfer Stimmen auszählen mußte, kam mein Vater erst spät ins Krankenhaus. Meine Mutter nahm ihm das sehr übel und hat dieses Versäumnis bei jeder Gelegenheit wieder erwähnt ...

Meine Mutter war das, was man eine höhere Tochter nannte. Ihre Eltern waren wohlsituierte Leute. Die Familie mütterlicherseits stammte aus Stargard und Stettin. Die Familie väterlicherseits, die Wolffs, aus Berlin. Aus derselben Familie kam der berühmte Konzertagent Hermann Wolff, der zusammen mit seiner Frau Louise das Berliner Philharmonische Orchester mitbegründet hatte. Meine Mutter hatte im Lettehaus Stenographie und Schreibmaschine gelernt, was ihr in späteren Zeiten zugute kam. Sie spielte gut Klavier; ihre Stärke war die Begleitung. Außerdem unterrichtete sie. Außer ihrem Cousin Norbert Wolff war meine Mutter die einzige Überlebende ihrer Familie, die aus 21 Personen bestand. In einer Nacht wurden sie nach Lublin deportiert und vermutlich in Maidanek ermordet. Sie waren wohlsituierte und angesehene Bürger gewesen. Was geschah mit ihrem Grundbesitz, ihren Ersparnissen, dem Inhalt ihrer Wohnungen? Es wurde offenbar alles geraubt. Entschädigt worden ist dieser Verlust nie. Der Bruder meiner Mutter, mein Onkel Hans, der 1936 von Berlin nach Riga gezogen war, ist ebenfalls verschollen.

Als die Nazis an die Macht kamen, war ich fünf Jahre alt. Als Fünfjähriger merkt man ja noch nicht allzu viel, ich erinnere mich aber, daß es bei uns zu Hause ziemlich turbulent zuging. Bis spät in die Nacht hinein diskutierten die Freunde meiner Eltern, hauptsächlich Musiker und andere Künstler. Die sich bei uns trafen, wurden immer weniger: Einer nach dem anderen gingen sie fort ins Exil. So wie meine Eltern wurden auch sie durch die Nazi-Gesetze arbeitslos.

Mein Vater betonte schon sehr früh, daß wir auswandern müßten, daß wir in Deutschland keine Zukunft mehr hätten. Er erkannte, daß wir nicht nur Deutschland, sondern Europa verlassen müßten. Er sah auch die politische Verfolgung auf uns zukommen. Er sah, daß die Naziherrschaft den Untergang Deutschlands bedeutete. Aber als später Deutschland »am siegreichsten« war, sagte er: »Seid doch nicht so kleinmütig, die werden nie im Leben siegen« – wir waren damals schon in China –, aber die Leute widersprachen: »Sie sind ein Phantast, die kommen sogar noch hierher, nach China. Wir sind alle verloren. Und irgendwann werden die Japaner auch noch mitmachen.« Er aber blieb bei seiner Meinung; er sah zwar die Blitzsiege in Europa, aber auch die Kraft und die Bedeutung der Sowjetunion und der USA.

Schon sehr früh betrieb er also unsere Auswanderung. Wir waren aber arme Leute. Das bißchen Unterstützung, das wir von der jüdischen Gemeinde bekamen, und das Geld, das mein Vater als privater Gesanglehrer und meine Mutter mit Klavierunterricht verdienten, reichte nicht sehr weit. Unsere Chance, in ein Land zu gelangen, in dem wir eine Existenzmöglichkeit gehabt hätten, war äußerst gering. Die Einwanderungsbehörden der europäischen und der außereuropäischen Länder behandelten die Einwanderungsanträge sehr restriktiv. Viele Regierungen verschärften ihre Einwanderungsbestimmungen sogar noch mit bürokratischen Regelungen und forderten zum Teil hohe »Vorzeigegelder«. Wer Geld hatte bzw. Unterhaltsgarantien nachweisen konnte, kam natürlich zuerst dran. Besonders abweisend verhielten sich die USA, wohin wir natürlich als erstes Anträge schickten. Die Regierung hielt an dem starren Quotensystem fest, wonach nur eine bestimmte Höchstzahl von Einwanderern, aufgeschlüsselt nach Geburtsländern, aufgenommen wurde. Diese Quoten änderte man nicht einmal nach den Ereignissen von 1938, als die Bedrohung der deutschen und österreichischen Juden überdeutlich geworden war. Bei ihrer Weigerung, für die Rettung der Juden die Quotenregelung aufzuheben oder auch nur zu lockern, konnte sich die amerikanische Regierung auf die Stimmung in der Bevölkerung stützen. Neben durchaus antisemitischen und fremdenfeindlichen Tendenzen herrschte bei vielen Amerikanern die Angst vor, daß die einwanderungswilligen Juden ihnen Arbeitsplätze wegnehmen oder finanziell zur Last fallen würden.

Ich weiß noch, wie meine Eltern Einwanderungsanträge in alle Welt verschickten. Es ging eben nicht nur darum, Visa zu bekommen, sondern man mußte auch eine Existenzbasis nachweisen. Das konnten wir nicht. Es dauerte immer eine Ewigkeit, bis endlich eine Antwort eintraf, und immer war sie abschlägig.

Jeden Morgen, wenn der Postbote kam, herrschte Aufregung. Ich ging ihm entgegen, denn ich wollte der erste sein, allein schon wegen der schönen Briefmarken aus den verschiedensten Ländern, z. B. Uruguay oder Venezuela. Ich wollte die Briefe immer vorlesen – aber die waren ja in den unterschiedlichsten Sprachen geschrieben, mal englisch, mal spanisch. Ich beherrschte diese Sprachen natürlich nicht. Mein Vater wurde dann ungeduldig, riß mir den Brief aus der Hand und – wieder eine Absage! Diese sich wiederholenden Enttäuschungen haben sich mir stark eingeprägt.

Ich denke oft darüber nach, welchen Anteil die ausländischen Regierungen an dem Schicksal der europäischen Juden gehabt haben. Dieses Problem, das mich mein Leben lang quält, ist meines Erachtens von der Geschichtsschreibung noch nicht in vollem Umfang aufgearbeitet. Es ist, besonders in Deutschland, gewissermaßen tabuisiert worden. Das ist verständlich, denn das Versagen der westlichen Demokratien, rechtzeitig in die vorhersehbare verhängnisvolle Entwicklung einzugreifen, durfte und darf ja keine Rechtfertigung für die Verbrechen der Nazis abgeben. Auch im Ausland wird dieses Thema aus durchschaubaren Gründen nur sehr zaghaft behandelt.

Ich gehöre aber zu den Opfern dieser unheilvollen Politik und nehme mir daher das Recht, die Dinge beim Namen zu nennen: Wo waren die Westmächte, als die Nazis, 1933 kaum an die Macht gelangt, die Menschen, und nicht nur Juden, von der Straße weg in die KZs schleppten, als die Bücher brannten, als sie, in klarer Verletzung des Versailler Vertrags, aufrüsteten, als sie das Rheinland, das Saarland militarisierten, als sie sich Österreich – wenn auch unter dem Jubel eines großen Teils der österreichischen Bevölkerung – einverleibten.

Als sie schließlich in das Sudetenland einfielen, flog Mr. Chamberlain, nun doch etwas beunruhigt, zu Herrn Hitler. Das Gespräch der beiden Herren verlief äußerst freundlich, und Mr. Chamberlain konnte voller Genugtuung und Freude, sein berühmtes Zettelchen in der Hand, verkünden: »Frieden in unseren Tagen!« Nicht lange danach folgte der Überfall auf Polen, und nun mußte ja wohl etwas geschehen.

Waren die westlichen Regierungen denn von ihren Vertretungen in Deutschland nicht informiert über die täglichen Demütigungen, die sich vor aller Augen auf Deutschlands Straßen abspielten? Oh doch, sie wußten alles. Ihre eigene Presse berichtete ausführlich über Menschenrechtsverletzungen – und sie taten so grausam wenig! Selbst als schon die Synagogen brannten, wurden die Einwanderungsbestimmungen nicht gelockert.

Es war die Schweiz, die die Nazis bat, die Pässe der Juden zu markieren, um einen Grenzübertritt in ihr Land zu verhindern. »Das Boot war ja bekanntlich voll.« Somit war das große, fette »J« gleich auf der ersten Seite unserer Pässe pikanterweise keine Erfindung der Nazis, sondern der Schweizer Regierung! Viele Flüchtlinge wurden so zurück in die Arme der Mörder geschickt.

Ich möchte klarstellen, daß ich immer von »der Schweiz«, nicht aber von »den Schweizern« spreche, denn ich weiß sehr gut, daß viele Schweizer mit der Politik ihrer damaligen Regierung nicht einverstanden waren. Von einer Kollektivschuld kann darum auch nicht die Rede sein. Daß es offenbar keinen breiteren Widerstand gegen diese Politik gab, ist eine andere Frage. Daß es aber Menschen gab, die sich in der Zeit der Unmenschlichkeit nicht davon abhalten ließen, ihren moralischen Prinzipien, trotz der damit verbundenen persönlichen Gefahr, treu zu bleiben, darf hier nicht unerwähnt bleiben.

Hat das grausame Schweigen des Auslands, seine Politik des »Sich-nicht-Einmischens«, die Nazis nicht geradezu ermutigt und auf der anderen Seite jegliche Bereitschaft zum Widerstand entmutigt? Das war nicht nur »unterlassene Hilfeleistung«, wofür in einem Rechtsstaat jeder Bürger juristisch zur Verantwortung gezogen wird, sondern eine bewußte und aktive Politik der Abschottung. Hitler und seine Henkersknechte wurden ja als »Bollwerk gegen den Bolschewismus« geradezu begrüßt, wodurch sich die Masse der Deutschen in ihrer Zustimmung zu ihnen voll bestätigt fühlen konnte. Bezeichnend für die mangelnde Bereitschaft, die bedrohten Juden aus den Klauen ihrer Peiniger zu retten, ist der Ausgang der internationalen Konferenz in Evian. Präsident Roosevelt hatte wegen des wachsenden politischen Drucks in den USA im Juli 1938 diese Konferenz initiiert. 32 Länder sandten ihre Delegierten, allerdings nicht auf hoher diplomatischer Ebene. So kam aus den USA nicht etwa der Außenminister, sondern ein Geschäftsmann namens Myron C. Taylor, ein Freund Roosevelts.

Alle Delegierten zeigten sich entsetzt über die Verfolgungen, denen die Juden in Deutschland und Österreich ausgesetzt waren. Aber nur ein einziges Land war zu sofortiger Aufnahme einer größeren Zahl von Flüchtlingen bereit, die kleine Dominikanische Republik! Die übrigen 31 Länder nahmen nach dieser Konferenz nicht einen einzigen Flüchtling zusätzlich auf. Die Einwanderungsgesetze blieben grausam restriktiv, und die Appeasement-Politik wurde fortgesetzt. So konnte Goebbels triumphierend darauf hinweisen, daß »die anderen die Juden doch auch nicht wollen«. Deren Verfolgung konnte nun um so ungestörter fortgesetzt werden.

1934 wurde ich in die 4. Jüdische Volksschule in der Prinzregentenstraße eingeschult. Sie war der dortigen großen Synagoge angegliedert. In der Schule waren Mädchen und Jungen getrennt. Sie wurde aber sehr liberal geleitet und war keineswegs religiös ausgerichtet. Bis 1938 verlief der Schulalltag eigentlich ganz normal. Erst am 9. November 1938 änderte sich das schlagartig: Meine Schule wurde mit der Synagoge niedergebrannt.

Als ich 1955 wieder nach Berlin kam, besuchte ich mit bangem Herzen diese Gegend, ging in den Hof, wo die Schule war – sie stand noch, und ich fand sogar meinen alten Klassenraum. Die Wände waren verkohlt, es lagen verbrannte Bücher herum. Es schien, als sei der 9. November 1938 erst vor wenigen Tagen gewesen. Als ich mich in der Synagoge umsah, dachte ich mir, das könnte wieder restauriert werden, so stabil wirkte das ganze Bauwerk auf mich. Als ich dann

1961 erneut wiederkam, war das Gebäude vom Erdboden verschwunden!

Die Synagoge in der Prinzregentenstraße war erst 1930 eingeweiht worden. Unter ihrer riesigen Kuppel konnten über 2000 Menschen Platz finden. Ich erinnere mich an den herrlichen Klang der großen Orgel, damals als »Markstein im deutschen Orgelbau« gefeiert. Architekt war der Regierungsbaumeister Alexander Beer; 1943 wurde er in Theresienstadt ermordet. Rabbiner war Dr. Manfred Swarsensky, der nach 1938 in die USA fliehen konnte. Für einen Bruchteil seines Wertes mußte das Grundstück 1941 an die Stadt Berlin verkauft werden. Nach Zahlung einer Entschädigung durch das Land Berlin zugunsten internationaler jüdischer Einrichtungen wurde das Grundstück 1956 dem Allgemeinen Blindenverein überlassen, der die Synagoge und meine Schule 1958 sprengen und dann ein Blindenwohnheim errichten ließ. An die Synagoge erinnert eine kleine, unauffällige Tafel.

Als ich während der Arbeit an diesem Buch noch einmal in die Prinzregentenstraße ging, konnte ich nur nach langem Suchen den Ort meiner Schule wiederfinden, auch das Nachbargrundstück war nun bebaut worden. Eine Frau rief aufgeregt hinter mir her, als ich den Hinterhof betrat, um mir das Grundstück der ehemaligen Synagoge anzuschauen: »Dies ist ein Privatgrundstück. Sie haben hier nichts zu suchen.« Sie konnte nicht wissen, wie recht sie hatte: Es gab in der Tat nichts mehr zu suchen …

Für mich als jüdisches Kind war es damals Realität, daß ich von gewissen Dingen ausgeschlossen blieb. Das Straßenbild hatte sich sehr verändert. Da gab es die Nazi-Aufmärsche, Fackelzüge, in zunehmendem Maße wurden »Stürmerkästen« aufgestellt, später dann gelbe Bänke. Das wurde ein Teil meines Lebens. Es war die »Normalität«.

Selbstverständlich bin ich bei Spielmannszügen oder bei Aufmärschen der SA, wie viele andere Kinder auch, mitmarschiert.

Am Anfang oder am Ende des Zuges spielte immer eine Kapelle, alle in Uniform. Sie sangen kräftig »Wenn's Judenblut vom Messer spritzt, dann geht's noch mal so gut« – und ich habe begeistert mitgesungen. Ich hätte am liebsten auch so eine Uniform gehabt, und eines Tages sagte ich das meiner Mutter. Sie versuchte mir zu erklären, warum das nicht ginge. Ich bastelte mir dann aus zwei Gürteln einen Schulterriemen. Traurig war ich auch, weil ich nicht wie die anderen eine Hakenkreuzfahne tragen durfte, und als ich meine Mutter fragte, warum das so sei, sagte sie mir, daß wir als Juden kein Recht darauf hätten und es auch nicht wollten. Das verstand ich ganz und gar nicht.

Kurz bevor ich zur Schule kam, wurde ich in einem Wettbewerb unter vielen hundert Kindern ausgesucht, in einem Film der UFA mitzuspielen – als Straßenjunge. Wochenlang fuhr ich damals mit meinen Eltern nach Babelsberg zu den Studios. Offenbar habe ich mich bei den Dreharbeiten ganz gut angestellt, denn es wurde über weitere Aufnahmetermine verhandelt, die dann aber abgesagt wurden, als bekannt wurde, daß wir Juden waren. Man riet meinen Eltern, sich mit Metro-Goldwyn-Meyer in Verbindung zu setzen, was sie auch taten, denn sie hofften, auf diese Weise aus Deutschland herauszukommen. Aber die Anfrage wurde abgelehnt. Daß man vielleicht eine jüdische Familie hätte retten können – dieser Gedanke kam dort offenbar gar niemandem.

1936 nahm mich Tante Ginchen mit zu den Olympischen Spielen. Sie war damals schon weit in den Siebzigern. Wir gingen zum Olympiastadion, wo die Schwimmwettbewerbe stattfanden. Ins große Stadion kamen wir gar nicht hinein, es war schon überfüllt, Hitler war gekommen, und alle raunten: »Der Führer ist da!« Man sah viele SS-und SA-Leute. Mich aber faszinierte, daß wir außerhalb des Stadions übers Fernsehen die Spiele verfolgen konnten.

Zu dieser Zeit war kaum antisemitische Propaganda zu hören. Die vielen Ausländer sollten glauben, alles sei nur halb so schlimm. Das hatte für uns Juden verheerende Folgen, denn in den Ländern, die einen Vorwand suchten, uns nicht aufnehmen zu müssen, sagte man jetzt »Ja, was wollt ihr denn, es passiert doch gar nichts.«

1936/37 ging es uns finanziell immer schlechter, wir lebten hauptsächlich von der Unterstützung der jüdischen Gemeinde. In der Stierstraße in Friedenau gab es eine jüdische Volksküche, dorthin gingen wir oft essen. Um wenigstens etwas Geld hinzuzuverdienen, trugen mein Vater und ich Zeitungen aus, jüdische Blätter, die damals ja noch offiziell zugelassen waren. Unser Revier war die Umgebung des Rüdesheimer und des Breitenbach-Platzes.

1937 wurde mein Vater wie viele jüdische Männer zur Zwangsarbeit verpflichtet. Er war 57 Jahre alt. In der Stubenrauchstraße mußte er auf dem Friedhof als Leichenbestatter und Friedhofsgärtner arbeiten. Er tat mir sehr leid. Es war eine besonders niederträchtige Form der Demütigung. Eine Entschädigung dafür gab es natürlich nie. Diese Erniedrigung ist in der Eile bis auf den heutigen Tag vergessen worden. Ja sogar wir selbst hatten sie angesichts der später einsetzenden Shoa verdrängt.

Musik war der Inhalt unseres Lebens. Besonders nachdem alle unsere Freunde nicht mehr öffentlich arbeiten durften, spielte die Hausmusik eine große Rolle. Es gab zwar noch den Jüdischen Kulturbund, aber die Menschen kamen meistens zu Hause zusammen, da ihnen andere kulturelle Einrichtungen verschlossen waren.

Mit fünf Jahren fing ich an, Klavier zu spielen, bekam Unterricht von meiner Mutter und machte gute Fortschritte. Dann gab es ein folgenreiches Ereignis: Der Schule, es war schon 1937, ich war neun Jahre alt, hatte jemand eine Geige gestiftet mit der Bitte, sie dem musikbegabtesten Kind zu geben. Die Wahl fiel auf mich. Meine Eltern beschlossen, eine sehr gute Freundin meiner Mutter, Gerda Bischof, Meisterschülerin des damals sehr bekannten Professors Alexander Petschnikoff zu bitten, mich zu unterrichten. Sie war einverstanden und sagte: »Wir fangen einfach an, mal sehen, wie er sich macht.«

Geige ist ja bekanntlich nicht gerade ein einfaches Instrument, man muß bestimmte physische wie auch psychische Voraussetzungen mitbringen. Vor allem aber muß man sehr früh anfangen. Das ist insofern ein Risiko, als man zwar die musikalische Begabung zu einem frühen Zeitpunkt erkennen kann, man aber nicht weiß, wie sich das Kind weiterentwickeln wird. Fängt man jedoch nicht früh genug an, hat man keine Chance mehr, ein guter Geiger zu werden. Gerda Bischof war sehr streng zu mir, sagte aber dann: »Der Junge ist begabt. Wenn er fleißig übt, könnte etwas aus ihm werden.«

Vor Beginn der Sommerferien 1938 beschloß ich, gemeinsam mit meinem Freund Rolf Redlich eine Woche lang die Schule zu schwänzen. Es war wie eine Vorahnung. Es wurde ja häufig darüber gesprochen, Deutschland zu verlassen. Ein bißchen hatte es auch damit zu tun, daß ich der Schule überdrüssig war, und vor allem wollte ich Berlin entdecken. Ich kannte als kleiner Junge hauptsächlich meinen Kiez um den Südwestkorso und die Umgebung meiner Schule. Sonst hatte ich von der Stadt nicht viel gesehen.

Geld hatte ich nicht, wußte aber, daß im Spind von Tante Ginchen eine Büchse stand, in der sie Erspartes aufbewahrte. Von dem Geld spendierte sie mir sonntags immer die Kinokarte oder ein Eis. Ich schlich mich also in ihr Zimmer und nahm mir ein Fünf-Mark-Stück. Das war damals eine Menge Geld. Wir brauchten es für unsere Streifzüge, wir mußten Fahrkarten kaufen, zwischendurch auch etwas essen. Noch heute schäme ich mich für diesen Diebstahl.

Morgens ging es los, mit dem Schulranzen auf dem Rükken. Es war Mai und wunderbares Wetter. Unser Ziel war der Funkturm. Wir fuhren bis nach oben und genossen die Aussicht. Dann entdeckten wir die Ferngläser, mieteten eins, guckten durch: Unser Blick fiel auf einen Turnplatz im Grunewald, wo wir plötzlich unseren Lehrer und unsere Mitschüler entdeckten. Ich bekam einen riesigen Schreck, befürchtete, daß sie uns ebenso sehen könnten. Die jüdische Gemeinde hatte damals einen Sportplatz im Grunewald.

Das zweite Mal war ich alleine dort. Mein Freund Rolf hatte es doch langsam mit der Angst bekommen. Zusammen besuchten wir aber noch das Tempelhofer Feld. Man konnte früher viel näher ans Flugfeld herangehen, es gab nicht so viele Absperrungen wie heute. Wir wollten sehen, wie die Flugzeuge starten und landen, und sie aus nächster Nähe betrachten. Als wir Hunger bekamen, suchten wir Steine und bauten einen Rost, gingen zum Metzger, kauften rohe Buletten, machten Feuer und grillten sie.

Ich hatte Zeit für meine Abenteuer, denn ich ging immer nach der Schule in einen Hort. Meist waren meine Eltern nicht da, wenn ich nach Hause kam. Meine Mutter arbeitete damals im Hilfsverein der jüdischen Gemeinde, und mein Vater war irgendwo unterwegs. Als mein Freund nicht mehr mitmachen wollte, bat ich ihn, mich wenigstens nicht zu verraten. Und dann setzte ich meine Fahrten fort.

An einem Tag fuhr ich zum Zeughaus Unter den Linden. Da faszinierte mich das Modell eines Doppeldeckers, das von der Decke hing. Fast den ganzen Tag verbrachte ich dort und ging dann noch in die Staatsoper gegenüber. Die Portiers fragten mich: »Was willst du denn hier, Kleiner?« Ich murmelte etwas davon, daß mein Lehrer krank sei. Es imponierte ihnen, daß ich den Saal der Staatsoper sehen wollte, und sie machten mir sogar Licht.

Herrlich fand ich es, mit der U-Bahn zu fahren, besonders, wenn man unerwartet aus der Erde auftauchte – wie auf der Linie Richtung Schlesisches Tor ab Kurfürstenstraße. S-Bahn bin ich natürlich auch gefahren.

In die Grünanlagen Berlins hat es mich nicht gezogen. Die

kannte ich von den Spaziergängen mit meinen Eltern zur Genüge. Aber einmal landete ich in Köpenick. Ich hatte mich in die S-Bahn gesetzt, war aufs Geratewohl losgefahren und stieg eben da aus, wo es mir interessant schien.

Eines schönen Tages, sieben, acht Tage war ich herumgestrolcht, empfing mich meine Mutter zu Hause. Sie fragte: »Wie war's in der Schule?« »Ach, nichts Besonderes.« »Na, das ist schön. Hast du Hausaufgaben auf?« »Nein, heute nicht.« »Mein Lieber, ich kann dich nur beglückwünschen, daß der Postbote heute mich und nicht deinen Vater angetroffen hat!« Und nun zog sie einen Brief aus ihrer Schürzentasche: »Ihr Sohn Hellmut ist soundsolange nicht erschienen. Es liegen uns Krankmeldungen vor. Ich bitte aber trotzdem um Rücksprache.« Ein Brief vom Klassenlehrer! Meine Mutter stellte mich zur Rede. Ich beichtete ihr alles und versuchte ihr zu erklären, daß ich einfach Berlin sehen wollte. Sie fragte, wie ich das mit den Krankmeldungen gedreht hätte. Da mußte ich ihr gestehen, daß ich mich jeden Nachmittag, wenn sie nicht da war, an die Schreibmaschine gesetzt und getippt hatte: »Mein Sohn Hellmut ist leider an Bauchschmerzen erkrankt und kann daher nicht in die Schule kommen. Hochachtungsvoll, Ilse Stern.« Ihre Unterschrift hatte ich gefälscht. Meine Mutter hielt gegenüber meinem Vater dicht. Die Sache wäre sonst schlimm ausgegangen.

Der 9. November 1938

Mein Schulweg führte über Laubacher Straße, Südwestkorso, Kaiserplatz (heute Bundesplatz) bis zur Prinzregenten–, Ecke Badensche Straße, wo auch die Synagoge stand. Ich spazierte also um halb acht den Südwestkorso entlang und überquerte die Kaiserallee. An der Ecke Varziner Straße war ein Musikalienladen. Er war völlig demoliert: Scherben auf der Straße, Noten, eine Klarinette, zertrümmerte Geigen, ein Klavier, das offenbar aus dem Obergeschoß heruntergeworfen worden war. Ich näherte mich meiner Schule und sah den Feuerschein auf der Kuppel der Synagoge. Meine Lehrer standen mit den Schülern auf der Straße.

Die Feuerwehr war da, griff aber nicht ein. Meine Schule, die sich hinter der Synagoge befand, brannte auch. Während wir ratlos und ängstlich dastanden, kam ein Lastwagen mit johlenden Hitlerjungen. Sie beschmissen uns mit Steinen, richtig großen Pflastersteinen. Unser Lehrer, Herr Engel, drängte uns, schnellstens nach Hause zu gehen. Aber irgend etwas hielt mich zurück. Als ob mir jemand gesagt hätte: Du mußt dir das alles genau ansehen.

Ich fuhr mit der S-Bahn Richtung Bahnhof Zoo. Als der Zug sich der Fasanenstraße näherte, sah ich, wie Flammen aus den drei Kuppeln der Fasanenstraßen-Synagoge emporstiegen. Beim Bahnhof Zoo war schon alles übersät mit Glasscherben. Ich ging erst einmal zur Fasanenstraße und stellte mich unter die Gaffer. SA-Leute hatten vor der Synagoge einen großen Haufen von Büchern, hauptsächlich Gebetbüchern, aufgerichtet. Sie hatten einen alten Mann herausgeholt, es war wohl der Synagogendiener, und zerrten ihn am Bart. Die Leute standen da und guckten zu. Irgend jemand sagte zu mir: »Na, Kleener, nu hau mal ab.« So bin ich mit dem Schulranzen auf dem Rücken zum Kurfürstendamm gelaufen. Auch da ein unglaubliches Bild. Zertrümmerte Schaufenster. Menschen rannten hin und her und plünderten die Geschäfte. Die Leute griffen in die Vitrinen, bedienten sich in den Auslagen. Ich sah, wie sie sich Ringe überstreiften oder Pelze anzogen. Ab und an kamen Polizisten und versuchten die Leute wegzuscheuchen. Aber die waren sofort wieder in den Geschäften.

Ich habe mich bis mittags herumgetrieben. Jetzt wäre normalerweise die Schule zu Ende gewesen. Daher mußte ich nach Hause, aus Angst vor der preußischen Disziplin meines Vaters. Als ich heimkam, war niemand da. Ich suchte mir etwas zu essen und wartete. Später, ich schaute gerade aus dem Fenster, hielt plötzlich ein Überfallkommando, die »Grüne Minna«, vor dem Haus. Ich sah, wie die Schupos abstiegen und in unser Haus kamen. Es klingelte. Sie kamen in die Wohnung, zusammen mit ein oder zwei SA-Leuten. Ich kannte die Polizisten, sie waren von unserem Revier. Sie wollten wissen, wo meine Eltern sind. Ich konnte sie davon überzeugen, daß ich es wirklich nicht wußte, worauf sie wieder abzogen. Sie gingen dann nach oben, wo noch andere Juden wohnten. Ich hörte sie herumtrampeln und an die Türen bummern. Endlich fuhren sie ab. Ich weiß nicht, ob sie jemanden mitnahmen. Abends, sehr viel später als sonst, kamen meine Eltern nach Hause. Sie hatten sich irgendwo versteckt.

An diesem Tag zogen die Horden der SA durch Stadt und Land. Sie zerstörten jüdische Geschäfte und Häuser, nachdem sie sie vorher ausgeraubt hatten. Es wurden einer vorsichtigen Schätzung zufolge 91 Juden ermordet, 29 Warenhäuser, 171 Wohnhäuser und 101 Synagogen zerstört oder abgebrannt. 7500 Geschäfte wurden ausgeraubt und verwüstet. Etwa 35000 Juden wurden in Konzentrationslager verschleppt. All das geschah vor den Augen der Weltöffentlichkeit. Die aber schaute weg beim Austoben des Rassenwahns, der an diesem 9. November seinen vorläufigen Höhepunkt erreicht hatte.

Natürlich war es nichts Außergewöhnliches, daß man in der Schule über Emigration sprach. Jeder hoffte, irgendwann ausreisen zu können. Als ich im Sommer des Jahres 1938 erklärte, daß wir nach China fahren würden, lachten alle: Wir holten einen Atlas, um zu erkunden, wo China liegt, und ich erzählte meinen Mitschülern, was ich über die Mandschurei von meinen Eltern aufgeschnappt hatte. Ich war furchtbar stolz, daß wir weiter fuhren als alle anderen. Palästina war bekannt, Amerika, England oder Frankreich ebenso, aber China nicht, die Mandschurei schon gar nicht.

Voller Angst, daß es vielleicht schon zu spät sein könnte, hatten wir die Chance ergriffen, nach China zu fliehen. Da meine Mutter zu dieser Zeit im »Hilfsverein der Juden in Deutschland« arbeitete, war ihr ein Vertrag vermittelt worden, wonach sie in Harbin als Pianistin arbeiten sollte. Eigentlich war es ja ein fiktiver Vertrag, aber er reichte, um die Visa zu erhalten.

Wir durften nur Kleidung, Wäsche, Erinnerungsstücke usw. mitnehmen. Selbst packen durften wir nicht, das machten die Leute von der Spedition. In der Verbindungstür zwischen unseren zwei Zimmern thronte ein Beamter mit Parteiabzeichen und paßte auf, daß wir keine Wertsachen einsteckten. Als der Aufseher auf die Toilette mußte, flüsterten die Packer uns zu, daß wir jetzt die Wertgegenstände herausholen und im Gepäck verstecken sollten. Sie waren völlig fassungslos, als meine Mutter erklärte, daß wir gar keine hätten.

Das Fahrgeld für unsere Reise sollten wir von der Jüdischen Gemeinde bekommen; nach dem 9. November aber wurden alle Gelder der Gemeinde von den Nazis gesperrt. Gerda Bischof, unsere Freundin und meine Geigenlehrerin, die wie meine Eltern vom Berufsverbot betroffen war (sie galt als »Mischling 1. Grades«), sammelte heimlich und in Windeseile bei ihren Freunden und Bekannten Geld und übergab es, in »Stoffproben« versteckt, meiner Mutter, während der Beamte auch noch die Absätze unserer Schuhe nach verborgenen Schätzen durchsuchte. Ohne ihre Hilfe hätten wir nicht reisen können. Wenig später, nachdem alles gepackt war, versammelten sich unsere Freunde bei uns, und mein Vater hielt eine kleine Rede, in der er unter anderem sagte, daß das Handeln von Gerda Bischof ihm den »Glauben an die Menschen« wiedergegeben habe. Meine Eltern schrieben von China aus lange Briefe an sie, die aber leider verloren sind: In einer brenzligen Situation mußten sie verbrannt werden. Auch Gerda Bischof bemühte sich um die Ausreise, ihr Visum aber kam erst wenige Tage vor Kriegsausbruch, so daß sie nicht mehr emigrieren konnte.

Sie schlug sich als Haushaltshilfe in befreundeten »arischen« Familien durch, wurde von Beamten der »Reichsmusikkammer« beobachtet und beschimpft, arbeitete in einem anthroposophischen Heim mit behinderten Kindern und erlebte, wie Lehrer dieses Heimes von der Gestapo verhört und verschleppt wurden. Wieder halfen ihr Freunde; sie arbeitete dann eine Zeit lang als Bürogehilfin und konnte in Oberbayern den Krieg und die Verfolgungen überstehen. Ihr Lehrer und ihre jüdischen Freunde wurden von den Nazis umgebracht. In einem langen Brief schrieb sie mir während der Arbeit an diesem Buch: »Es war wenig gastlich hier auf der Erde.« Um so bewunderswerter ihre Vitalität, die sie mit ihren nunmehr neunzig Jahren immer noch zeigt, und ihre Hartnäckigkeit, mit der sie nach dem Schicksal ihrer verschwundenen Freunde forscht. Sie ist geistig so frisch wie eh und je, geigt jeden Tag, interessiert sich für Gott und die Welt und ist auch körperlich noch relativ gut beisammen.

Am 21. November 1938 fuhren wir also vom Anhalter Bahnhof in Richtung Süden. München erreichten wir früh im

Morgengrauen. Je näher wir der Grenze kamen, um so unruhiger wurden meine Eltern. Am Brenner mußten wir in einen italienischen Zug umsteigen. Der Bahnsteig war abgeriegelt von Nazis. Die Aussteigenden wurden angeschrien: »Juden! Auswanderer! Rüber auf die andere Seite!« »Normale« Touristen konnten passieren. Meine Eltern wurden abgeführt. Ich blieb mit ein paar anderen Leuten auf dem Bahnsteig. Da sah ich, wie unser Zug, der uns nach Genua bringen sollte, abfuhr. Nach einer peinlichen Leibesvisitation kamen meine Eltern wieder, und wir mußten nun in der Kälte auf den nächsten Zug warten. Wir hatten furchtbare Angst, daß uns die Nazis, die uns umringten, wieder zurückholen würden.

Endlich fuhr ein italienischer Bummelzug ein, es war ein Militärzug voller lustiger, singender italienischer Soldaten. Wir durften einsteigen. Sofort wurde uns Wein und Essen angeboten. Wir fuhren bis Mailand. Nicht weit vom Bahnhof fanden wir ein billiges Stundenhotel, in dem wir für wenig Geld übernachten konnten. Am nächsten Tag erreichten wir Genua, fuhren zum Hafen, und ich sah unser Schiff: die »Conte Biancamano«, die in meinen Augen riesengroß war. Immerhin hatte sie 24000 Tonnen. Wir hatten unsere Kabine im Zwischendeck. Am nächsten Tag reisten wir ab, Richtung Neapel. Das Schiff war besetzt mit deutschen Touristen, die Erster oder Zweiter Klasse fuhren, im Zwischendeck fuhren wir Flüchtlinge. Durch die vielen Aufregungen wurde mein Vater ernsthaft krank, er bekam einen Herzanfall. Trotzdem waren wir glücklich, wir waren frei.

Wir gelangten dann durch die Straße von Messina nach Port Said. Wir hatten die Hoffnung, daß wir dort von Bord gehen und dann weiter über den Sinai, natürlich illegal, nach Palästina gelangen könnten. Das hatten auch andere Emigranten so geplant, die wie wir Familienangehörige in Palästina hatten. Man konnte von Palästina nach Port Said fahren, das Ticket kostete circa sieben Pfund Sterling. Als wir in Port

Mit den Eltern auf der »Conte Biancamano«, 1938

Said anlegten, standen viele an Deck und suchten in der Masse der Menschen, die am Kai warteten, ihre Angehörigen. Wir suchten auch, aber meine Schwestern waren nicht da. Mein Vater, ein unverbesserlicher Optimist, war fest davon überzeugt, daß sie noch kommen würden. Wir hatten ihnen ja unsere Ankunft mitgeteilt. Wir gingen von Bord und kamen in einen Laden, der einem ägyptischen Juden gehörte. Dieser Mann nahm sich der durchreisenden Emigranten an. Er gab uns etwas Geld, und mein Vater beriet mit ihm, wie man eventuell ohne Hilfe über den Sinai nach Palästina käme. Er aber meinte: »Fahren Sie erstmal nach Shanghai. Dort werden Sie ohnehin nicht lange bleiben müssen. Und in der Zwischenzeit werden Ihre Töchter Mittel und Wege finden, Sie zurückzuholen.«

Daraus wurde leider nichts. Elf Jahre mußten vergehen, bis wir endlich in Israel ankamen. Wir waren sehr verbittert, daß uns nicht gelungen war, was so viele andere erreicht hatten. Meine Schwestern hatten es nicht einmal geschafft, uns eine Nachricht zukommen zu lassen. Mein Vater hat diese Enttäuschung nie verwunden.

Es blieb uns also nichts anderes übrig, als weiterzufahren. Die nächsten Stationen waren Suez, Massawa in Äthiopien und dann Port Aden im Yemen. Es war wunderbar warm, aber wir durften leider nicht von Bord. Mich faszinierte das Aussehen der Yemeniten, das krause schwarze Haar und die dunklen Augen. Und wie sie mit ihren dünnen Armen und Beinen riesige Lasten zu tragen vermochten.

Bis heute kann ich nicht vergessen, was uns in Bombay widerfuhr. Die Passagiere versammelten sich an der Reling, die Hafenpolizei und der Zoll erschienen. Man hatte sich in einer Reihe aufzustellen und den Polizisten seinen Paß zu zeigen. Vor uns standen einige deutsche Touristen. Sie zeigten ihre Pässe, die Beamten salutierten, die Leute gingen von Bord. Wir kamen an die Reihe, der Paß wurde aufgeschlagen, und der Beamte sagte: »No!« Wir mußten zur Seite treten. Mein Vater beschwerte sich sofort, er wollte wissen, warum wir nicht von Bord dürften. Ein Offizier kam dazu. Er zeigte auf das große rote »J« in unserem Paß und sagte »No«. In der Zwischenzeit wurden andere Leute abgefertigt. Die deutschen Touristen durften von Bord, wir jüdischen Emigranten nicht. Es entstand die groteske Situation, daß die Japaner, die Verbündeten der Nazis, uns trotz des eingestempelten »J« das Visum zur Einreise nach China erteilt und uns so gerettet hatten, die Engländer aber, die Gegner der Nazis, das »J« der Nazis respektierten und uns sogar einen kurzen Landgang verweigerten. Das paßte natürlich in das Bild der englischen Politik der Restriktionen und Schikanen gegenüber Juden, die nach England oder in ihre Kolonien fliehen wollten. Es war ihr furchtbarer Anteil an der Vernichtung des europäischen Judentums. Mein Vater war fassungslos. Wir Emigranten trollten uns zurück in unsere Kabinen.

Weiter ging es nach Colombo, damals Ceylon, dem heutigen Sri Lanka. Hier durften wir einen Tag an Land. Auf den Strassen wurden Kokosnüsse, Ananas und Bananen angeboten. Wir setzten uns an den Straßenrand und aßen eine Kokosnuß, die erste in meinem Leben.

Die nächste Station war Singapur. Hier hatten wir den ersten Kontakt mit Chinesen. Wir schlenderten durch das Chinesenviertel und sahen die Armut der Menschen, die schäbigen Häuschen. Vor jedem Haus saßen die Handwerker und arbeiteten – Schuhmacher, Schneider, Schmiede, Töpfer. Spät am Abend wurden kleine Karbidöfchen auf die Straße getragen. Viele wohnten und arbeiteten in Kellern, in die man vom Fußsteig aus hineinblicken konnte. Die keineswegs immer sehr angenehmen Gerüche und der Schmutz waren überwältigend. Kaum zu glauben, daß Singapur heute eine der saubersten und modernsten Städte der Welt ist.

Über Manila fuhren wir weiter nach Hongkong. Das Wasser war ölglatt, trotzdem fing das Schiff an zu schlingern. Alle Passagiere wurden seekrank. Auch hier, in der englischen Kronkolonie, durften wir das Schiff natürlich nicht verlassen.

Das Ende unserer Reise kam näher: Shanghai. Unmerklich

hatte sich das Klima verändert, es wurde kühler. Als wir in Shanghai einliefen, fingen wir an zu frieren. Es war Ende Dezember, und die nasse Kälte drang bis in die Knochen. Wir gingen von Bord, ein Hilfskomitee empfing uns. Die Leute vom Komitee waren hoffnungslos überfordert. Sie mußten in kurzer Zeit Tausende von Flüchtlingen betreuen, ihnen Unterkunft, Verpflegung und Existenzmöglichkeiten besorgen. Jeder bekam eine Adresse zugewiesen, die meisten im von den Japanern zerbombten Stadtteil Hongkew. Man mußte über eine Brücke, um in diesen Teil der Stadt zu gelangen. Mitten auf der Brücke standen auf beiden Seiten japanische Wachposten mit aufgepflanztem Bajonett. Jeder Chinese, der an diesen Soldaten vorbeikam, mußte sich tief vor ihnen verbeugen. Fiel diese »Ehrenbezeugung« nicht tief genug aus, stürmten sie auf ihn zu, packten ihn und schlugen ihn mit dem Gewehrkolben. Das war etwas Alltägliches. Und wie reagierten die Leute, die das sahen? Überhaupt nicht! Sie senkten die Köpfe und beschleunigten ihren Schritt.

Wir standen in einer kaum beleuchteten Straße vor einem durch Bomben stark zerstörten Haus. In den Kellerlöchern wohnten Chinesen. Wir waren nicht die einzigen, die in dieses Haus eingewiesen worden waren. Alle einigermaßen intakten Etagen wurden von Emigranten belegt. Die Böden waren mit rotgemalten Bohlen ausgelegt, an den Wänden hingen noch Fetzen von Tapeten. Außer drei zusammenklappbaren Feldbetten ohne Matratzen war unser Zimmer leer. Es gab kein Wasser. Ich sehe noch das Gesicht meiner Mutter, als wir das Zimmer betraten. Sie fing an zu weinen: Hier also sollten wir eine ganze Weile hausen. Mein Vater tröstete uns: »Wir haben doch das große Los gezogen, wir fahren weiter nach Harbin. Denkt mal an die Armen, die alle hierbleiben müssen.« Am nächsten Morgen wurden wir wieder abgeholt und zum Lokal des Hilfskomitees gebracht. Das war wenigstens geheizt.

Nun geschah ein Wunder. Ein Bentley fuhr vor, hielt, der Chauffeur stieg aus und öffnete einem Herrn im feinen Pelzmantel die Tür. Der stieg aus und trat in unser Lokal. Er blieb in der Tür stehen, guckte sich in der Runde um. Wir hatten das Schauspiel durch die Fenster beobachtet und waren sehr beeindruckt. Schlagartig war es ruhig geworden. Alle starrten den Mann an. Die Organisatoren des Hilfskomitees unterhielten sich kurz mit ihm. Der Herr kam an unseren Tisch, begrüßte meine Eltern und mich und unterhielt sich mit uns. Schließlich fragten mich meine Eltern, ob ich mit dem Herrn mitgehen wolle, ich könnte für die Zeit unseres Aufenthaltes in Shanghai in seinem Haus wohnen. Ich hatte nichts dagegen, zog mich an, der Chauffeur nahm mich in Empfang. Der Herr ging noch an einen anderen Tisch und brachte ein kleines Mädchen mit. Nachdem wir uns von den Eltern verabschiedet hatten, wurden wir in das Luxusauto gesetzt und gelangten zu unserem neuen Domizil: einem Palais am Ende eines großen Parks. Auf der Freitreppe standen mehrere Chinesen in Hausuniformen: Butler, Kindermädchen usw. Wir waren die Gäste einer der reichsten Familien Shanghais, der Familie Toueg.

Die Touegs waren Sepharden, also aus dem Mittelmeerraum stammende Juden, im Unterschied zu uns Aschkenasen, die wir aus Mittel- bzw. Osteuropa stammen. Die sephardische Gemeinde wurde in der Mitte des 19. Jahrhunderts gegründet. Als unternehmungslustige und geschäftstüchtige Kaufleute, vornehmlich aus Bagdad, die sich im britischen Kolonialreich von Indien bis in den Fernen Osten angesiedelt hatten, gründeten sie ihre Niederlassungen in Hongkong und Shanghai. Sie waren sehr erfolgreich in ihren Unternehmungen und trugen entscheidend zum Aufschwung der Städte bei. So entstanden sehr schöne Häuser, Synagogen und Schulen in Shanghai und vor allem viele soziale Einrichtungen. Viele ihrer Bauten wurden im Bauhausstil errichtet, was die Besucher der Stadt immer wieder erstaunt. Leider ist die Bausubstanz durch die Kriegswirren und die darauffolgenden Veränderungen heruntergekommen, und die meisten Häuser sind verwahrlost. Die führenden Familien, deren Namen im ganzen Fernen und Nahen Osten berühmt sind, die Sassoons, die Kadoories und eben »meine« Toueg haben China nach dem Krieg verlassen.

Die chinesische »Ama« nahm uns in Empfang. Ich bekam ein eigenes Zimmer, in meiner Erinnerung prächtig und riesengroß. Ich kam mir vor wie im Paradies. Zunächst wurde ich gebadet, dann sollte ich mich ausruhen. Ich erhielt neue saubere Kleidung und wurde dann in den Speisesaal geführt. Dort saß bereits die Familie am Tisch, um den mehrere Diener standen. Auch das kleine Mädchen kam. Etwas eingeschüchtert von dieser Pracht und dem vielen Neuen, wurden wir bedient und begannen zu essen. Später spielten wir im Park, wo ein kleines Häuschen, ein überdimensionales Puppenhaus, stand. Es war ein wunderbarer Tag.

Die Zeit verging. Ich übte täglich Geige, darauf wurde peinlich geachtet, und durfte auch auf dem Flügel der Touegs spielen. Eines Tages kamen meine Eltern zum Abendessen zu Besuch. Überglücklich zeigte ich ihnen, wie gut es mir ging, wie wunderschön mein Zimmer war, welch herrliche Spielsachen ich bekommen hatte. Herr Toueg hatte meinen Eltern vorgeschlagen, daß wir in Shanghai bleiben sollten. Er würde für meine Ausbildung, besonders die musikalische, sorgen. Ich sollte bei ihm wohnen bleiben. Auch für meine Eltern wollte er sorgen und sich um geeignete und angemessene Arbeit für sie kümmern.

Aber mein Vater, unbeirrbar wie immer, bestand auf der Weiterfahrt nach Harbin, meine Mutter hätte einen Vertrag, außerdem würde es uns dort bessergehen als in Shanghai, da es dort nicht so viele Emigranten gebe. Er ließ sich von seinem Plan nicht abbringen.

Es war eine schlimme Fehlentscheidung. Der Vertrag meiner Mutter bestand lediglich auf dem Papier und war nur dafür gedacht, die Visa nach Harbin zu bekommen. Mein Vater aber hatte ihn in seiner Vorstellungswelt inzwischen so verinnerlicht, daß er an eine tatsächliche Vertragserfüllung glaubte.

Während ich im Wohlstand schwelgte, ging es meinen armen Eltern sehr schlecht. Wohl infolge der schlechten hygienischen Verhältnisse, in denen sie leben mußten, erkrankte meine Mutter an der Ruhr. Wie ich später erfuhr, war ihr Zustand lebensgefährlich. Offenbar war auch die ihr erteilte medizinische Betreuung unzureichend, und meine Eltern waren auf das Schlimmste gefaßt. Nun geschah so etwas wie ein Wunder, etwas, das auch vielen Lesern ein ungläubiges Lächeln entlocken wird: Eine alte Russin kochte ihr eine Art Rote Grütze, auf russisch »Kissel« genannt. Im Grunde ist es nichts weiter als dick eingekochte schwarze Johannisbeeren. Die Frau mußte meine Mutter buchstäblich zwingen, das zu essen, denn diese konnte natürlich nicht glauben, daß in ihrem Zustand ausgerechnet etwas, was man im allgemeinen als Süßspeise ißt, eine lebensrettende Wirkung haben sollte. Die alte Frau aber bestand darauf. Und siehe da, schon am nächsten Tag ging es meiner Mutter viel besser, und bald war sie wieder auf den Beinen.

Später, wir waren schon lange in Harbin, lernten wir die heilsame Wirkung des Kissels und anderer alter russischer Volksheilmittel noch mehr schätzen, und es wunderte uns nicht, daß mir die Ärzte, als ich an Paratyphus erkrankte, nichts anderes als diese, im übrigen sehr wohlschmeckende Rote Grütze verabreichten. Bis heute bin ich ein großer Fan dieser Speise.

Nach 1938

Überleben in der Mandschurei

Mit einem japanischen Schiff, der »Hoten Maru«, fuhren wir über das Chinesische Meer zum mandschurischen Hafen Dairen, dem heutigen Dalien. Von dort ging es mit dem Zug nach Norden. Am nächsten Morgen erreichten wir Harbin und wurden von einem Herrn der jüdischen Gemeinde abgeholt. Er war entsetzt über unsere Kleidung – ich hatte immer noch meine kurzen Hosen an. Die Temperatur lag weit unter minus 20 Grad. Wir mußten im Wartesaal bleiben, bis er warme Kleidung besorgt hatte. Mit einem Auto brachte er uns dann in ein Haus der jüdischen Gemeinde, wo es warmes Essen für bedürftige Menschen gab.

Das also war der Beginn unserer »chinesischen Zeit«, von der wir natürlich nicht ahnen konnten, daß sie elf Jahre dauern würde. Denn bis zum Ausbruch des Japanisch-Amerikanischen Krieges hofften wir, China verlassen und nach den USA oder Palästina weiter wandern zu können. Unsere entsprechenden Anträge, die wir noch in Deutschland gestellt hatten, liefen ja weiter. Aber auch diese Hoffnungen wurden durch die unnachgiebige Haltung der amerikanischen und britischen Behördern zerschlagen. So wurde Harbin unsere »Heimat auf Zeit«.

Harbin ist eine relativ junge Stadt. Sie entstand Ende des 19. Jahrhunderts als Knotenpunkt der Transsibirischen Eisenbahn. Diese führt durch den ganzen Kontinent bis nach Wladiwostok; eine Abzweigung ging von der Grenzstadt am Amur, Manchouli, bis in den südmandschurischen Hafen Port Arthur. Port Arthur war bis 1905 in russischer Hand und ging im japanisch-russischen Krieg an die Japaner verloren.

Anfangs eine kleine Siedlung einheimischer Mandschuren, eines mongolischen Stammes, wuchs Harbin rasch. Es kamen Eisenbahner aus Rußland, die ihre Häuser im gewohnten russischen Stil bauten. Es sprach sich schnell herum, daß es in Harbin Arbeit gebe, und so zogen viele Chinesen vom Süden nach Norden, besonders viele kamen aus der Provinz Shantung. Sie wurden als Arbeiter bei der Eisenbahn eingesetzt und mußten dort Schwerstarbeit verrichten. So entstand der chinesische Teil Harbins, unser »Chinatown«. Die Russen und andere Europäer dagegen siedelten sich in ihrem Stadtteil Pristan am Fluß Sungari an. Beide »Städte« wuchsen rasch zu einer Großstadt zusammen. Die von den Emigranten aus Rußland erbauten schönen Kathedralen prägten das Stadtbild.

Auf dem zugefrorenen Sungari, Harbin 1939/40, links sitzend Hellmut

Die Weiße Armee, unter Befehl des berüchtigten Ataman Semjonow, hatte sich auf der Flucht vor der Roten Armee bis in die sichere Mandschurei zurückgezogen. Sie führte einen

Treck Tausender flüchtender Menschen mit sich. Diese kamen aus allen sozialen Schichten, vom einfachen Muschik bis zu Angehörigen des Hochadels und sogar des Hauses Romanow.

Es waren jedoch nicht nur Russen, die an dieser Völkerwanderung beteiligt waren. Menschen aus den verschiedensten ethnischen Minderheiten des ehemaligen Zarenreiches, aber auch Angehörige fast aller anderen europäischen Nationen waren darunter, so daß Harbin in den zwanziger Jahren zu einer mittleren russischen Großstadt mit internationalem Flair wurde – und das auf chinesischem Boden! Obwohl viele der Emigranten ursprünglich gar nicht in China bleiben, sondern nach Australien, Kanada, Amerika oder Frankreich weiterziehen wollten, ließen sie sich hier zunächst einmal nieder. Denn das Leben war billig, und es gab zumindest kurzfristige Perspektiven für eine Existenz. Es herrschte eine mitreißende Aufbruchstimmung. Die »goldenen zwanziger Jahre« begannen auch hier. Rasch wurde Harbin zum »Paris des Fernen Ostens« – und für viele durchreisende Emigranten ein Aufenthalt für immer.

Durch die Transsibirische Eisenbahn florierte der Handel mit dem Ausland. Jedes große europäische Land eröffnete in Harbin ein Konsulat. Auch die USA waren vertreten. Steuern mußten nicht gezahlt werden. Die Mandschurei verfügte über große Bodenschätze: Kohle und Öl. Einer der Hauptexportartikel waren Pelze. Es entstanden Warenhäuser, Nachtclubs, Hotels, alles im osteuropäischen Stil. Dazu kulturelle Einrichtungen, Theater, Schulen, Konzertsäle usw.

Auch Juden waren im Gefolge der Weißen Armee in die Mandschurei gekommen. Sie stammten aus den russischen Großstädten Moskau, Odessa, St. Petersburg. Sie hatten wesentlichen Anteil an der Kultur, am Geschäftsleben und Gesundheitswesen. Das jüdische Krankenhaus galt als eines der besten Krankenhäuser des Fernen Ostens. Nach 1933 holten die Japaner, die 1932 in die Mandschurei eingefallen waren, jüdische Ärzte nach Harbin, die aus Deutschland oder Österreich flüchten mußten. Aber auch Musiker kamen, unter anderem mein Geigenlehrer, Wladimir Davidowitsch Trachtenberg, der früher Konzertmeister am Marijnski-Theater in St. Petersburg war und in Harbin das Symphonieorchester und das Konservatorium mitbegründete. Die Stadt wurde in den zwanziger Jahren von vielen berühmten Künstlern, Musikern, Sängern, usw. besucht. Selbst Fjodor Schaljapin, der große Bassist, lebte eine Zeitlang in Harbin. Und Jascha Heifetz gastierte hier – alles das allerdings lange vor unserer Zeit.

Außer uns Emigranten lebten Ende der dreißiger Jahre noch andere Deutsche in der Stadt, die meisten von ihnen wohlsituierte Kaufleute. Dann kamen aber aus Deutschland »Importierte«, sie wurden von den Nazis als »Fünfte Kolonne« geschickt. Zu ihrer Aufgabe gehörte, die Japaner zur Verfolgung der Juden zu bewegen. Die Japaner weigerten sich jedoch, dem Verlangen der Nazis nachzukommen.

Es gab auch ein deutsches Generalkonsulat. Wir hatten immer noch gültige deutsche Pässe mit dem eingestempelten großen »J«. Nach unserer Ankunft meldeten wir uns bei »unserem« Konsulat und wurden sowohl vom damaligen Generalkonsul Schulze als auch von den anderen Konsulatsbeamten liebenswürdig aufgenommen, ja sogar mit Lebensmitteln versorgt und zu Veranstaltungen eingeladen. Das änderte sich aber sehr schnell. Aus Deutschland kamen Anweisungen, daß wir sofort ausgebürgert werden müßten. Wir bekamen einen Brief, in dem wir – unter Bedauern – gebeten wurden, unsere Pässe abzugeben. Das taten wir aber nicht.

Die Stadt bestand praktisch aus zwei Teilen. Das wirtschaftliche sowie das kulturelle Leben der großen Masse der Chinesen fand hauptsächlich in ihrem Stadtteil »Chinatown«

statt. Die meisten Europäer lebten dagegen im russischen Teil der Stadt. Die Straßen hatten neben den russischen auch chinesische Namen. Die Administration der ganzen Stadt war jedoch chinesisch. Während der japanischen Besatzungszeit, also von 1932 bis 1945, hatte sie natürlich den Befehlen der Besatzer zu folgen. Nach der Kapitulation Japans im August 1945 wurden die Beamten dieser Stadtregierung als Kollaborateure sofort verhaftet und entsprechend bestraft.

Die Chinesen erbrachten die Dienstleistungen. Sie waren die Köche und die Boys, die Ammen und die Straßenhändler. Natürlich gab es unter ihnen auch gutsituierte, sehr reiche Kaufleute. Zwischen dem russisch-europäischen und dem chinesischen Stadtteil gab es durchaus Verbindungen ökonomischer und sozialer Art. Das Verhalten der Europäer, besonders der Russen, gegenüber der chinesischen Bevölkerung war aber immer geprägt von einer gewissen kolonialistischen Arroganz. So erwartete man beispielsweise vom chinesischen Personal, daß es die russische Sprache beherrschte, ohne daß man sich selber die Mühe machte, Chinesisch zu lernen. In ihrer souveränen Toleranz erlernten die Chinesen schnell Russisch, aber auch die Sprachen anderer europäischer Dienstherren. So erlebte ich, wie z. B. der Koch unserer Hauswirtin ein wunderbares Jiddisch mit leichtem Berditschever Einschlag sprach oder der chinesische Übersetzer einiger unserer deutschen Dokumente so berlinerte wie wir.

Seit der Besetzung durch die Japaner hieß die Mandschurei »Kaiserreich Mandschu-di-guo«. Der Kaiser von Japans Gnaden, der inzwischen durch sein Buch und Bertoluccis Film weltberühmte Pu Yi, der letzte chinesische Kaiser, residierte in Hsingking, dem jetzigen Chanchung. Die Japaner aber waren die Herren. Hoch zu Roß ritten sie durch die Stadt und wehe, etwas erregte ihr Mißfallen. Die Brutalität der Armee war sprichwörtlich. Für ihre Politik »Volk ohne Raum« wurde die Mandschurei gezielt mit Japanern besiedelt. Die

Mandschurei sollte Japan einverleibt werden, nicht zuletzt wegen ihrer Bodenschätze.

Die Japaner und ihre chinesischen und russischen Kollaborateure überwachten streng alle Einrichtungen der Europäer, auch die Jüdische Gemeinde. Gegen die Erlasse der Japaner zu verstoßen, war gefährlich. Hingegen ließen sie uns großen Freiraum auf dem religiösen Sektor. Jede Gruppe, ob jüdisch oder russisch-orthodox, durfte ihre Feste feiern, wie und wann sie wollte. Da war zum Beispiel das Neujahrsfest der russisch-orthodoxen Christen am 13. Januar. An diesem Tag wurde in den zugefrorenen Fluß ein Loch gesägt und ein aus Eis kunstvoll geformtes großes Kreuz daneben aufgestellt. Und dann pilgerte die Bevölkerung an den »Jordan«, wie man das Eisloch für diesen Tag nannte. Die Popen warteten dort in ihren Pelzhüten und dicken Roben, mit ihren langen Bärten und den Weihrauchgefäßen. Die Menschen zogen sich bis auf die Badehose aus und sprangen ins Wasser. So manches Mal lag die Lufttemperatur bei minus 30 Grad. Sie stiegen dann rot wie die Krebse aus dem Wasser, bekamen Piroschki und Wodka, wurden gesegnet und in Pelze eingehüllt. Nun waren sie glücklich: sie waren im Jordan getauft. Es waren richtige Volksfeste, an denen die ganze Stadt Anteil hatte.

Man besuchte sich gegenseitig. Die Russen kamen zu den Juden, wenn die feierten, die Juden besuchten die Russen zu deren Festen. Besonders schön war es immer beim russischen Osterfest, das drei Tage lang gefeiert wurde. Die Tische der russischen Familien waren alle drei Tage im Überfluß mit allem, was das Herz begehrt, gedeckt. Die Türen der Häuser waren in dieser Zeit permanent geöffnet, und man trat, ohne zu klingeln, ein. Übrigens mußte man mit den Gastgebern gar nicht bekannt sein. Die Begrüßung lautete: »Christos woskres« (Christus ist auferstanden), worauf die Antwort war: »Wo istinje woskres« (In Wahrheit ist er auferstanden).

Darauf folgten saftige Küsse auf beide Wangen und auf die Lippen, egal, ob man es mit einem Mann oder einer Frau zu tun hatte. Und nun folgte der Angriff auf die Leckereien, die auf den Tischen aufgebaut waren. Das fing schon am frühen Vormittag an, und so kann man sich vorstellen, wie es gegen Abend auf den Straßen aussah, wenn die Männer durch die Straßen wankten oder volltrunken im Rinnstein lagen. So mancher von ihnen fand sich danach auf dem Friedhof wieder.

Es herrschte aber auch große Armut, nicht nur bei den Chinesen, sondern auch bei uns Europäern. Die Armut wurde verschärft durch die bittere Kälte. Dazu kamen politische Probleme: ein Teil der (im politischen Sinne) »weißen« Russen, besonders ihre Leitung, das »Büro der Emigranten«, war geprägt von starkem Antisemitismus. Zu unserem großen Entsetzen hatten sie eine straff organisierte faschistische Partei, deren Anführer, Konstantin Rodsajewski, sich selber mit dem deutschen Wort »der Führer« bezeichnete. In einem Interview sagte er einmal: »Was in Deutschland Adolf Hitler, das bin ich in Harbin.« Obwohl sie mit der japanischen Besatzungsmacht eng kooperierten und sich zum Einsatz im Falle eines Krieges gegen die Sowjetunion vorbereiteten, waren diese Faschisten bei den Japanern gar nicht beliebt und wurden von ihnen mit Geringschätzung behandelt. Wir allerdings hatten große Angst, denn natürlich waren sie in erster Linie scharfe Antisemiten.

Das »Büro der Emigranten« rekrutierte eine paramilitärische Gruppe, die später zu einer militärischen Abteilung der Japaner legalisiert wurde. Ihre Uniformen ähnelten denen der Nazis. Kamen Gesandte aus Deutschland, trafen sich Leute dieser Gruppe mit ihnen und berieten das Vorgehen gegen die Juden. Die Juden in Harbin, die zahlenmäßig sehr stark waren, blieben aber nicht untätig. Auch sie stellten eine Gruppe hauptsächlich junger Leute zusammen, den »Betar«, den »Trumpeldor-Bund«. Es waren die sogenannten Revisionisten unter den Zionisten. Ihre Uniformen waren ebenfalls braun und hatten Schulterriemen. Sie zogen mit Schlagstökken bewaffnet durch die Straßen und sangen ihre Lieder. Stießen sie und die Russen aufeinander, setzte es Prügel.

Wir fühlten uns aber nicht nur von den Antisemiten bedroht. Von den japanischen Jungen wurde ich manchmal verprügelt, weil sie mich für einen Russen hielten. Von den chinesischen Kindern wurde ich als »Langnase« (»Ta Pi-tse«), beschimpft, ein Schimpfwort für alle Weißen außer den Russen, für die gab es ein anderes Schimpfwort: »Lao-Mao-tse« (»Alte Mütze«). Übrigens wurde ich auch noch von den jüdischen Kindern als Deutscher gehänselt. Ich lernte, Prügel zu beziehen für Sachen, für die ich nichts konnte. Ich mußte mich anpassen. So wurde ich unter Russen Russe, lebte mich in die unterschiedlichen Mentalitäten der Chinesen und Japaner ein und wurde von ihnen akzeptiert. Ich lebte also verschiedene Leben: zu Hause deutsch – ich hatte auch einen Lehrer, der großen Wert auf deutsche Literatur legte – und draußen russisch, chinesisch und japanisch.

Harbin hatte zwei große Synagogen. Gegenüber der Neuen Synagoge war das Haus der Jüdischen Gemeinde. Es beherbergte den Mittagstisch, die Mazze-Bäckerei, die einmal im Jahr, zum Pessach-Fest, arbeitete, das Altersheim und die Chewre Kadischa, die »Heilige Gemeinschaft«. Diese Einrichtung befaßte sich mit rituellen Fragen und Bestattungen.

Anfangs wurden wir bei einem ebenfalls aus Berlin stammenden Arzt, Dr. Zondervan, in einem Zimmer untergebracht. Später zogen wir um zur Familie Simenauer. Der Vater, Lothar, war Saxophonist in einer Kapelle, die sich noch in Berlin mit dem Ziel einer gemeinsamen Auswanderung gebildet hatte. In Harbin spielten sie in der »Gambrinus-Bar«. Er beherrschte etwa 15 Instrumente und lernte immer neue hinzu. Zur Familie gehörten ein Sohn, Peter, und die beiden

Mädchen, Margot und Judith. Wir hausten alle zusammen; es war laut und lustig. Peter Simenauer wurde später Erster Klarinettist im Israel Philharmonic Orchestra und dann von Leonard Bernstein zu den New Yorker Philharmonikern geholt, wo er noch heute spielt.

Durch finanzielle Unterstützung der Jüdischen Gemeinde konnten wir dann eine Wohnung mieten. Diese Wohnung lag in einem Komplex von circa 15 kleinen Einfamilienhäusern, deren Eingänge alle in einen Hof mündeten. Wir bekamen das letzte Haus, es hatte zwei Stockwerke. Unten lagen Wohnzimmer, Küche und Bad, oben zwei Schlafzimmer, ein winziges Zimmer für mich – da paßte gerade ein Bett hinein und ein kleiner Tisch – und eine Toilette. Außerdem war das Haus unterkellert. Leider war das aber der Eiskeller für die ganze Häuseranlage. Kühlschränke kannte man natürlich noch nicht. Die Einwohner stapelten dort große Eisblöcke auf, die im Frühjahr aus dem noch zugefrorenen Fluß herausgehauen wurden, und lagerten darauf ihre Lebensmittelvorräte. Die Folge davon war natürlich, daß unser Fußboden immer sehr kalt war und wir unsere unteren Zimmer nie warm bekommen konnten.

Geld hatten wir freilich nicht, aber es ging uns dennoch relativ gut. Mein Vater fing an zu unterrichten, meine Mutter bekam tatsächlich ein Engagement im Theater Modern, wodurch zu guter Letzt aus dem fiktiven doch noch ein echter Vertrag wurde. Sie begleitete Bühnendarbietungen, die zweimal täglich abwechselnd mit Filmaufführungen gezeigt wurden. Wir sahen nun all die älteren und aktuellen deutschen Filme, die wir in Deutschland nicht mehr hatten sehen dürfen, weil Juden bekanntlich der Zugang zu Kinos und Theatern versperrt war.

Ich kam auf die russisch-jüdische Talmud-Thora Schule. Das klingt orthodoxer als sie in Wirklichkeit war, aber so liberal wie in meiner Schule in Berlin ging es natürlich nicht zu.

Der Direktor und die Lehrer waren sehr freundlich, aber auch hier hatten die Japaner die Oberaufsicht. Bei uns war es die Japanischlehrerin. Sie war de facto die Herrin im Hause. Lernte man nicht genügend oder benahm sich nicht entsprechend, so wurde zum Beispiel damit gedroht, die Zuckerration für die ganze Familie zu sperren. Lebensmittel bekam man damals nur noch auf Marken.

Ein anderes Problem war, daß ich als Zehnjähriger in die Klasse der Sechsjährigen kam, da ich die russische Sprache nicht beherrschte. Außer mir betraf das noch vier Emigrantenkinder: Margarete und Susanne Stern, Töchter eines Augenarztes aus Potsdam, und Marion und Thomas Wolfenstein, ebenfalls Kinder eines Arztes aus Deutschland. Wir wurden natürlich von den anderen Kindern ausgelacht und waren wieder isoliert. Mein Vater beschwerte sich, ändern konnte er aber nichts. Kinder hatten auf meiner Bank Schimpfworte und beleidigende Sprüche eingeritzt. Ich wurde als Deutscher beschimpft – und das als jüdischer Emigrant in einer jüdischen Schule!

Schließlich nahm mich mein Vater aus der Schule. Wir lernten Herrn Bender kennen. Er war Lehrer, wurde im Ersten Weltkrieg Soldat und geriet in russische Gefangenschaft. Er blieb dort, heiratete eine Russin und zog in dem großen Treck der Flüchtlinge während der Revolution mit der Weißen Armee nach China. Es ging ihnen nicht gut, und er flüchtete sich in den Alkohol. Er war ein feiner und gütiger Mensch, wurde ein Freund meiner Eltern und mein Privatlehrer, bei dem ich mehr lernte, als ich auf einer normalen Schule hätte lernen können. Der Privatunterricht war nur möglich, weil Herr Bender so gut wie kein Honorar bekam. Meine Mutter kochte für ihn mit, er bekam seine Schnäpschen und fühlte sich im übrigen bei uns wohl. So ergab sich die groteske Situation, daß ich, wie die Kinder der Reichen, einen Privatlehrer hatte.

Es gab auch noch eine deutsche Schule, die Hindenburg-Schule, die 1945 geschlossen wurde. In diese Schule konnten wir natürlich nicht gehen. Der Lehrplan war dort strikt nach Anweisungen aus Deutschland ausgerichtet. Es wehte die Hakenkreuzfahne, und die Kinder trugen die entsprechenden HJ-, BDM- und Pimpfenuniformen. Es war beiderseits undenkbar, daß wir etwas miteinander hätten zu tun haben können.

Mit einer Ausnahme: Im Eckhaus unserer Straße wohnte die wohlhabende deutsche Kaufmannsfamilie Schill. Für sie galt kein »Ariernachweis«. Sie engagierten meine Mutter als Klavierlehrerin für ihre bildhübsche Tochter Ursula.

51 Jahre später, 1996, sah ich sie und ihren Bruder Günther wieder. Ich wurde zu einem der alljährlichen Treffen ehemaliger deutscher »Chinesen«, von denen die meisten aus Harbin und Schüler der Hindenburg-Schule waren, eingeladen. Ich hatte bis dahin nie etwas von ihnen gehört. Wir trafen uns in Bamberg, und ich wurde sehr herzlich von ihnen aufgenommen. Wir tauschten Erinnerungen und Bilder aus der Kindheit in Harbin aus. Interessanterweise waren sie sehr unterschiedlicher Art.

Die meisten dieser »ehemaligen Chinesen« lebten in Harbin im Wohlstand, sie waren Auslandsdeutsche und keine Flüchtlinge. Ihre schwere Zeit fing erst mit der Evakuierung nach Deutschland 1945/1946 an. Inzwischen bestehen freundschaftliche Beziehungen zwischen mir und einigen von ihnen, insbesondere zu dem Sohn des früheren Konsuls in Harbin, Hermann J. Schulze.

Die hygienischen Verhältnisse in Harbin waren katastrophal. Es gab nur eine äußerst mangelhafte Kanalisation. Die Abwässer wurden teilweise in offene Rinnen am Straßenrand gespült, in die auch Abfälle geworfen wurden. Als ich einmal mit meinen Eltern spazierenging, sah ich in einem Körbchen, das in einer der Abwasserrinnen schwamm, eine Puppe liegen. Ich zeigte sie meinen Eltern, und dann entdeckten wir: Es war keine Puppe, es war ein Kind, ein kleines totes Mädchen. Wir sahen das später noch öfter. Bei armen Chinesen war es üblich, weibliche Säuglinge auszusetzen: Mädchen kosteten nur Geld.

Infolge der schlechten hygienischen Zustände wurde die Stadt regelmäßig von Epidemien heimgesucht: Cholera, Pest, Typhus und schwarze Pocken. Die Behörden gingen sehr rigoros vor, die Quarantänezeit war lang, Häuser wurden abgeriegelt, die Bewohner durften ihre Wohnungen nicht verlassen, manchmal wurden die Häuser sogar abgebrannt. Aber alle Maßnahmen halfen nichts, solange das Kanalisationsproblem nicht gelöst wurde. Zum Glück blieben wir von diesen schrecklichen Seuchen verschont; ich bekam lediglich Paratyphus. Aber infolge des Vitaminmangels waren wir natürlich häufig krank. Meine Mutter verlor beispielsweise alle ihre Fingernägel. Trotzdem mußte sie – mit Handschuhen – Klavier spielen und weinte dabei vor Schmerzen.

In Harbin lebten etwa hundert jüdische Emigranten aus Deutschland und Österreich. Die meisten waren Ärzte. Sie waren fast alle am Jüdischen Krankenhaus, hatten aber auch Privatpraxen. Ihnen ging es die ganze Zeit über gut. Mit uns aber ging es im Zuge der allgemeinen wirtschaftlichen Verschlechterung finanziell ständig bergab. Um 1944 mußten wir zunehmend um Lebensmittel, Heizmaterial und Kleidung kämpfen und litten wahnsinnig unter der gnadenlosen Kälte. Wir hatten nichts Entsprechendes anzuziehen, keine warme Wohnung. Es fehlte uns an den elementarsten Dingen des Lebens. Brot war rationiert. Morgens wurde ich immer losgeschickt, um mit den Marken beim Brotverkäufer das Wenige abzuholen, was einem zustand. Natürlich hatte ich ständig Hunger, und durch das lange Anstehen war ich oft schon halb erfroren, bis ich endlich an die Reihe kam. Das Brot war noch warm und duftete verlockend. Es konnte passieren, daß ich mir auf dem Heimweg ein ganz ganz kleines Stück abbrach und noch ein Stückchen und noch ein Stückchen. Wenn ich dann zu Hause ankam, war fast alles Brot aufgegessen. Ich schämte mich vor meinen Eltern, sie hatten ja genauso Hunger wie ich.

Zunächst aber hatten wir, wie schon beschrieben, unser eigenes Häuschen in Harbin. Dann kam das Klavier, was mich gar nicht so sehr freute, denn ich mußte neben Geige auch noch Klavier üben. Ich spielte zwar gerne, aber üben wollte ich nie so recht. Der Grund dafür war, aus heutiger Sicht betrachtet: Mein Unterricht war nicht sehr gut, es wurde kein ordentliches Fundament gelegt. Meine Mutter und ich spielten oft zusammen, ich lernte schnell vom Blatt zu spielen, aber sie unterrichtete nicht gern. Sie spielte sehr einfühlsam und flink, aber sie betrieb das Klavierspielen nicht mit der Ernsthaftigkeit, die man braucht, um Konzertpianistin werden zu können. A propos Blattspielen: Das ist eine Fähigkeit, um die man oft beneidet wird. Leider aber hat sie auch einen großen Nachteil, sie verleitet nämlich die ohnehin schon Faulen dazu, nicht genug zu üben. Ich weiß, wovon ich spreche!

War mein Vater fertig mit den Übungen mit seinen Schülern, so wurde meine Mutter, später auch ich, gerufen, und wir mußten die Schüler dann am Klavier begleiten. Da gab es keine Widerrede, selbst dann nicht, wenn in der Küche die Suppe überkochte oder die Kartoffeln anbrannten. Die Schüler bekamen also neben dem hervorragenden Gesangsunterricht meines Vaters gleich noch eine Begleitung gestellt, und das ganz umsonst. Aber sie konnten ja ohnehin kaum zahlen.

Meine Mutter mußte auch im Haushalt schwer arbeiten. Mein Vater kaufte zwar immer ein, ohne jedoch zu überlegen, wieviel Arbeit sie bei der Zubereitung der Speisen haben würde. Oft brachte er Geflügel mit, das aber weder gerupft noch ausgenommen war. Dasselbe galt für Fische, die natürlich geschuppt und ausgenommen werden mußten, wovor meine Mutter sich besonders ekelte, weil sie oft noch zappelten. Und im übrigen gab es keine Hilfsmittel im Haushalt und keinerlei Erleichterungen. Das Anheizen des Herdes war oft eine Tortur, weil entweder das Holz zu naß oder die Kohle mehr Stein als Kohle war.

Peking 1941/42

Anfang 1941 bekam ich starke Schmerzen in der Nierengegend. Röntgenaufnahmen und andere Untersuchungen ergaben nichts. Trotz meines jugendlichen Alters tippten die Ärzte auf Nierensteine. Ich kam ins Krankenhaus. Ein Teil der Therapie war, daß ich viel trinken mußte, um die Steine herauszuschwemmen. Die Schmerzen wurden indes immer heftiger, und ich konnte die Koliken nur noch schreiend ertragen. Das führte dazu, daß man mir Morphium gab. Sehr bald fing ich an, den Rauschzustand, in den mich das Morphium versetzte, herbeizusehnen, obwohl ich danach immer einen schlimmen Katzenjammer hatte. Ich gewöhnte mir an, auch ohne Schmerzen zu brüllen, nur um die Morphiumspritze zu bekommen.

Die Ärzte beschlossen, mich nach Peking in das Rockefeller-Institut zu schicken, da man dort über modernere Apparate verfügte als in Harbin. Das war aber mit erheblichen Schwierigkeiten verbunden, denn Peking war Ausland – so grotesk das heute klingt. Peking war die Hauptstadt des von den Japanern besetzten Teils Chinas und gehörte zu »National-China«, im Gegensatz zu unserem »Kaiserreich Mandschu-di-guo«. Und das bedeutete, daß man Aus- und Einreisevisa benötigte, die nur sehr schwer zu erhalten waren. Die

Jüdische Gemeinde wurde für mich bei den japanischen Behörden vorstellig, und meine Mutter und ich erhielten endlich die Reiseerlaubnis. Im November 1941 fuhren wir ohne meinen Vater ab – die erste Trennung der Familie.

In Peking bezogen wir ein Zimmer bei einer russisch-jüdischen Dame, die eine kleine Privatpension unterhielt. Das in ganz Ostasien berühmte Rockefeller-Krankenhaus war nur eine Querstraße von uns entfernt. Es war mehr Universität als Krankenhaus – 800 Ärzte versorgten 300 Patienten. Wie schon der Name sagt, war es eine amerikanische Stiftung, die aber von chinesischen Ärzten geführt wurde. Angenommen wurden hauptsächlich »interessante Fälle«, die als Lehrbeispiele für die vielen jungen Ärzte dienen sollten. Gleich die erste Untersuchung war grauenhaft: Ich wurde zystoskopiert – ohne Betäubung! Nach Abschluß der Untersuchungen teilte man uns mit, daß beide Nierenkanäle durch angeborene, aber nicht dahin gehörende Venen blockiert seien und die Schmerzen durch den dadurch entstandenen Stau verursacht werden. Eine Vene müsse sofort operativ entfernt werden. Da es ein sehr ungewöhnlicher Fall sei, würde Professor Cha persönlich operieren. Professor Cha, chinesisch-amerikanischer Abstammung, galt als große Kapazität auf diesem Gebiet, und ich wurde bewundert, weil ich von ihm operiert werden durfte.

Wir mußten aber noch einige Wochen bis zur Operation warten, denn es war schwer, einen Termin zu bekommen. Mir sollte es recht sein, denn erstens hatte ich Angst und zweitens brauchte ich während dieser Zeit nicht zu üben – ich hatte noch nicht einmal die Geige dabei – außerdem wollte ich natürlich Peking sehen.

Meine Mutter hatte Geld von der Jüdischen Gemeinde in Harbin bekommen, wovon wir ein paar Wochen in unserer bescheidenen Pension leben konnten. Wir waren in dieser fremden Stadt nicht ganz einsam, denn im großen »Peking

Hotel« in unserer Nähe spielte ein Trio mit emigrierten Musikern. Den Cellisten, Georg Kaphan, dessen Bruder in Harbin war, kannten wir noch aus Berlin. Der wiederum brachte uns mit anderen Emigranten zusammen.

Das schönste aber war, daß ich mich mit einem jungen Rikscha-Kuli anfreundete, der mit vielen anderen in unserer Straße auf Kunden wartete. Ich konnte schon ganz passabel chinesisch sprechen, und so unterhielten wir uns stundenlang. Er bot mir an, mich ein bißchen herumzufahren, denn er hatte wenig Kunden. Meine Mutter gab ihm etwas Geld dafür. Ich war begeistert, diese Stadt mit ihren alten Gebäuden faszinierte mich. Oft aßen wir zusammen, einfach am Straßenrand hockend wie die chinesischen Arbeiter.

Am 7. Dezember verabredeten wir uns für den nächsten Tag zu einer großen Besichtigungsfahrt zum Kaiserpalast, der sogenannten Verbotenen Stadt, zum Hatamen, einem der großen Stadttore, und zur alten Stadtmauer. Der 8. Dezember war ein kalter und nebliger Tag. So gegen 9 Uhr zogen wir los in Richtung Kaiserpalast. Im allgemeinen herrschte um diese Zeit ein großes Gewimmel auf den Straßen; an diesem Tag aber waren nur sehr wenige Menschen unterwegs. Dafür standen jedoch außergewöhnlich viele japanische Soldaten mit Gewehren und aufgepflanzten Bajonetten an Kreuzungen und Straßenecken. Und dann sah ich, wie eine Gruppe von Europäern, sechs oder sieben an der Zahl, von mehreren brüllenden Soldaten zusammengetrieben wurde. Auch wir wurden angehalten. Man befahl mir auszusteigen, und mit einem Gewehr wurde ich in Richtung der anderen Europäer gewiesen. In der Schule hatte ich japanisch lernen müssen – das kam mir jetzt sehr zustatten. Auf Japanisch erklärte ich einem Soldaten, daß ich Deutscher sei. »A so deska!« kam die sehr höfliche Antwort. Ich erfuhr nun, daß an diesem Tag der Krieg zwischen Japan und den USA ausgebrochen sei und daß »die da drüben« feindliche Ausländer seien – im Gegensatz zu mir natürlich, der ich ja ein »deutscher Verbündeter« war. Mir war's recht. Als ich ihnen erzählte, daß ich auf dem Weg zum Palast sei, entließen sie mich unter vielen Entschuldigungen. Wir wurden noch einmal angehalten, aber da rief ich schon von weitem den Soldaten zu, daß ich Deutscher sei, worauf sie uns fröhlich weiterwinkten.

Endlich gelangten wir an unser Ziel, und mein Freund zeigte mir den Platz vor dem großen Eingangstor, wo er auf mich warten wollte. An diesem Tag war ich weit und breit der einzige Tourist, und die Wächter an den verschiedenen Toren und Gebäuden beäugten mich ungläubig. Ich stand nun mutterseelenallein in diesem geschichtsträchtigen Palast. Er besteht aus vielen Gebäuden, Höfen, Toren, Privatgemächern des Kaisers, der Kaiserin und des Hofes, Tempeln etc. Und in jedem dieser Gebäude herrschte Zwielicht. Nur ab und zu brannte eine Kerze. Ich fühlte mich um Jahrhunderte zurückversetzt, als ich in der großen Audienzhalle dem Thron gegenüberstand, auf dem noch die letzte Kaiserin und auch »mein« mandschurischer Kaiser Pu Yi als Kinder gesessen hatten.

Am aufregendsten aber war die Halle, in der die Geschenke und Tribute ausländischer Herrscher an den Kaiser des Himmels und des Reiches der Mitte aufbewahrt waren. Besonders die herrlichen Uhren hatten es mir angetan, wahre Wunder an Kunstwerken und von unermeßlichem Wert. Sie waren mit Brillanten und anderen Edelsteinen verziert und aus solidem Gold oder Platin gefertigt. Ich erinnere mich besonders an zwei Uhren. Die eine stellte einen Wasserfall dar, und ihre Kaskaden glitzerten und funkelten, denn es waren Edelsteine, Rubine, Smaragde, Amethyste, die da »herabsprangen«. Die zweite Uhr war noch erstaunlicher. Eine ganze Karawane, Kamele, Wagen und Menschen, alles aus Gold, bewegte sich im Kreise. Die Köpfe der Menschen und der Tiere waren mit höchster Vollendung ziseliert. Die Wärter zogen ganz allein für mich die vielen Uhren auf, alles drehte, alles bewegte sich. So vergingen die Stunden in Windeseile, und es war spät, als ich wieder zu meinem Freund mit der Rikscha kam.

Auch in den folgenden Tagen bis zur Operation führte er mich zu den wichtigsten Sehenswürdigkeiten der Stadt, die damals ohne Touristen war und noch das alte, jetzt leider fast ganz versunkene China erkennen ließ.

Nach der Operation mußte ich noch drei Wochen im Rockefeller-Institut bleiben. Als einziger Europäer unter all den Chinesen war es trotz der Schmerzen, besonders kurz nach der Operation, sehr aufregend. Meine Mutter und unsere Bekannten in Peking kamen mich täglich besuchen, und einmal erschien sogar der große Professor Cha – groß im doppelten Sinn, denn er maß fast zwei Meter. Er stand in der Tür, lächelte mir zu, sagte: »How are you?« und entschwand. Das war wohl ein ganz seltenes Ereignis und eine große Auszeichnung für mich, denn die Schwestern und die vielen jungen Assistenzärzte, die mich betreuten, sprachen noch lange davon, und ich wurde mit großem Respekt behandelt.

Nach meiner Entlassung aus dem Krankenhaus hätten wir eigentlich nach Hause fahren können. Es stellte sich aber heraus, daß dies unmöglich war. Der Alltag im Krieg wurde rigoros reglementiert. Die Japaner waren nervös, denn sie befürchteten die Eröffnung einer zweiten Front durch die sowjetische Armee an der sibirisch-mandschurischen Grenze. Daher war die Mandschurei »off-limits« für alle, und wir durften nicht zurück.

Nun ging unser Geld zur Neige, aber Freunde borgten uns etwas, und wir bemühten uns pausenlos, die Rückreisevisa von den Japanern zu bekommen. Auch in Peking gab es eine jüdische Kolonie, und einige einflußreiche Leute halfen uns. Sie waren reich und lebten im Luxus. Während meiner Besuche bei ihnen hatte ich ein wenig daran teilhaben können, und eigentlich wäre ich lieber in Peking geblieben. Aber das war ausgeschlossen. Im April/Mai 1942 bekamen wir dann endlich von den Behörden die Erlaubnis zur Rückreise nach Harbin.

Dort erwartete uns mein Vater sehnsüchtig. Stolz zeigte er uns eine Zeitung: Neben einem Bild von ihm war zu lesen, daß er auf dem Weg von Bekannten nach Hause spätabends in der Dunkelheit – es gab ja kaum Straßenlicht – in einen offenen Gulli, circa sechs Meter tief, gefallen war. Er war so geistesgegenwärtig, daß er sich mit dem Oberkörper an der einen und mit den ausgestreckten Beinen an der anderen Wand abstützte und um Hilfe schrie. Es dauerte eine Ewigkeit, bis ihn jemand hörte. Mit Leitern und Stricken wurde er dann herausgeholt.

Anfänge der Musikerkarriere

Wladimir Davidowitsch Trachtenberg war die führende Persönlichkeit im Musikleben der Stadt. Er war Konzertmeister des Harbiner Symphonieorchesters und Mitbegründer der »1. Harbiner Musikschule«. Kaum waren wir in Harbin angekommen, nahm er mich unter seine Fittiche. Er unterrichtete mich ohne Bezahlung. Der Ernst des Lebens fing an! Ich machte ganz gute Fortschritte und kam zu ihm ins Konservatorium. Der Betrieb war nach russischem Muster aufgebaut, die Lehrer waren fast alle Russen, im allgemeinen sehr gute Musiker. 1942, ich war vierzehn Jahre alt, gab ich mein erstes öffentliches Konzert in der »Kommertscheskoe Sobranie«. Ursprünglich als Haus der Kaufleute gedacht, wurde es aber hauptsächlich als Konzertsaal genutzt. Wenn ich heute daran denke, welches Programm ich spielen mußte, komme ich mir vor wie der Reiter über den Bodensee. Es war ein

Riesenprogramm: Von Bach die Partita g-Moll, Adagio und Fuge; das Violin-Konzert von Julius Conus, mehrere Stücke von Fritz Kreisler und zuletzt den Hexentanz von Paganini. Meine Knie schlotterten, mein Bogen war eine Säge, die Geige ein Kontrabaß unter meinem Kinn. Dennoch gab es schmeichelhafte Kommentare, und mein Lehrer war auch zufrieden.

Das berüchtigte Lampenfieber betreffend, unter dem auch ich, wie die meisten jungen Musiker, immer zu leiden hatte, gab mir mein Lehrer vor meinem ersten Auftritt einen Rat mit auf den Weg, den ich nie vergessen habe und der mich heute noch amüsiert. Er sagte: »Wenn man da oben steht, hat man das Gefühl, die da unten sind alles böse Richter, die nur darauf warten, daß du einen falschen Ton spielst, um dich dann hinzurichten. Statt dessen mußt du dir aber vorstellen, sie säßen alle nackend da! Was meinst du, wie schnell du deine Angst vor ihnen verlierst!«

Musikalisch gesehen bin ich »russisch« aufgewachsen. Die russische Geigenschule wurde von Leopold Auer, einem ungarischen Juden, der sich Ende der sechziger Jahre des 19. Jahrhunderts in St. Petersburg niederließ, wesentlich beeinflußt. Seine Schüler waren später berühmte Geiger: Heifetz, Milstein, Elman, Seidel und andere. Trachtenberg, ebenfalls ein Auer-Schüler, bemühte sich, uns diese Tradition weiterzuvermitteln. Wir hatten natürlich keine Möglichkeit, die großen Geiger direkt zu hören. So waren wir auf die alten Schellack-Platten angewiesen. Aber wenn ich dann Heifetz hörte, der nicht nur ein Idol von mir, sondern von Generationen von Geigern war und es bis heute ist, lief mir das Herz über, und ich wollte natürlich so spielen wie er. Und das wollen alle, bis auf den heutigen Tag.

Das Fundament, das technische Rüstzeug, das gerade in Rußland auch heute noch im Vordergrund steht, wurde mir leider nicht gut genug vermittelt. Mein Lehrer war zwar ein ausgezeichneter Geiger, aber weil er so viele Schüler hatte, gestaltete er den Unterricht oft sehr routinemäßig. Als ich einmal fragte: »Wie soll ich das spielen, welchen Fingersatz soll ich nehmen?«, sagte er: »Das interessiert doch keinen Menschen. Spiel mit die Füß', aber spiel!«

Das war ein Satz, der mir zwar sehr imponierte, mich aber keineswegs weiterbrachte. Ich übte zu wenig, weil mir die richtige Art des Arbeitens nicht vermittelt wurde. Man kann einem Kind die Arbeit am Instrument und an der Musik so nahebringen, daß das Üben Spaß macht. Ich habe es aber immer nur als Belastung empfunden, als Schwerstarbeit. Das sture Repitieren von Tonleitern, Übungen und Stücken, ohne analytisches Eingehen auf die technischen und musikalischen Probleme, das einem Kind natürlich beigebracht werden muß, führt im Endeffekt nicht zum gewünschten Ziel. Meist werden die Fehler ja auch mit wiederholt, wodurch sie sich noch mehr festsetzen. Leider stellt sich das erst sehr viel später im Leben heraus, denn bei vorhandener Begabung kann im Kindesalter selbst bei schlechter Arbeit viel erreicht werden. Als ich dann meine Nächte in den Kaschemmen am Klavier verbringen mußte, war an ein Weiterkommen auf der Geige praktisch nicht mehr zu denken, auch wenn ich ab und zu eine Stunde übte.

Im Herbst 1945 marschierte die sowjetische Armee in die Mandschurei ein. Die Japaner hatten nach dem Abwurf der Atombombe kapituliert. Ich kam in das Symphonieorchester der Stadt Harbin. Es mutet seltsam an, wenn man von einem richtigen Symphonieorchester im nördlichsten Teil Chinas, hoch oben in der Mandschurei, spricht. Aber das war es wirklich. Es wurde in den zwanziger Jahren von russischen Emigranten gegründet. Unter den Musikern des Orchesters gab es nicht nur Russen, sondern auch Tschechen, Polen, Armenier etc., und seit der japanischen Besatzung auch einige Japaner. Mein Lehrer Trachtenberg war der Konzertmeister,

Schwaikowsky der Chefdirigent. Der Erste Klarinettist, Bibikoff, ein sehr begabter Musiker, avancierte zum Zweiten Dirigenten.

Es gab drei Säle, in denen die Konzerte stattfanden: In der »Kommertscheskoe Sobranie«, im Hotel Modern und in der sogenannten Neustadt, im Jelsob, dem Club der Eisenbahner. Dort fanden auch die Sommerkonzerte im dazu gehörenden Park statt. Gespielt wurde die übliche klassische Symphonie-Literatur, mit Schwergewicht auf russischer Musik. Aber auch Opern wurden aufgeführt, natürlich wiederum hauptsächlich die Werke russischer Komponisten. Das Publikum bestand größtenteils aus Europäern, aber nach dem Einmarsch der Japaner nahmen auch diese regen Anteil am Harbiner Musikleben. Sie kamen zahlreich in unsere Konzerte und unterstützten das Orchester.

Wie überall üblich, wurden auch Gastdirigenten und Solisten eingeladen. Neben unserem Chefdirigenten wurde auf diese Weise der erste Dirigent meiner Musikerlaufbahn der heute in Japan berühmte Chefdirigent des Symphonieorchesters von Osaka, Takashi Asahina. Ich erinnere mich noch genau an den hochbegabten jungen Mann, der sich bei den skeptischen Europäern durch sein Können und sein Auftreten schnell Achtung und Respekt zu verschaffen wußte. Asiatische Dirigenten, und das waren zu dieser Zeit eigentlich nur Japaner, waren noch eine große Ausnahme, und es gehörte viel dazu, sich bei den europäischen Musikern und dem europäischen Publikum durchzusetzen. Im Jahre 1956 dirigierte er auch das Berliner Philharmonische Orchester, wie ich glaube, als erster Japaner. Anfang der siebziger Jahre kam er wieder nach Berlin. Für ihn war es eine große Überraschung, mich in Berlin, noch dazu beim Berliner Philharmonischen Orchester, wiederzutreffen.

Leider existierte unser Harbiner Orchester aber nur noch kurze Zeit, solange die sowjetische Besatzung dauerte. Dann fiel es auseinander, es war kein Geld mehr da, die Zuständigkeiten waren nicht geklärt, im Land herrschte Revolution. Im Mai 1946 folgte der sowjetischen die chinesische kommunistische 8. Armee. Im Gegensatz zu den Japanern und den Russen hatten die Chinesen weder Interesse noch Geld, das Orchester zu erhalten.

Im Frühjahr 1946 passierte etwas, das für meinen Lehrer und mich eine mittlere Katastrophe bedeutete und sein Verhältnis zu mir beeinträchtigte. Unser Orchester spielte im Eisenbahnerclub, vor allem für die Angehörigen der sowjetischen Armee. Trachtenberg hatte mir eine halbwegs anständige Geige geliehen. Meine Geige aus Deutschland war nur eine Dreiviertelgeige, eine Vollgeige besaß ich nicht. Eines Tages kam ich nach der Probe aus dem Clubhaus. Am Straßenrand parkte ein Armeelastwagen. Die Soldaten riefen mich heran, fragten, ob ich Hunger hätte. Was für eine Frage! Sie halfen mir auf den Lastwagen und luden mich zum Essen ein. Unterwegs stoppte der Laster, und sie baten mich, an einem chinesischen Kiosk Zigaretten zu kaufen. Ich, nichts Böses ahnend, stieg vom Lastwagen. Kaum stand ich auf der Straße, fuhr der Wagen los – mit meiner geliehenen Geige, dem Bogen, dem Geigenkasten und sämtlichen Noten! Mir stockte das Herz; die Geige stellte, auch wenn sie nicht besonders gut war, unter den damaligen Verhältnissen ein Vermögen dar.

Am nächsten Tag trottete ich schuldbewußt zu meinem Lehrer. Er machte mir die größten Vorwürfe. Ich versprach, das Geld für die Geige und den Bogen nach und nach zurückzuzahlen, was ich natürlich nicht einhalten konnte.

Bis zu seiner Auflösung machte ich in dem Harbiner Orchester meine ersten Erfahrungen, ich war siebzehn Jahre alt. Es war für mich doch sehr schwer, das gesamte Repertoire, das ich zwar vom Vierhändigspielen und natürlich vom Hören kannte, auf meine Geigenstimme im Orchester zu übertragen. Auch war ich nicht gewohnt, einem Dirigenten zu folgen. Das war anfangs ziemlich deprimierend, faszinierend jedoch war, wie man vom Klang des Orchesters getragen wird.

Das Ziel eines jeden Geigers ist es, Solist zu werden. Das entspricht meistens auch den Ambitionen der Eltern und der Lehrer. Auf dem Plan steht ein rein solistisches Repertoire. Es gibt ein ganzes System, das Übungen, Etüden, Sonaten und Konzerte umfaßt, die alle erarbeitet werden müssen. Das Problematische daran ist, daß man schon im Kindesalter beginnen muß, Geige zu studieren. Der junge Geiger gerät so in den Beruf hinein, ohne daß er noch eine Wahl hätte. Er muß immer das Ziel vor Augen haben, Solist zu werden. Wird er dann jedoch »nur« Orchestermusiker, ist er im Grunde ein frustrierter Solist. Die wenigsten werden rechtzeitig auf eine Orchesterkarriere vorbereitet.

Dieses mehr oder weniger unbewußte, nicht hinterfragte Hineinwachsen in den Beruf des Musikers hatte für mich natürlich auch etwas Gutes. Infolge der politischen Umstände in Deutschland und bedingt durch die Emigration, bekam ich keine normale Schulausbildung, das heißt, ich hätte nie studieren können. Ohne die Musik hätte ich bis zu meinem zwanzigsten Lebensjahr praktisch keine Berufschance gehabt.

Ein tiefgreifendes Erlebnis war natürlich die übliche »Erste Liebe«, die mich im Verlauf der Pubertät so um 1944 »erwischte«. Das Objekt meiner Liebe war eine um zwei Jahre ältere Geigerin, eine Mitschülerin bei meinem Lehrer Trachtenberg. Sie war hochbegabt und natürlich schon viel weiter als ich. Außerdem war sie bereits im Orchester, wozu ich noch zu jung war. Olga war Eurasierin. Ihr Vater, ein russischer Bratscher, spielte ebenfalls im Orchester. Ihre Mutter war Japanerin. Olga war das älteste von neun Kindern. Die Familie lebte in bitterster Armut, hauptsächlich deshalb, weil der Vater meist alles versoff, was er verdiente. Abgesehen von Olga waren die anderen Kinder noch zu jung, um Geld zu verdienen. So mußte sie außer im Orchester bei allen möglichen Gelegenheiten spielen. Wenn sie dann nach Hause kam, riß ihr der Vater die Tasche weg und entnahm ihr das ganze verdiente Geld. Wehe, wenn sie versuchte, für sich oder für ihre Mutter etwas davon zu behalten. Dann schlug er sie ungerührt.

Ich lernte Olga bei meinem Lehrer kennen und verliebte mich bis über beide Ohren in sie. Wie viele Eurasier war sie besonders hübsch, und ihr mildes Lächeln wirkte auf mich wie das Lächeln der Mona Lisa. Manchmal hatte ich meine Mitschüler während des Unterrichts am Klavier zu begleiten. So auch Olga, wenn sie ein Violinkonzert oder eine Sonate einzustudieren hatte. Sie kam öfter auch zu uns nach Hause, meist abends, wo auch meine Mutter mit ihr arbeitete. Ich war natürlich immer dabei und selig, wenn sie da war. Sie aß dann auch mit uns und war glücklich, wenigstens einige Stunden in einer intakten Familie verbringen zu können. Wir wurden ihr Zufluchtsort, wenn sie vor dem Toben und den Schlägen ihres Vaters fliehen mußte.

Mich hatte sie zwar auch liebgewonnen, aber leider nur wie einen jüngeren Bruder. Ich wagte niemals, ihr meine Liebe zu gestehen, schon aus Angst, ausgelacht zu werden oder sie zu verstimmen. Irgendwann einmal, in einem todesmutigen Moment, versuchte ich, sie zu küssen. Sie sah mich ganz erstaunt an und lachte etwas gezwungen. Ich habe es nie wieder versucht. Ich litt Qualen, als ich erfuhr, daß sie in den Solocellisten unseres Orchesters, einen schönen, blonden Mann, verliebt war.

Olga fühlte sich ausschließlich als Japanerin. Zu Hause wurde japanisch gesprochen, Russisch war die Sprache des Vaters. Sie hatte Russisch nie richtig erlernt, und sie wollte es wohl auch nicht. Im übrigen fühlten sich die meisten Mischlinge mehr zur asiatischen Seite hingezogen, besonders wenn ein Elternteil russisch war. Die Japaner waren die Herren im Land, und die Russen standen nicht sehr hoch in ihrer Achtung.

Ich kann nicht genau sagen, was passierte, aber so manches Mal, wenn sie am Abend bei uns war und wir miteinander musizierten, hielt vor der Tür ein dunkles Auto. Die Scheinwerfer waren ausgeschaltet, und niemand stieg aus. Aber Olga spürte es förmlich, sie wurde sehr aufgeregt, packte hastig ihre Geige ein und verschwand, kaum daß sie sich verabschiedet hatte. Vom Fenster aus sahen wir, wie der Wagen mit ihr davonfuhr. Uns war klar, daß es sich um ein Auto der »japanischen Mission« handelte, so etwas ähnliches wie die Gestapo, und wir ahnten, daß Olga in irgendeiner Form für die japanische Besatzungsmacht arbeitete oder auch dazu gezwungen wurde. Wir fragten sie nie nach ihrer mysteriösen Tätigkeit und nahmen es ihr auch nicht übel, daß sie ihr hartes Leben mit gewissen Privilegien, die sie wahrscheinlich durch diese Kollaboration erhielt, kompensieren wollte. Zudem war sie ja schließlich Japanerin, und eine Zusammenarbeit mit den Behörden also »normal«.

Das ging alles gut, solange der Krieg andauerte. Als aber die Japaner im August 1945 kapitulierten und die sowjetische Armee einmarschierte, war Olga auf der Verliererseite. Nun wurden die Japaner gejagt, viele kamen in die sowjetischen Gefangenenlager. Die in der Stadt verbliebenen Japaner, meistens Zivilisten, zogen chinesische Kleidung an, in der Hoffnung, dadurch von den Sowjets nicht entdeckt zu werden. Die hatten aber bei ihren Patrouillen immer auch einen Chinesen oder einen örtlichen Europäer dabei, dem es leichtfiel, sie zu erkennen. Das hatte zur Folge, daß sich viele Japaner, besonders die prominenteren unter ihnen, zu verstecken versuchten. Unter ihnen war auch unsere Olga. In diesen Wirren des Zusammenbruchs der bisherigen Ordnung und des Machtwechsels hatten wir sie ganz aus den Augen verloren.

Nach ein paar Monaten fing die mehr oder weniger organisierte Evakuierung der verbliebenen Japaner in ihr Heimatland an. Ich wollte Olga finden, um ihr in irgendeiner

Weise zu helfen. Nach langem Suchen fand ich sie in einem kleinem Hotel, eher einer Absteige, zusammen mit noch einem Mädchen. Ich mußte mehrere Male klopfen und meinen Namen nennen, bevor sie mir öffnete. Sie weinte. Ich, ganz der große Beschützer, nahm sie in meine Arme und tröstete sie. Ich habe nie erfahren, was sie nach der Kapitulation der Japaner erlebt hatte, und ich habe sie nie danach gefragt. Irgendwann wurde auch sie nach Japan evakuiert. Danach hatte ich nichts mehr von Olga gehört.

Im Jahre 1963, 17 Jahre später, fuhr ich mit dem Berliner Philharmonischen Orchester zu einem Gastspiel nach Japan. Ich erinnerte mich an meine Harbiner Tage und natürlich an Olga. Wieder suchte ich nach ihr. Mein japanischer Orchesterkollege, Kunio Tsuchiya, versprach, mir bei der Suche zu helfen. Ihren japanischen Namen – sie hatte ja auch einen russischen, der mir vertrauter war – hatte er schon früher einmal in Japan gehört. Sie war, wie er sich zu erinnern glaubte, als Geigerin bekannt, aber eher im Bereich der Unterhaltungsmusik. Anscheinend hatte sie ein Salonorchester in einem Hotel oder Restaurant geleitet. Einige Tage nach unserer Ankunft in Tokio übergab mir Kunio strahlend eine Telefonnummer. Ihre Nummer!

Am anderen Ende der Leitung meldete sich eine hohe Frauenstimme mit dem üblichen »moshi-moshi«. Ich konnte immer noch etwas Japanisch und fragte nach Olga unter ihrem japanischen Namen. Nach einer kleinen Weile erklang eine andere Frauenstimme. Ich erkannte sie sofort! Ich sprach Olga auf russisch an und sagte ihr, wer ich sei. Es war still in der Leitung, und ich glaubte, wir seien unterbrochen worden. »Hallo Olga, hörst du mich, ich bin Hellmut aus Harbin.« Nach einer weiteren Pause kam dann ganz leise: »Ja, natürlich.«

Das Gespräch verlief ziemlich stockend, unter anderem auch deshalb, weil sie jetzt noch schlechter russisch sprach als früher. Ich berichtete, wo ich, nachdem ich Harbin verlassen hatte, gewesen war und woher ich jetzt käme. Dann fragte ich, ob ich sie besuchen könne oder ob sie zu mir kommen wolle. Wieder zögerte sie, bis sie mir sagte, daß sie verheiratet sei, und zwar mit einem Deutschen. Ihr Mann sei sehr eifersüchtig und ein Treffen mit mir könne problematisch werden. Nach so vielen Jahren, sagte ich ihr, fände ich das einfach lächerlich. Außerdem könne sie ihren Mann beruhigen, denn ich sei ebenfalls seit kurzem glücklich verheiratet.

Nach ein paar Tagen rief sie mich an und lud mich ein, in die »Sommerresidenz« der Familie nach Karuizawa, zwei Bahnstunden von Tokio entfernt, zu kommen. Am Bahnhof der kleinen Stadt am Fuße eines noch aktiven Vulkans wurde ich von einem Chauffeur mit einem Mercedes Coupé, damals ein exklusives Statussymbol, abgeholt. In der Villa empfing sie mich in Anwesenheit einer Freundin, an die ich mich dunkel aus der Harbiner Zeit erinnern konnte. Wir waren etwas verlegen und wußten nicht, wie wir anfangen sollten. Natürlich »hatten wir uns überhaupt nicht verändert« – nach achtzehn Jahren! – und mit Vorbereitungen zum Tee wurde die Zeit etwas überbrückt. Aber dann endlich fingen wir an zu erzählen, und immer mehr Einzelheiten unserer gemeinsamen Vergangenheit tauchten aus der Erinnerung auf.

Zusammen mit ihrer Mutter und allen Kindern war sie Ende 1946 nach Japan repatriiert worden. Der Vater starb noch in Harbin. Er erfror auf der Straße nach einem Saufgelage – durchaus kein Einzelfall damals. Japan lag am Boden, Olga und die Familie waren absolut mittellos. Wie schon früher mußte sie abermals die Alleinernäherin für alle sein. Sie »strippte«, wie es in der Musikantensprache heißt, d.h. sie spielte Gelegenheitsjobs, meist Salon- und Tanzmusik. Die Amerikaner waren im Lande, und das Unterhaltungsgewerbe mit all seinen Facetten florierte. Olga fing an, gut zu verdienen, und hatte bald ein eigenes Unterhaltungsorchester.

Sie hatte allein schon deshalb Erfolg, weil weibliche Stehgeigerinnen, noch dazu so junge und hübsche, eine große Seltenheit waren. Und so wurde sie von Bruno, einem erfolgreichen deutschen Geschäftsmann, entdeckt. Er verliebte sich schnell in sie und machte ihr einen Heiratsantrag, den sie genauso schnell annahm. Für sie und ihre Familie bedeutete das die Erlösung von allen finanziellen Sorgen.

Nun also war sie reich. Einen glücklichen Eindruck machte sie auf mich jedoch nicht. An den Wohlstand hatte sie sich schon seit langem gewöhnt, aber aus ihren Worten und ihrem Verhalten sprach eine Resignation, die mich traurig stimmte.

Die vielen Konzertreisen unseres Orchesters nach Japan – fast jedes zweite Jahr – ermöglichten es mir, Olga und ihre Familie nun öfter zu sehen. Ihre Mutter lebte bei ihr. Sie war trotz der vielen Geburten und ihres schweren Lebens in China frisch und munter und sah viel jünger aus, als sie war. Sie starb erst 1995, im Alter von 91 Jahren.

Die acht Geschwister, teilweise auch Musiker, waren verstreut in aller Welt. Olgas beide Söhne übersiedelten nach Europa. Sie blieb nach dem Tod ihres Mannes allein in Japan zurück. Als wir uns 1994 wiedersahen, war sie eher zurückhaltend. Ich merkte, daß sie die Erinnerungen an Harbin lieber verdrängen wollte.

Kriegsende

Nach 1945 erfuhren wir von den Verbrechen in Deutschland. Wir konnten in Harbin Defa-Filme sehen, z.B. »Ehe im Schatten« und andere. Auch der sowjetische Film über die Eroberung Berlins wurde im Kino gezeigt. Das war sehr aufregend für uns, denn wir versuchten – meist vergeblich –, in den Trümmern die einzelnen Straßenzüge wiederzuerkennen.

Buchstäblich grotesk war, daß wir während der japanischen Besetzung dieselben Nachrichten wie die japanische und die deutsche Bevölkerung hören mußten. Die Nachrichten über den europäischen Kriegsschauplatz mit der Ankündigung: »Das Oberkommando der Wehrmacht meldet ...« standen in der russischen Zeitschrift »Wremja« (Die Zeit), über den pazifischen Kriegsschauplatz berichtete das japanische Oberkommando.

Wir hörten allerdings nachts, mit einer Decke über dem Kopf, aus unserem kleinen Dampfradio den Sender Moskau, der von sibirischen Stationen ausgestrahlt wurde. Das war aber lebensgefährlich, denn die Japaner verhängten dafür brutale Strafen. Nach dem Fall von Stalingrad hatten wir uns eine Landkarte der Sowjetunion besorgt und mit Stecknadeln die zurückweichenden Linien der Deutschen markiert. Diese Niederlagen der deutschen Armeen bedeuteten die Rettung unseres Lebens. Denn die Planung der beiden Achsenmächte sah ja vor, daß – sobald die Deutschen über den Ural kämen – die Japaner eingreifen würden, um sich irgendwo in Sibirien mit ihnen zu vereinigen. Die Deutschen hätten ganz sicher dafür gesorgt, daß wir ihnen ausgeliefert worden wären. Nach Stalingrad wurden die Japaner sehr nervös. Das Regime war sowieso schon sehr rigoros und brutal, mit der Niederlage der deutschen Truppen aber wurde es immer schlimmer.

An dieser Stelle einige Bemerkungen zum paradoxen Verhalten der im Konflikt stehenden Mächte angesichts des absehbaren Völkermords an den Juden: Während die alliierten Großmächte, also die Gegner der Achsenmächte Deutschland, Italien und Japan, eine äußerst restriktive Einwanderungspolitik gegenüber den jüdischen Flüchtlingen betrieben, verhielten sich die Japaner in dieser Frage, trotz ihres

Bündnisses mit Nazi-Deutschland, genau umgekehrt: Ohne bürokratische Hemmnisse erteilten sie Einreisevisa in ihren Machtbereich, vor allem in den von ihnen besetzten Teil Chinas, wodurch Tausende von jüdischen Flüchtlingen, darunter eben auch wir, vor dem sicheren Tod gerettet wurden. Diese Tatsache ist von den Historikern und den Medien noch viel zu wenig gewürdigt worden.

Es gibt mehrere Gründe für das damalige Verhalten Japans in dieser Frage: Die Japaner kannten keine Diskriminierung und keine Verfolgung von Menschen wegen ihres Glaubens oder ihrer Zugehörigkeit zu einer religiösen Gruppe. Sie konnten daher den krankhaften und fanatischen Haß Nazideutschlands auf die Juden weder verstehen, noch unterstützten sie ihn. Sie widerstanden allem Druck der Deutschen, ihrerseits Juden zu verfolgen, bis zum Ende des Krieges. Allerdings wurde Ende 1942 in Shanghai ein Ghetto für sogenannte Staatenlose, in Wirklichkeit natürlich für die jüdischen Flüchtlinge, errichtet. Die in Shanghai lebenden russischen und andere Juden waren von diesen Maßnahmen ausgenommen und konnten in ihren Wohnungen in anderen Teilen der Stadt bleiben und sich frei bewegen. In das Ghetto mußten insgesamt 17000 Emigranten übersiedeln. Das Leben im Ghetto war hart, und es gab auch schlimme Übergriffe einiger japanischer Beamter, wie z.B. des Kommandanten des Ghettos, Ghoya, der die Menschen schlug und peinigte und sich über sie lustigmachte, indem er sich als »König der Juden« bezeichnete. Aber dennoch, es gab weder Pogrome noch Massenermordungen.

Vor dem Krieg hatten die Japaner nur eine sehr vage, ja verzerrte Vorstellung vom Judentum und dem jüdischen Volk. Auf der einen Seite hatte man große Achtung vor den Beiträgen der Juden zu der kulturellen, wissenschaftlichen, wirtschaftlichen und politischen Entwicklung ihrer Gastländer, ja man hatte eine fast schon mythische Vorstellung von ihrer

Klugheit und ihren Talenten. Außerdem hielt man sie für immens reich und konnte sich einen armen, jüdischen Arbeiter gar nicht vorstellen. Darüber hinaus gab es um die Jahrhundertwende ein wichtiges Ereignis, den russisch-japanischen Krieg. Der japanische Sieg über Rußland 1905 brachte eine große Annäherung zwischen Japanern und Juden mit sich, denn jüdischem Einfluß war es zu verdanken, daß Japan entscheidende Finanzhilfe für seine Kriegsanstrengungen aus Europa und den USA gewährt wurde.

Albert Kahn in Paris, Direktor einer großen Bank, die Rothschilds und vor allem Jacob H. Schiff, Präsident einer der größten Investmentbanken in den USA, lehnten die von Rußland erbetenen Kredite nicht nur ab, sondern sie unterstützten statt dessen Japan großzügig. So konnte allein Jacob Schiff fast zweihundert Millionen US-Dollar aufbringen, wodurch Japan der Kauf dringend notwendigen Kriegsgeräts ermöglicht wurde. Die Position dieser Finanziers beruhte auf ihrem Haß gegen das russische Zarenreich, in dem kurz vor Ausbruch des Krieges schreckliche antijüdische Pogrome stattfanden, der schlimmste davon 1903 in Kischinjow, bei dem es viele Tote gab. Obwohl viele russische Juden in der zaristischen Armee dienten – es gab sogar zahlreiche Freiwillige unter ihnen –, wünschten doch die Juden in aller Welt, besonders aber die Juden Rußlands, daß Japan den Krieg gewinnen möge. Unter den russischen Kriegsgefangenen, die nach Japan gebracht wurden, waren nicht wenige Juden, besonders Ärzte. Sie wurden von den Japanern wie Freunde behandelt, und so mancher von ihnen blieb für immer in Japan.

Mein Verhältnis zu Japan war während der Zeit der Emigration in China ambivalent. Japan bedeutete für uns eine oftmals grausame Militärmaschine, die unerbittlich alles niedermachte, was ihr nicht genehm war. Darüber hinaus sahen wir mit eigenen Augen, wie die japanische Besatzungsmacht die chinesische Bevölkerung drangsalierte. Wir haßten diese

Soldateska, obwohl wir persönlich bis kurz vor Kriegsende im Sommer 1945 von den Japanern nicht verfolgt wurden.

Damals lernte ich aber auch eine ganz andere Seite der japanischen Mentalität und des japanischen Alltags kennen: Wie schon berichtet, hatten wir in den ersten Jahren mit Hilfe der Jüdischen Gemeinde ein kleines Häuschen, das auf einer Art Hof mit mehreren solcher kleinen Häuser stand, gemietet. Da meine Eltern aber so gut wie kein Einkommen hatten, waren sie gezwungen, zwei der vier Zimmer – sie waren alle recht klein – zu vermieten. Auf eine Zeitungsannonce meldeten sich zwei junge japanische Studenten, Herr Futaki und Herr Kitamura. Sie bekamen eines der beiden Zimmer, und wir wurden alle sehr gute Freunde. Manchmal, an den Abenden, saßen wir zusammen. Sehr vorsichtig, aber eindeutig klagten sie über die Zustände und den Krieg. Vor Kriegsende wurden sie zur Armee eingezogen. Ich habe nie wieder etwas von ihnen gehört.

Das zweite Zimmer wurde von Herrn Takahashi, einem Geschäftsmann, gemietet. Er war jungverheiratet und zu seiner Familie gehörte seine junge Frau, ein noch ganz kleines Kind und ein sehr junges Mädchen, die Schwester der Frau, Me-Me-chan, wie sie genannt wurde. Bevor die Familie einzog, kamen Arbeiter und fingen an, in dem Zimmer zu hämmern und zu sägen. Meine Eltern waren ganz entsetzt, denn wir waren auf einen Umbau nicht vorbereitet.

Es stellte sich heraus, daß Herr Takahashi »Tatami«, eine Art Futon, einbauen ließ, etwas, das wir noch nie gesehen hatten. Ich war damals um die elf Jahre alt, und für mich war das alles furchtbar interessant. Sehr bald wurde ich an ihrem Familienleben beteiligt, ich lernte japanische Speisen kennen und wie sie zubereitet werden, und jeden Abend, wenn Herr Takahashi von der Arbeit nach Hause kam, faszinierte mich sein eintöniger Gebetsgesang mit Händeklatschen zwecks Anrufung der Geister vor dem kleinen Schrein. Dann servierten ihm die

Frauen das Essen, wozu ich oft eingeladen wurde. Viele Gewohnheiten und Gebräuche, die Gerüche und der Geschmack japanischer Speisen und natürlich die Sprache wurden mir schnell vertraut.

Als ich dann im Jahre 1962 zum ersten Mal mit dem Berliner Philharmonischen Orchester nach Japan kam, fühlte ich mich fast wie zu Hause. Dieses Gefühl wurde später durch die vielen Konzertreisen nach Japan noch intensiviert, und es hat bis heute nicht nachgelassen. Vor allem aber lernte ich eben ein ganz anderes Japan kennen als das einer Militär-und Unterdrückungsmaschine. Die Höflichkeit und die Freundlichkeit vieler Menschen, besonders aber ihr Schönheitssinn, vom Steingarten bis zu den Gefäßen der Speisen, all das habe ich mit Begeisterung in mich aufgenommen.

Doch zurück nach Harbin: Mein Vater hatte auch japanische Schüler, die ahnten, daß wir den »Feindsender« hörten. Ob uns einer von ihnen verraten hatte, haben wir nie erfahren. Aber im August 1945, drei Tage vor der Kapitulation, wurde mein Vater von japanischen Soldaten als »unzuverlässiges Element« verhaftet. Was sie mit ihm vorhatten, sagten sie mir und meiner Mutter natürlich nicht.

Die Japaner hatten in jedem Haus eine japanische Familie einquartiert. Und der Mann dieser Familie war automatisch der »Kommandant« des Hauses. Alles wurde militarisiert. Meiner Mutter und mir wurde befohlen, unsere Wohnung unverzüglich zu räumen. Es dauerte nicht lange, bis ein japanischer Trupp anmarschiert kam und ein Maschinengewehr an einem Fenster unserer Wohnung aufstellte.

Im Hof hatte ich eine kleine Ecke kultiviert, wo ich Tomaten zog. Ich war sehr stolz darauf. Nun benutzten sie diese Ecke als Schützengraben und zertrampelten meine schönen Tomaten. Sie bereiteten sich auf die Verteidigung der Stadt vor.

Innerhalb von zwei Stunden mußten wir von Nowy Gorod zu unserem Freund Fritz Langstadt, der uns in seiner Wohnung aufnahm, nach Pristan ziehen. Mein Vater war noch immer verschwunden. Meine Mutter und ich liefen zum Büro der Jüdischen Gemeinde, um herauszufinden, wo er überhaupt war. Es stellte sich heraus, daß viele verhaftet und verschwunden waren. Man konnte nichts tun.

Drei Tage später, am 10. August, erfolgte die Kapitulation nach dem Abwurf der Atombomben auf Hiroshima und Nagasaki. Wir hörten die Rede des japanischen Kaisers über die Aussichtslosigkeit weiteren Blutvergießens und die Beendigung des Krieges. Jetzt erst war der Zweite Weltkrieg zu Ende und nicht schon am 8. Mai, wie man in Europa meinte.

Wir konnten wieder in unsere Wohnung zurück. Kaum waren wir da – die Wohnung war von der japanischen Frau pieksauber gefegt worden –, trat mein Vater in die Tür und fiel in Ohnmacht. Er stank fürchterlich und war vollkommen erschöpft. Man hatte ihn ins Gefängnis gebracht. Er war mit vierzig Leuten in einer Zelle gewesen, sie bekamen weder Essen noch Trinken. Die hygienischen Verhältnisse waren katastrophal. Später erfuhren wir dann von einer Liste der Japaner, in der festgelegt war, wer erschossen werden sollte. Auch mein Vater stand auf der Liste.

Als die Sowjets das Land besetzten, wurden viele, zu Recht oder zu Unrecht, als Kollaborateure der Japaner verhaftet. So wurde die gesamte Leitung der Jüdischen Gemeinde mit dem Vorsitzenden Dr. Kaufmann an der Spitze, die sich während der japanischen Besatzung nichts hatten zuschulden kommen lassen, nach Sibirien verschleppt. Erst viele Jahre später wurden sie nach Israel entlassen. Das Schicksal Dr. Kaufmanns ist besonders tragisch. Er war nicht nur ein hervorragender Arzt, Gründer und Direktor des Jüdischen Krankenhauses, sondern ein besonders sozial denkender Mensch, der niemals Hilfe versagte und großes Durchsetzungsvermögen hatte. Er war im ganzen Fernen Osten, aber auch in den USA bekannt und beliebt. Nun wurde auch er ein Opfer des bestialischen Stalinismus.

Ich muß an dieser Stelle diesem Manne ein paar Worte des Andenkens widmen, ihm, der so viel für die Jüdische Gemeinde, aber auch für uns ganz persönlich getan hat. Dr. Abraham Kaufmann wurde im Jahre 1885 als Sohn einer wohlsituierten und religiösen Familie in der Stadt Mglin im Gouvernement Tschernigow geboren. Das Gymnasium beendete er in Perm, seine medizinische Ausbildung aber erhielt er infolge antijüdischer Behinderungen in Rußland in der Schweiz. Schon früh politisch engagiert, gehörte er zur ersten Generation von Zionisten, die in der Schaffung eines Jüdischen Staates die alleinige Erlösung von Verfolgung, Bedrängnis und vor allem der mörderischen Pogrome, die von Zeit zu Zeit ausbrachen, sahen. Zionismus bedeutete aber auch das Erwachen eines nationalen Bewußtseins der Juden, insbesondere der Juden Osteuropas.

Nach Reisen durch Rußland mit dem Ziel, den zionistischen Gedanken zu verbreiten, kam er 1912 nach Harbin. Er wurde Vorsitzender der Jüdischen Gemeinde in Harbin, ein Amt, das er über Jahrzehnte bekleidete, und Kopf der zionistischen Bewegung im ganzen Fernen Osten. Er hatte die Gabe, Menschen zu führen, ohne sich jemals autoritär oder diktatorisch zu gebärden. Er genoß das Vertrauen der Menschen, nicht nur der Mitglieder seiner Gemeinde.

Seine Geschicklichkeit im Umgang mit den jeweiligen Machthabern bewahrte seine Gemeinde stets vor Unheil. Aber gerade diese so außergewöhnlichen Eigenschaften stürzten ihn ins Unglück. 1945 wurde er in die Sowjetunion verschleppt. Elf Jahre verbrachte er in Gefängnissen und Konzentrationslagern, drei davon in Einzelhaft. Erst 1961 durfte er nach Israel ausreisen, wo sich seine Familie befand. Fast bis an das Ende seines Lebens 1971 arbeitete er als Arzt in Israel. Sein Buch »Der Lagerarzt« ist ein erschütternder Bericht über die Zeit seiner Gefangenschaft in der Sowjetunion, über Erniedrigung und Folter, Hunger und Not in der Stalinzeit.

Es klingt makaber, aber Tatsache ist: Die Atombombe hat unser Leben gerettet. Im gesamten Besatzungsgebiet der Japaner und natürlich in Japan selbst hätte es weitere Millionen von Menschen das Leben gekostet, wäre der Krieg weitergegangen. Die Japaner waren, was die Stärke ihrer konventionellen Streitkräfte anbelangte, bei weitem nicht am Ende. Sie hatten alleine in der Mandschurei ein stehendes Heer von einer Million Mann, die Kwangtung-Armee, und noch genug Waffen und Munition. Die Amerikaner hätten in Japan landen müssen, hätten sich von Insel zu Insel, von Stadt zu Stadt, von Dorf zu Dorf, von Haus zu Haus durchkämpfen müssen. Die Japaner hätten in einem konventionellen Krieg nicht so schnell aufgegeben. Auch wir wären umgebracht worden oder Hungers gestorben. Und dasselbe gilt für Millionen von Chinesen. Die Menschen, die in Hiroshima und Nagasaki durch die Atombombe getötet oder grauenvoll verletzt wurden, waren der Preis dafür, daß so viele andere überleben konnten. So unerträglich dieser Gedanke im Grunde ist, konnten wir dennoch nicht umhin, es so zu sehen.

Die russische Zeitung »Die Zeit« wurde umbenannt in »Die Neue Zeit« und brachte statt wie früher die japanischen und deutschen nun die sowjetischen Nachrichten. Schon vor Ende des Krieges hatten wir von der Existenz der Konzentrationslager gewußt. Wir hatten Emigranten unter uns, die in Dachau und Buchenwald gewesen waren und noch vor dem Krieg freikamen. Aber wir wußten nichts vom Massenmord. Das erfuhren wir erst jetzt, und wir konnten es nicht glauben. Unsere Hoffnung, Freunde und Verwandte jemals wiederzusehen, schwand immer mehr. Wir versuchten, von

China aus Kontakt herzustellen, aber wir waren abgeschnitten von der Welt. Als wir dann in Israel lebten, forschten wir wieder nach: Sie waren alle wie vom Erdboden verschwunden. Als hätte es sie nie gegeben.

Wir konnten und wollten nicht mehr in Harbin leben, aber nun wurde uns klar, daß es das Berlin, wie wir es kannten, nicht mehr gab. Es war zerstört. Wohin sollten wir? In Harbin hatte sich ein großes Völkergemisch versammelt. Alle wollten weg! Die Polen waren die ersten, sie bekamen Papiere aus Polen und durften über die Sowjetunion in ihr Heimatland ausreisen. Auch unter uns jüdischen Emigranten gab es Polen, die sich jetzt um die Anerkennung ihrer polnischen Staatsangehörigkeit bemühten. Wir trafen einige von ihnen viel später in Berlin wieder, sie hatten so schnell wie möglich Polen wieder verlassen, weil sie erfahren mußten, daß es dort auch nach dem Krieg Antisemitismus gab.

Die russischen Juden hatten es schlechter. Sie hatten nur die Wahl, in die Sowjetunion zurückzukehren, wovor sie aber berechtigte Angst hatten, oder im von den Sowjets besetzten Harbin zu bleiben. Eine Ausreiseerlaubnis in ein anderes Land, beispielsweise in das später gegründete Israel, bekamen sie zu diesem Zeitpunkt nicht, denn sie waren ja nun wieder, »qua Amnestie«, sowjetische Staatsbürger. Ende 1959 hatten fast alle Ausländer Harbin verlassen. Sie gingen nach Israel, Australien oder in die USA, viele Russen gingen in die damalige UDSSR.

Wirtschaftlich ging es immer mehr bergab. Ich mußte versuchen, etwas Geld zu verdienen. Das Orchester war auseinandergebrochen. Wir waren auf musikalische Gelegenheitsjobs angewiesen. Zuerst stellten wir ein kleines Salonorchester zusammen. Ich spielte Klavier. Wir wurden u.a. zu Veranstaltungen der sowjetischen Militärmission, den neuen Herren der Stadt bestellt.

Mein Vorteil war, daß ich sehr gut vom Blatt lesen konnte.

Mir wurde oft nur ein Blatt mit einer Notenzeile vorgelegt, und ich mußte dann schnell Harmonien und Rhythmus dazu finden. Manchmal wurde auch gesungen. Ich kannte die Stücke nicht, besonders die sowjetischen Schlager, lernte aber schnell. Jetzt begann das, was uns die nächsten Jahre über Wasser halten sollte: der Weg durch die Kaschemmen und Nachtlokale.

Einige Restaurants und Kaffeehäuser waren gleichzeitig bessere Bordelle. Die gutbetuchten Gäste gingen mit den Mädchen, die als Animierdamen oder fürs Tanzen bezahlt wurden, in die Séparées. Einen Höhepunkt gab es im Winter 1945/46, als ein sowjetischer Hauptmann mit seinem Adjutanten und einem großen Sack voller Geld in das Lokal kam, in dem ich gerade arbeitete. Unterwegs hatte er hinter der Grenze eine Bank ausgenommen – die Japaner waren geflüchtet, hatten alles stehen lassen, das Geld war aber noch gültig. Er schmiß alle Gäste hinaus, sogar russische Soldaten und Offiziere. »Das Restaurant ist geschlossen!« rief er. Das gesamte Personal sollte nur ihm und seiner Begleitung zur Verfügung stehen. In der Mitte wurde ein Tisch aufgestellt, Wodka, Brot und Wurst ausgepackt. Die Mädchen mußten natürlich alle dableiben, mal wurde mit der einen, mal mit der anderen getanzt. Wir mußten spielen, durften auch zwischendurch essen. Ab und zu gingen sie mit einem der Mädchen in ein Séparée, und wir mußten dann vor der Tür spielen. Nur ich blieb mit meinem Klavier am angestammten Platz. Das Ganze dauerte ungefähr drei Tage und drei Nächte, bis der Sack mit Geld aufgebraucht war. Der Wirt, ein Chinese, war sehr zufrieden. Auch uns schmiß der Hauptmann Bündel von Geldscheinen zu; unserem Klarinettisten klebte er einen größeren Schein auf die Stirn.

Zu dieser Zeit war mein Lehrer Trachtenberg häufig ärgerlich, weil ich nicht geübt hatte. Er wußte nichts von meinen nächtlichen Aktivitäten, deretwegen ich nicht üben konnte.

Wenn ich erst morgens nach Hause kam, hatte ich mir meine Fingerkuppen auf diesem schauderhaften Klavier abgespielt. Und wenn ich dann zum Unterricht kam und meine Finger nicht so liefen, wie sie sollten, sagte er: »Ah, du hast wieder nicht geübt. Wenn das so weitergeht, brauchst du gar nicht mehr zu kommen. Das hat keinen Sinn, ich habe meine Zeit nicht gestohlen.«

Ich wagte nicht, ihm zu sagen, daß wir von dem Geld, daß ich in dieser Zeit verdiente, leben mußten. Meine Eltern hatten jetzt keine Einkünfte mehr. Er hätte die Umstände vielleicht bedauert, es aber abgelehnt, mich weiter zu unterrichten.

Chinesische Hochzeiten

Das Wort »Chaltura« ist jedem Musiker in Rußland wohl vertraut. Es stammt wahrscheinlich aus einer Art Geheimsprache der Musikanten. In Deutschland nennt man es »Mucke«, und es bedeutet jede Art von musikalischem Gelegenheitsjob. Chalturas waren für uns Musiker in Harbin nach dem Zusammenbruch der japanischen Herrschaft die einzigen Erwerbsmöglichkeiten. In diesem Chaos waren Musikveranstaltungen der höheren Art nicht gefragt. Neben den Jobs in den Nachtclubs und Restaurants waren chinesische Hochzeiten ein wichtiger Faktor in unserem Kampf ums tägliche Brot.

Es wurde Mode unter den Chinesen, sich eine »Kapelle« zur Hochzeit zu mieten, wobei es wohl für sie eine besondere Genugtuung war, daß die verarmten Europäer bei ihnen gegen etwas Geld und Essen aufspielten. Schnell wurden einige Clevere zu Unternehmern; sie hatten Beziehungen zu den Hotels, in denen die Hochzeiten stattfanden, engagierten die Musiker und sahnten dabei kräftig ab. Es wurde wichtig, sich mit diesen Unternehmern gutzustellen, um gute Chalturas zu bekommen.

Es gab zwei Kategorien von Hochzeiten – die mit Essen und die ohne. Natürlich wollte jeder eine mit Essen haben, denn sie wurden darüber hinaus auch noch besser bezahlt. Die Hochzeiten fanden immer samstags und sonntags jeweils an den Vor- und Nachmittagen statt. Hatte man Glück, wurde man zu je zwei Chalturas, also insgesamt vier am Wochenende, engagiert.

Eine Kapelle bestand aus zwei bis vier Mann, ausschließlich »Mann«, denn für eine Frau wäre es unmöglich gewesen, dabei mitzuwirken. Die Besetzung nach Instrumenten war mehr oder weniger dem Zufall überlassen. Brauchbar war jede Kombination, und so geschah es, daß ich z. B. in folgender Besetzung spielte: eine Geige, eine Trompete, eine kleine Trommel oder: eine Trommel, eine Klarinette (ich spielte die Trommel) oder: eine Trompete, eine Klarinette, eine Geige, ein Saxophon. Die Kombinationen konnten gar nicht abenteuerlich genug sein, wenn wir nur genügend Krach machten und die Lieder mehr oder weniger erkennbar blieben. Das Lustige war, daß chinesische Titel kaum verlangt waren. Meistens spielten wir russische Volkslieder wie »Katjuscha« oder gar deutsche wie »Die Liebe der Matrosen«. Das besonders beliebte und daher auch besser dotierte Instrument war das Akkordeon, das einzige mobile Harmonieinstrument. War ein Akkordeon dabei, so wurde das meistens eine »Spitzenchaltura«, also mit Essen und höherer Gage. Alle Musiker des aufgelösten Sinfonieorchesters bis hin zum Dirigenten, der aber nur die Trommel spielen konnte, waren froh, wenn sie an den Wochenenden eine Chaltura bekamen. Ich war mit drei Instrumenten einsatzfähig: Geige, Schlagzeug und Akkordeon. Letzteres mußte ich mir immer leihen, da ich kein eigenes besaß. Aber wenn Not am Mann war, mußte ich auch schon mal ein Saxophonmundstück zwischen die Zähne klemmen und produzierte darauf Laute, die man unter normalen Umständen nicht von einem Musiker vernimmt.

Die Hochzeiten verliefen folgendermaßen: An einem bestimmten Treffpunkt versammelte sich die »Kapelle« und fuhr mit einem Taxi zum Haus des Bräutigams. Der Begriff »Taxi« darf allerdings nur sehr vorsichtig auf diese klappernden, mit Holzgas betriebenen und teilweise fensterlosen Vehikel angewendet werden. Erschwerend kam hinzu, daß die meisten Straßen nicht asphaltiert, sondern mit Kopfsteinpflaster, das mit zahlreichen großen Löchern durchsetzt war, befestigt waren. So hüpften denn unsere Oldtimer von Loch zu Loch, was eigentlich einer Erwähnung nicht wert wäre, hätten wir während der Fahrt nicht »musizieren« müssen! Meinen Geigenbogen mußte ich immer in der Mitte der Stange halten, denn sonst hätte ich die Decke des Fahrzeugs durchstoßen. Viel schlimmer erging es den Bläsern: Die Holzbläser mit ihren empfindlichen Blättern und Rohren mußten diese bei den schweren Stößen zwischen die Zähne nehmen und produzierten dadurch oft Grunz- und Piepslaute. Trompeter, Hornisten und Posaunisten – auch sie gehörten oft zu den Formationen – hatten wieder andere Probleme. Sie stießen sich die Mundstücke ihrer Instrumente durch die Sprünge fortwährend hart an den Mund und hatten Mühe, das Mundstück an den Lippen zu halten. Immerhin hatte das Ganze doch eine gewisse, wenn auch keine sehr große Ähnlichkeit mit Musik.

Die Fahrt, die erste von dreien, endete also vor dem Haus des Bräutigams. Der saß in einem Zimmer zusammen mit einem Begleiter, umgeben von Freunden und Verwandten. Man trank Tee, knackte Sonnenblumenkerne, aß Küchlein und spuckte in die im Raum verteilten Spucknäpfe. Vor allem aber lauschte man andächtig den Darbietungen des Orchesters. Nach dem etwa zehn- bis fünfzehnminütigen »Konzert« erfolgte der allgemeine Aufbruch zum Hause der Braut. Unterwegs wurde selbstverständlich wieder musiziert, diesmal wenn möglich noch lauter, damit es den Menschen auf den Straßen nicht verborgen blieb, daß hier ein Hochzeitszug unterwegs war. Bei der Braut angekommen, ging der Bräutigam mit seinem Begleiter ins Haus und wir hinterher, selbstverständlich fortwährend musizierend. War die Wohnung groß genug, so gingen wir mit hinein, ansonsten mußten wir vor der Tür spielen, sehr zur Freude der vielen Schaulustigen, die sich sogleich versammelten, nachdem die Wagen gehalten hatten.

Die Hochzeiten fanden natürlich zu jeder Jahreszeit statt. Im Winter aber, der oft schon Ende Oktober beginnt und bis Mitte April anhält, sinken die Durchschnittstemperaturen in Harbin bis unter 15 oder 20 Grad Celsius. Nun stelle man sich die Auswirkungen dieser Kälte auf die Hände und die Instrumente vor, denn wir mußten ja oft auf dem Hof oder auf der Straße spielen, und die elenden Autos waren natürlich nicht geheizt. So kamen mir oft die Tränen, zum einen vor Lachen über die groteske Situation, zum anderen aber vor Schmerzen, die meine vor Kälte erstarrten Finger verursachten, mit denen ich ja noch die Saiten greifen mußte. Ja, und »Saitensprünge« gab es auch wegen der Kälte, so daß ich manchmal nur noch auf drei Saiten spielen konnte.

Die Braut wurde, während wir spielten und der Bräutigam steif in einem Zimmer saß und wartete, in einem anderen Raum von der Mutter und anderen weiblichen Verwandten herausgeputzt. Schminke und Puder wurden ihr pfundweise aufgetragen, fast so wie den Schauspielern in der chinesischen Oper. War das Werk vollbracht, wurde der Bräutigam zu ihr geführt, und beide standen mit gesenkten Augen da, bis der Fotograf seine Arbeit verrichtet hatte. Dann setzte man sich noch einmal, trank Tee, aß Sonnenblumenkerne, spuckte und lauschte abermals für eine kurze Zeit unserem herzzerreißenden Konzert.

In der Zwischenzeit kurbelten die Chauffeure vor der Tür die Gasgeneratoren ihrer Autos an, was großen Gestank und noch mehr Lärm verursachte, so daß manch eine unserer schönsten musikalischen Phrasen darin unterging. Nun ging es unter den Klängen der Musik und dem Getöse der Generatoren in ein Hotel, wo die Trauungszeremonie stattfand.

Die Gäste plazierten sich an runden Tischen, und das Brautpaar trat vor eine Art Standesbeamten und hörte sich von ihm die Bedingungen des Ehevertrages an, die er mit lauter Stimme vortrug, damit es auch alle Gäste hören konnten. Die Einzelheiten des Vertrages wurden heftig kommentiert, das Interesse der Leute konzentrierte sich natürlich hauptsächlich auf die von beiden Seiten in die Ehe eingebrachten lebenden und toten Gegenstände, also Haustiere wie Schweine, Enten usw., Tische, Stühle und anderen Hausrat. Die beiden Brautleute wagten währenddessen kaum aufzusehen. Danach bekamen wir ein Zeichen, mit unserem Finale einzusetzen. Jetzt aber entschied sich, ob wir danach abziehen mußten oder zum Essen weiterspielen sollten. Das bedeutete dann natürlich auch, daß wir anschließend bewirtet wurden. Das Essen war immer sehr gut, es bestand aus vielen Gängen, wie man es von der chinesischen Küche kennt, und wir stopften uns des öfteren die Bäuche auf Vorrat voll und, soweit die Speisen das zuließen, auch die Taschen und Instrumentenkästen, damit wir unsere Familien zu Hause an diesen Leckereien teilhaben lassen konnten.

Unter sowjetischer Besatzung

Wir wohnten damals in Nowy Gorod, der Neustadt nicht weit von den Eisenbahngleisen. Die Transportzüge, die durch die Mandschurei fuhren, um hier Truppen auszutauschen oder zu stationieren, wurden über Nacht abgestellt. Die Soldaten hatten zwar Ausgehverbot, durften aber für wenige

Stunden ihre Waggons verlassen. Es waren fast ausnahmslos junge Leute, 18, 20 Jahre alt. Durch den Krieg und den Hunger waren viele von ihnen so verroht, daß sie im betrunkenen Zustand – und das war der Normalfall – keine Hemmungen mehr kannten.

Monatelang bekamen sie fast nur Wodka als Nahrungsmittel, kämpften in Berlin und wurden dann an das andere Ende der Welt, nach China, versetzt. Es gab kaum jemanden, der nicht von ihnen belästigt, beraubt oder gar verletzt wurde. Viele Frauen wurden vergewaltigt. Jeder Widerstand war zwecklos. Sie schossen sofort. Sie hatten eine diffuse Vorstellung von der Harbiner Bevölkerung: Alle Europäer galten in ihren vom Alkohol vernebelten Köpfen als weiße Konterrevolutionäre. Die Chinesen erwarteten von der sowjetischen Armee die Befreiung von der jahrelangen japanischen Unterdrückung. Für sie war der Schock besonders groß.

Die Soldaten zogen durch die Straßen und brachen in die Wohnungen ein. An unserer Ecke gab es einen chinesischen Lebensmittelladen. Der war besonders gefährdet, denn die Soldaten suchten immer nach Wodka. Eines Abends hörten wir Schüsse. Die Russen schossen in unsere Wohnung, weil sie annahmen, der Ladenbesitzer wohne hier. Während wir im Nebenzimmer saßen, ging ein Schuß direkt über dem Bett meiner Mutter in die Wand. Sie waren wütend, daß der Laden geschlossen war und traten unsere Tür ein. Nach diesem Vorfall ließen wir unsere Wohnungstür meist geöffnet, weil wir nicht wollten, daß sie immer wieder eingetreten wurde.

Wir hatten uns eine Strategie ausgedacht: Kaum trampelte so ein Trupp in unsere Wohnung, saß meine Mutter schon am Klavier, ich hatte die Geige in der Hand, mein Vater stand mit einem riesigen Grinsen daneben, und wir fingen gemeinsam an, mit großer Begeisterung Schlager wie »Katjuscha« oder ähnliches vorzutragen.

Die Strategie ging immer auf, denn auf so einen Empfang waren sie nicht vorbereitet. Sie stellten verdutzt ihre Gewehre in eine Ecke, setzten sich um den Tisch oder manchmal auch auf den Boden, packten Lebensmittel und vor allem natürlich Wodka aus. Unsere musikalischen Darbietungen versetzten sie immer in fröhliche Stimmung, was uns, da bin ich mir sicher, vor so mancher Gewalttat schützte und uns darüber hinaus auch noch Lebensmittel bescherte, die wir uns sonst nicht hätten leisten können.

Es konnte aber auch passieren, daß die nächste »Patrouille« hereinkam, wenn die erste noch da war. Dann gab es oft Streit. Das aber konnte sehr gefährlich werden, denn sie waren ja alle bewaffnet. Die Stimmung konnte dann sehr schnell umschlagen, wenn ihnen in ihrem Suff plötzlich einfiel, daß wir ja eigentlich »Weiße« seien: Also Feinde. Meine Mutter war zutiefst erschrocken, trotzdem mußten wir sofort wieder anfangen zu spielen. Das war unsere einzige Chance, denn sofort vergaßen sie wieder alles, lachten, tanzten und waren fröhlich.

Eines Nachts gegen ein Uhr, wieder hatten wir »Gäste«, sagte meine Mutter: »Ich halte das nicht mehr aus, du mußt sie wegbringen.« Es waren junge Soldaten, die uns schon öfter besucht hatten und fast schon alte Bekannte waren. Was sollte ich tun? »Wo seid ihr stationiert? Auf der Eisenbahn?« »Nein, wir sind unten in der Kaserne.« »Kommt, laßt uns gehen.« »Nein, wir wollen erst noch etwas trinken.« »Ich habe keinen Wodka mehr. Aber ich weiß einen Ort, wo es welchen gibt.« Auf diese Weise brachte ich sie weg. Natürlich gab es um diese Zeit keinen Wodka mehr zu kaufen, aber ich wollte sie in Richtung Kaserne lotsen. Wir kamen an die nächste Straßenecke, als ein Mann in der Dunkelheit auf uns zukam, ein Zivilist. Ein Soldat rief: »Da geht ein Weißer!« Ich versuchte, sie abzulenken und weiterzugehen. Als der Mann mit uns auf gleicher Höhe war, hielten sie ihn an und fragten: »Du weißes Schwein, wo gehst du hin?« Der Mann war gut angezogen, ich erkannte ihn, er wohnte nicht weit von uns entfernt. Er erwiderte: »Ich bin kein weißes Schwein, sondern genau wie ihr ein Sowjetmensch. Ich bin der Fahrer des Stadtkommandanten und komme gerade von der Arbeit.« Die Soldaten reagierten, betrunken, wie sie waren, überhaupt nicht darauf und forderten ihn auf, sich auszuziehen. Es war tiefster Winter. Der Mann und ich versuchten, die Leute zu beruhigen. Da sagte einer der Soldaten zu mir: »Du halt dich da raus. Wir wissen, wie wir Feinde zu behandeln haben.« Ich mußte vorsichtig sein, denn jetzt begannen sie, auch mich feindselig zu betrachten. Das Wortgeplänkel dauerte an, und der Mann begann sich ausziehen.

In diesem Moment knallte ein Schuß. Er traf den Mann seitlich in den Kopf. Der neben mir stehende Soldat hatte den Schuß abgefeuert. Der Mann sackte zu meinen Füßen zusammen. Die Soldaten wurden schlagartig nüchtern. Ich war entsetzt, bekam panische Angst und wollte nichts als schnell nach Hause. Als ich versuchte, mich davonzustehlen, sagten sie: »Nein, du kommst mit uns mit. Du warst auch dabei.« Dann hörten wir von weitem Schritte. Die Soldaten nahmen mich in die Mitte, hakten mich unter und rannten mit mir im Laufschritt davon. Hinter uns wurde gerufen: »Stoj! Stoj!« Es war eine Patrouille der Kommandantur, die offenbar den Schuß gehört hatte.

Die Patrouille kam näher. Wir flohen durch eine offene Gartentür in den dunklen Vorgarten eines Hauses und versteckten uns, indem wir uns hinwarfen und die Gesichter in den tiefen Schnee drückten. Die Verfolger konnten uns nicht sehen und liefen vorbei. Sobald die Luft rein war, sprangen wir auf und rannten in die schon nahe Kaserne. Dort empfing uns ein Unteroffizier, der die Soldaten anbrüllte, warum sie so spät kämen und was ich, ein Zivilist, überhaupt in der Kaserne zu suchen hätte. Die Soldaten verschwanden in ihre Unterkünfte. Zu mir sagte er: »Ich spüre, daß die Jungs irgend etwas angestellt haben. Aber wenn du darüber auch nur ein Wort sagst, geht es dir und deiner Familie schlecht!« Mit dieser Drohung war ich entlassen, lief den vereisten Weg zurück und mußte wieder an der Leiche vorbei, die im Dunkeln nur schemenhaft zu erkennen war.

Meine Mutter empfing mich zitternd. Ich erzählte ihr alles. Am nächsten Morgen erschien ein Leutnant mit seinen Soldaten. Sie fragten mich, ob ich etwas von der vergangenen Nacht wüßte. Ich berichtete ihnen alles wahrheitsgemäß. Ich mußte mit auf die Kommandantur, eine frühere japanische Polizeistation. Nach einer Stunde stürmte ein Oberst, der Kommandant, herein und polterte sofort los: Ich hätte die Soldaten aufgestachelt, sie würden so etwas von alleine nie tun. Als er dann hörte, daß ich Jude sei, begann er mich zu beschimpfen: »Du verdammter Saujude. Jetzt weiß ich, warum das geschehen mußte. Was machst du überhaupt hier? Bist du hier zum Spionieren?« Ich entgegnete ihm, daß ich als Zehnjähriger mit meinen Eltern vor den Nazis in Deutschland geflüchtet sei – ich hoffte, daß das Eindruck auf ihn machen würde – und daß ich hier aufgewachsen sei. Das besänftigte ihn keineswegs, er wurde immer mißtrauischer. Ich merkte, daß er ein überzeugter Antisemit war, der mir zumindest eine Mittäterschaft anhängen wollte. Ich sollte ihm den Tatort und den genauen Tathergang beschreiben.

Wir gingen an die Stelle, wo sich der Mord ereignet hatte. Die Leiche lag immer noch dort, mit dem Gesicht nach oben, und sah ganz friedlich aus. Aber dann drehten sie ihn um. Der Hinterkopf war völlig weggeschossen!

»Du zeigst uns jetzt, in welcher Kaserne die Täter stationiert sind.« Ich erinnerte mich an die Drohung des Vorgesetzten der Jungs, falls ich sie verraten würde. Sie wußten ja auch, wo ich und meine Familie wohnten. So schlimm das alles war, aber es blieb mir gar nichts anderes übrig, als die Kaserne zu zeigen, in der die Soldaten untergebracht waren. Danach durfte ich zunächst einmal nach Hause gehen.

Damals spielte ich in einem Restaurant in einer kleinen Kapelle am Klavier. Ich war voller Unruhe, wie es weitergehen würde. Es vergingen einige Wochen. Eines Tages bekam ich die Nachricht, daß ich mich am nächsten Morgen als Zeuge beim Militärgericht einzufinden hätte. Die Verhandlung war schon im vollen Gange, als ich hineingerufen wurde. Vorne thronten drei hohe Militärs. Der antisemitische Oberst fungierte als Ankläger. Die Verhandlung war nicht öffentlich. Ich wurde sehr grimmig betrachtet, und der Oberst fragte einen der Soldaten: »Ist er das?« »Ja, das ist er!« Ich mußte den Hergang nochmals schildern. Ich war ganz sicher, daß die Soldaten versuchen würden, freizukommen und mich als Initiator des Mordes hinzustellen. Ich wurde gefragt: »Wer hat geschossen?« »Das war Lionja.« Der Oberst fragte ihn: »Stimmt das, was der Zeuge sagt?« »Ja.« Mir fiel ein Stein vom Herzen. »Hat der Zeuge in allen Einzelheiten die Wahrheit gesagt?« Da sagte Lionja etwas, das ich nie vergessen werde: »Der Giena lügt doch nicht, der sagt die Wahrheit.« (»Giena« hieß ich bei den Russen, »Hellmut« konnten sie nicht aussprechen.) Der Prozeß ging weiter, aber ich war frei.

Einige Monate später wurde ich in dem Lokal, in dem ich spielte, zu einem Gast gerufen. Es war ein sowjetischer Offizier. Er fragte mich, ob ich mich an ihn erinnern könnte. Ich verneinte. »Ich war beim Kriegsgericht einer der drei Richter. Ich wußte, daß du hier spielst, darum bin ich gekommen. Du hast großes Glück gehabt, der Prozeß hätte auch anders enden können. Der Ankläger war nicht gerade dein Freund.« Die Soldaten hatten schwere Strafen bekommen. Dann erzählte er mir, daß auch er Jude sei. Und von ihm hörte ich zum ersten Mal etwas für mich Unglaubliches, nämlich daß es auch in der Sowjetunion einen stark ausgeprägten Antisemitismus gab.

Das war ein großer Schock für mich. Trotz aller Exzesse der sowjetischen Soldaten, die wir täglich erlebten, glaubten wir doch noch immer daran, daß die Sowjetunion der Garant für die Gleichberechtigung der Menschen, insbesondere aber für die endgültige Überwindung aller ethnisch und religiös bedingten Vorurteile sei. Nichts wußten wir damals von den entsetzlichen Lagern Stalins, von den Liquidierungen und Schauprozessen, von den Zwangsumsiedlungen ganzer Völker, von den furchtbaren psychiatrischen Anstalten, in die unschuldige Menschen eingeliefert wurden, von den vielen Millionen, die in den GULAGs jahrelang, oft jahrzehntelang schmachten mußten. Noch immer glaubten wir an den gütigen Stalin, der uns doch vor der Nazi-Katastrophe gerettet hatte.

Nachts, nach der Arbeit in den Nachtclubs, das war immer so zwischen ein und drei Uhr morgens, mußte ich zu Fuß nach Hause gehen, denn um diese Zeit gab es keine öffentlichen Verkehrsmittel. Im Winter, die Straßen waren vereist und sehr dunkel, war das wahrlich kein Vergnügen. Außerdem lief man immer Gefahr, umherziehende sowjetische Soldaten zu treffen, überfallen und beraubt zu werden. Der Heimmarsch dauerte etwa eineinhalb Stunden.

Ich hatte mir unbewußt ein Hilfsmittel zurechtgelegt, das mir half, die lange Angststrecke zu überwinden: Voller Konzentration dachte ich zurück an meine Berliner Kindheit, an einzelne Episoden, an Menschen, und in Gedanken bin ich immer wieder meinen Schulweg nachgegangen. Ich dachte an unsere Berliner Doppeldeckerbusse, an den Funkturm und vieles andere. Alle schlimmen Erlebnisse in Berlin bis zum Pogrom am 9. November 1938 hatte ich verdrängt. Ich sah die Kinder, mit denen ich gespielt, die Straße, in der ich gewohnt hatte. Ich nutzte mein Heimweh nach Berlin, um meine Angst zu überwinden.

Um die damalige Zeit zu veranschaulichen, will ich nur einen von den vielen alltäglichen Vorfällen schildern, den mein älterer Kollege, Kurt Goldschmidt, erlebt hat: Er spielte, oft auch mit meiner Mutter und mir, Klavier und Akkordeon.

Wie wir war auch er aus Berlin nach Harbin gekommen. Eines Nachts, als er von der Arbeit nach Hause ging, die Straße war nicht sehr belebt, hörte er, daß ein Wagen hinter ihm fuhr. Er drehte sich um, es war ein sowjetischer Jeep, der plötzlich auf dem Bürgersteig direkt auf ihn zusteuerte. Sie fuhren ihn an, er fiel hin, sie nahmen ihm sein Akkordeon ab und befahlen ihm, sich auszuziehen. Es herrschte bittere Kälte. Er bat, daß man ihn doch in Ruhe ziehen lassen möge. Statt dessen zog einer der Soldaten seinen Säbel und hieb ihm mehrmals über den Kopf. Goldschmidt brach blutend zusammen. Sie zogen ihn bis auf die Unterhose aus, nahmen ihm seine Uhr und seinen Ring ab. Dann versetzten sie ihm noch ein paar Hiebe mit dem Säbel und ließen ihn blutend liegen. Er kroch nach Hause, schaffte es noch zu läuten und fiel seiner Frau in die Arme. Es gab natürlich kein Telefon, man konnte also keinen Arzt rufen. Sie holte die Nachbarn zusammen, und einer von ihnen lief zur sowjetischen Kommandantur. Er wurde mit einem Militärwagen abgeholt, ins Militärkrankenhaus gebracht und dort auch versorgt. Die Übeltäter fand man natürlich nie.

Es dauerte lange, bis er sich davon erholte. Er hatte zwar keine lebensgefährlichen Verletzungen davongetragen, aber sein Gesicht war durch eine große Narbe entstellt. Er hat dieses Erlebnis nie verwunden.

In der inneren Mongolei

In diesem Winter 1945/46 bekam ich ein Engagement in Djalantun, einer kleinen Stadt in der Inneren Mongolei, in einem Eisenbahnerclub. Wir waren ein Trio: ein Geiger, ein Schlagzeuger und ich am Klavier. Ich nahm dieses Engagement mit Freuden an, denn nun konnte ich einmal aus Harbin heraus und vor allem von zu Hause weg. Ich war 17 Jahre alt und wollte auch mal ohne elterliche Aufsicht sein. Außerdem brauchten wir das Geld, das ich von meinem Gehalt nach Hause zu schicken gedachte, dringend. Der Vertrag lief über mehrere Monate.

Ich war begeistert: eine wunderschöne Gegend im Kleinen Xingan-Gebirge, der Yalu-Fluß mit herrlich klarem Wasser und die so viel bessere Luft als in Harbin. Wir waren zwar in der sogenannten Inneren Mongolei, aber das Gebiet gehört zu China. Selbstverständlich ist dort die gesamte Administration chinesisch. Um diese Zeit aber herrschte das sowjetische Militär. Die 8. chinesische kommunistische Armee und mit ihr die Regierung kam erst nach dem Abzug der Sowjets im Jahre 1947.

In dieser chinesisch-mongolischen Stadt gab es auch eine russische Kolonie. Es waren hauptsächlich Ingenieure und andere Spezialisten, die bei der KVJD, der Ostchinesischen Eisenbahn, angestellt waren. Sie hatten immer gut verdient und besaßen hübsche Häuser. Es gab auch einige wohlhabende Fabrikanten, ebenfalls Russen. Und dann war da natürlich noch die kleine sowjetische Garnison unter ihrem Kommandeur, dem Kapitän Tscherbakow, der gleichzeitig der allmächtige Stadtkommandant war.

Der kulturelle Mittelpunkt für alle war der Eisenbahnerclub. Hier gab es Filmvorführungen, Feiern, Feste und Tanzabende. Dazu hatten wir zu spielen. Zu dieser Zeit existierte außer Truppen- und Gütertransporten praktisch kein ziviler Eisenbahnverkehr mehr.

Im übrigen dämmerte das Städtchen und mit ihm unser Club gemütlich vor sich hin. Laut Vertrag mußten wir zwar jeden Abend spielen, meist aber hatten wir nur wenige Gäste. Kaum aber kam der sogenannte Liter, der Militärzug, der in mehreren Pullmanwagen sowjetische Offiziere in die Mandschurei brachte, wurde unser Club zum Mittelpunkt eines wilden Treibens. Der Zug blieb über Nacht, und erst am nächsten Morgen ging die Fahrt weiter nach Harbin. Die Leute gierten nach Vergnügungen. Es waren auch Frauen dabei, meist weibliche Offiziere. Dazu kam natürlich unsere Djalantuner Jugend. Die ganze Nacht wurde durchgefeiert, bis der Zug am nächsten Tag mit seinen völlig erschöpften und teilweise noch betrunkenen Passagieren wieder abfuhr.

Auch ich kam dort auf meine Kosten, denn ich konnte mit meiner Zeit und mit meinem Leben zum ersten Mal machen, was ich wollte. Dazu gehörte vor allem, daß ich einen ziemlich großen Teil dieser Zeit nicht etwa dem Üben, sondern den sehr hübschen, hauptsächlich russischen Mädchen widmete, von denen es zum Glück bei uns nicht wenige gab. Vera, oder besser Verotschka, war eine von ihnen. Sie war Telefonistin oder, wie die Russen es nannten, »Dispatcher« am »Kommutator«, der Telefonzentrale, über die sämtliche Gespräche liefen.

So ein kleiner Klavierspieler, wie ich es war, genoß natürlich die Sympathie der Damen. Verotschka aber war mir besonders zugetan, was durchaus Erwiderung von meiner Seite fand. Die Sache hatte nur einen Haken, und zwar einen ziemlich gefährlichen: Vera war die Freundin von Tscherbakow, dem Kommandanten der Stadt, oder, um es noch genauer auszudrücken, dessen Beute, denn die Liebe beruhte keineswegs auf Gegenseitigkeit. Der Herr Kommandant hatte aber nicht nur ein Alkoholproblem, sondern war zudem auch noch furchtbar eifersüchtig. Diese Mischung konnte lebensgefährlich werden, denn er hatte natürlich ständig seine Pistole dabei und war fast immer betrunken! Daß er von seiner Waffe Gebrauch machen würde, wenn er es für nötig erachtete, wurde von niemandem in der Stadt bezweifelt, was ihm allgemein großen Respekt verschaffte.

An diesem Abend nun wurde er von Vera nicht erwartet. Statt dessen lud sie mich ein, was sie mir nicht zweimal sagen mußte. Sie bereitete ein gutes Essen vor, und es fehlte auch nicht an guten Getränken. Wir fühlten uns wundervoll, und unsere Stimmung versprach in eine besonders schöne Nacht überzugleiten. Und als es gerade anfing, besonders schön zu werden – es war ungefähr ein Uhr morgens –, da hörten wir plötzlich ein lautes Gebrüll: »Vera! Vera!« Dann: »Vera, mach' endlich auf!«, danach: »Verdammt nochmal, Vera, machst du jetzt endlich auf!« Nun folgte ein ganzer Katalog russischer Flüche, deren Aussagekraft zwar weltberühmt ist, die aber doch kaum übersetzbar sind. Der Höhepunkt seines Geschreis war nun aber die Drohung, daß, wenn Vera jetzt nicht sofort aufmachen würde, er die Tür einträte und sie sich darüber, was dann folgen würde, keine Illusionen machen solle.

Bis hierher wurde ich von Vera damit beruhigt, daß er bestimmt abziehen würde, weil er irgendwann einsehen müsse, daß sie nicht zu Hause sei, wir müßten uns nur ganz ruhig verhalten. Jetzt aber wurde es gefährlich. Und nun kam das, was es eigentlich nur in billigen Vaudevilles gibt: Vera schob mich, der ich vor Angst und Kälte am ganzen Körper zitterte, unter das Bett, wo ich nur mit Mühe hinpaßte und kaum atmen konnte. Sie selbst stand auf und fing an, ihrerseits laut zurückzufluchen: Ob er sich als sowjetischer Offizier und Kommandant nicht schämen würde, sich dermaßen zu besaufen und anständige Bürger aus dem Schlaf zu reißen? Im übrigen habe sie keine Angst vor seinen Drohungen, sondern im Gegenteil würde sie dafür sorgen, daß sein Verhalten höheren Orts bekannt werde. Und nun möge er sie bitte in Frieden schlafen lassen.

Jetzt verlegte er sich aufs Bitten und flehte sie mit weinerlicher Stimme an, ihn doch bitte nur für kurze Zeit hereinzulassen. Er wolle ihr doch nur ein Gute-Nacht-Küßchen geben und weiter nichts. Meine Angst wurde unerträglich, als ich sah, daß Vera sich etwas überzog und tatsächlich die Tür aufmachte! »Kannst du Dummkopf eigentlich nicht begreifen, daß Frauen gewisse Tage haben, an denen sie gerne in Ruhe schlafen möchten und nicht von Männern belästigt werden wollen? Nun geh' gefälligst nach Hause und schlaf deinen Rausch aus. Bis morgen, auf Wiedersehen.« Da er schon in der Tür stand, drängte sie ihn hinaus, gab ihm einen Kuß auf die Nase und schloß die Tür hinter ihm. Er murmelte so etwas wie »kann man ja schließlich nicht wissen« und trollte sich.

Halb erfroren und mit schlotternden Knien kroch ich unter dem Bett hervor. Vera lachte und sagte: »Wäre ja noch schöner, wenn ich mit solch einem Dussel nicht fertigwerden würde! Und jetzt ab ins Bett.«

Dieses Leben – es war ja nicht immer so dramatisch – hätte ich so noch lange aushalten können. Als braver Sohn dachte ich aber an meine Eltern und daß ich sie hierher, wo es so viel schöner war als in Harbin, nachholen sollte. Ich war mir natürlich bewußt, daß ich in diesem Falle wieder unter der Aufsicht meines strengen Vaters sein würde und meine schöne Freiheit dahin wäre. Aber mein Pflichtbewußtsein war stärker.

Ich bat also die Leitung des Clubs, meinen Vertrag, der nach dieser Saison auslief, in einen Dauervertrag umzuwandeln. Ich überzeugte sie davon, daß meine Familie das Kulturleben der Stadt sehr bereichern würde. Meine Mutter als Pianistin, ich mit der Geige und mein Vater als Gesanglehrer. Außerdem könnten meine Mutter und ich auch noch Musikunterricht erteilen. Das klang alles offenbar so gut, daß man mir zusagte, wenn wir kämen, könnten wir mit entsprechenden Tätigkeiten rechnen. Natürlich könne man mir noch keinen schriftlichen Vertrag geben, aber ich solle keine Sorge haben, es werde schon alles in Ordnung gehen. Mit dieser Aussicht fuhr ich zufrieden nach Harbin.

Meine Eltern waren selig, endlich aus Harbin wegkommen zu können. Ein reicher russischer Unternehmer in Djalantun hatte mir das Versprechen gegeben, uns und unser Hab und Gut von Harbin nach Djalantun in einem seiner Güterwaggons zu transportieren. Es gab ja keine Spedition. Chinesen brachten unsere Sachen auf Pferdewagen zum Güterbahnhof. Der Waggon war auch wirklich da, wir konnten einladen. Leider aber wußte niemand, wann wir an einen Zug angekoppelt werden würden. Deshalb konnten wir uns nicht von unserem Waggon entfernen, der weit hinten auf einem Abstellgleis stand. Und so saßen wir auf unseren Sachen, froren und warteten. Es dauerte eine Ewigkeit von zwei Tagen. Endlich aber war es soweit: Der Zug fuhr ab. Aber er fuhr furchtbar langsam und hielt in jedem Dorf. Die Fahrt, normalerweise sieben Stunden lang, dauerte einen Tag, eine Nacht und noch einen Tag. Es war eine fürchterliche Reise. In unserem Waggon gab es weder Licht noch Heizung. Meine Mutter hatte zwar etwas Verpflegung mitgenommen, aber auf eine so lange Zeit waren wir nicht eingerichtet. Zum Glück gab es auf den Bahnhöfen Bauern, die ihre Erzeugnisse anboten, so daß wir wenigstens nicht hungern mußten.

Endlich kamen wir an, der Waggon wurde abgehängt. Es war dunkelste Nacht, kalt, eine absolute Stille lag über der kleinen Stadt. Obwohl es schon sehr spät war, begab ich mich sofort zu dem russischen Unternehmer in der Erwartung, daß er uns weiterhelfen würde. Er aber war sehr erstaunt, daß ich überhaupt da war, noch dazu mit meinen Eltern und dem gesamten Hausrat. Ich erinnerte ihn an das Versprechen der Clubleitung, der er auch angehörte, und daß er mir eben deshalb seinen Waggon zur Verfügung gestellt hätte.

Nun kam der erste Schock: Der Club war inzwischen geschlossen worden. Nachdem die Sowjets abgezogen waren, gab es für uns keine Arbeit mehr. Ich war außer mir, denn wir hatten schließlich in Harbin alles, vor allem unsere Wohnung aufgegeben und konnten nicht mehr zurück. Immerhin versprach er, am nächsten Tag für eine provisorische Bleibe zu sorgen. Und so verbrachten wir auch noch diese Nacht im Güterwaggon.

Es folgte ein Jahr, das ich als das schlimmste unseres Lebens bezeichnen muß. Es gab keine Arbeit, es gab einfach nichts, wir waren vollkommen mittellos. Die Leute, die in Djalantun lebten, brauchten keinen Musikunterricht. Es gab keinen Club mehr, wo wir hätten spielen können. Unsere Lage war katastrophal, meine Mutter weinte, mein Vater war entsetzt, und ich hatte furchtbare Gewissensbisse. Wir kamen bei einem russischen Bauern unter. Er hatte auf seinem Hof eine Kate stehen: ein Raum und eine Küche mit einem großen Herd.

Ungefähr eine Stunde von Djalantun entfernt befand sich ein mongolisches Gymnasium. Durch Fürsprache russischer Bekannter, die ich noch während meiner Club-Zeit kennengelernt hatte, bekam mein Vater dort eine vorläufige Anstellung als Gesanglehrer. Er sollte den Jugendlichen vor allem patriotische Parteilieder beibringen. Da er weder mongolisch, russisch noch chinesisch konnte, begleitete ich ihn als Übersetzer. Mein armer Vater aber versuchte ihnen richtigen Gesangunterricht zu geben – wobei er größten Wert auf genaueste Intonation, Stimmbildung und Mundform legte. Wir brachten ihnen also bei, die vorgeschriebenen Loblieder auf die mongolischen kommunistischen Führer Tschoibalsan und Zedenbal, und natürlich auf Mao Tse Tung und Stalin zu singen, wobei mein Vater auf korrekteste Aussprache bestand. Er ließ es sich aber auch nicht nehmen, die Schüler »richtige« Lieder, natürlich aus dem deutschen klassischen Liedgut, singen zu lassen. Und so tönte es mitten in der mongolischen Steppe: »Die Himmel lühmen des Ewigen Ehle«, »Sah ein Knab ein Löslein stehn« und »Am Blunnen vol dem Tole«.

Dafür bekamen wir einen Hungerlohn. Das Allerschlimmste aber war, daß wir, um zur Schule zu gelangen, ungefähr drei Kilometer zu Fuß über die Steppe gehen mußten, bei klirrendem Frost und einem furchtbaren Wind, der von der Wüste Gobi herüberfegte. Mein Vater war damals 67 Jahre alt.

Die Mongolenschule war unsere einzige Einkommensquelle. Wir gingen langsam zugrunde. Der Bauer, bei dem wir hausten, bezog von den Sojafabriken ausgepreßte Sojabohnen, die in große Räder gepreßt und hart wie Stein waren. Sie wurden mit der Axt aufgehauen, stückweise in heißes Wasser gelegt und quollen auf zu einem Brei, den dann die Schweine bekamen. Davon ernährten auch wir uns. Die elementarsten Dinge fehlten: Kohlen, Holz, sogar Streichhölzer, um Feuer zu machen.

Am Ortsrand wurden neue Häuser für chinesische Armeeangehörige gebaut. Ich zog nachts mit einem kleinen Schlitten und einem großen Stemmeisen los, brach in die Häuser ein und holte die frisch verlegten Fußböden, die eingebauten Fenster oder Türen heraus, so viel auf meinen Schlitten paßte, und schlich damit nach Hause. Das war lebensgefährlich, es patrouillierten Wachen, die ohne Warnung schossen. Am nächsten Morgen traf ich dann manchmal chinesische Wachsoldaten, die fürchterlich auf die Mongolen schimpften, die schon wieder in die Neubauten eingebrochen seien. Ich zeigte volles Verständnis und Bedauern und fand die Mongolen ebenfalls unmöglich. Das erbeutete Holz brannte wunderbar, und wir hatten endlich Wärme und kochendes Wasser.

Nach dem Ende des Zweiten Weltkriegs 1945 fingen wir sofort an, uns um eine Genehmigung zur Ausreise aus China zu bemühen. Schon manche hatten versucht, über die Frontlinie zwischen den kommunistischen und nationalen Armeen zu fliehen. Sie verlief circa fünfzig Kilometer südlich von Harbin. Die Idee einer Flucht war deswegen so verlockend, weil man, einmal außerhalb des kommunistischen Machtbereichs, sofort von den Amerikanern bzw. den UNO-Behörden betreut und aus China herausgeholt worden wäre. Die Flucht über die Frontlinie gelang aber nur wenigen.

Alle unsere legalen Ausreisegesuche scheiterten am Magistrat der Stadt Harbin. Wir wurden immer vertröstet. Doch wir gaben nicht auf: Wir wollten versuchen, über die Äußere Mongolei, Tibet und den Himalaya an einen Punkt zu gelangen, von wo aus wir hätten weiterreisen können. Es war ein grotesker Plan, aber in unserer Verzweiflung erschien er uns realisierbar, vorausgesetzt, die Chinesen würden uns die Genehmigung dafür geben.

In Djalantun hatten wir erfahren, daß der Kommandeur des Nordabschnitts der rotchinesischen 8. Armee, General Guo, in Tsitsihar residierte. Ich wollte dorthin fahren, dem General unseren Plan vortragen und seine Genehmigung für unsere Ausreise einholen. Djalantun war eine kleine Stadt, die Leute kannten sich alle und natürlich kannte ich auch die Eisenbahner. So brauchte ich die für eine Zugfahrt damals obligatorische Sondergenehmigung nicht vorzuweisen. Eine Kontrolle unterwegs war unwahrscheinlich. Tsitsihar war nicht weit entfernt, und sollte doch an einem der Bahnhöfe kontrolliert werden, wollte ich von der Plattform des Zuges abspringen und erst kurz vor Weiterfahrt wieder auf den Zug klettern.

Ich kam in Tsitsihar an, einer mir völlig fremden, recht

großen und sehr lebhaften Stadt mit überwiegend chinesischer und mongolischer, aber auch russischer Bevölkerung. Ich hatte meine pseudomilitärische Uniform des Eisenbahnerclubs an, fragte mich zum Hauptquartier durch, mimte einen sowjetischen Beauftragten, der eine wichtige Nachricht zu überbringen hätte, und wurde so zu General Guo durchgelassen.

Der General war ein sehr großgewachsener Mann. Ich erzählte von unserem Schicksal, erklärte ihm unseren Plan und bat um die Ausreiseerlaubnis. Er war davon überzeugt, daß der Plan nicht durchführbar sei. Und natürlich hatte er recht: Was wir vorhatten, war hellster Wahnsinn. Wir wollten einen halben Kontinent ohne Straßen, ohne Infrastruktur, dafür aber voller wegloser Gebirge und noch dazu auf Pferdekarren durchqueren!

Nachdem ich ihm über die Schwierigkeiten, die wir Emigranten mit den Harbiner Behörden hatten, berichtet hatte, zeigte der General Verständnis für unsere Situation. Er wollte uns helfen und gab mir ein Schreiben an den Magistrat von Harbin mit. Auf dem Umschlag war in roten Zeichen gedruckt: »Hauptquartier der 8. Armee, General Guo«.

Ich machte mich also auf den Weg nach Harbin. Auf dem Vorplatz des Bahnhofs von Tsitsihar war kaum ein Durchkommen. Alle, die reisen wollten, mußten durch eine Kette chinesischer Soldaten, die die Genehmigungen für die Zugfahrt kontrollierten. Wieder wandte ich meinen Trick an, schob die Chinesen zur Seite, machte ein sehr ernstes, autoritäres Gesicht und kam zum Posten: »Wohin?« »Ich fahre mit dem Zug nach Harbin.« Dann zog ich den Umschlag nur ein klein wenig aus der Tasche, so, daß man gerade den Absender sehen konnte. Der Soldat erstarrte vor Respekt und ließ mich passieren.

Ich wartete mit anderen Reisenden, vor allem chinesischen Offizieren, auf den Zug. Er fuhr ein, ich setzte mich in ein

Abteil, mir gegenüber nahm ein Offizier Platz. Er fragte mich, wohin ich in Harbin wolle. Ich tat sehr geheimnisvoll und raunte etwas von einer wichtigen Mission und er als Offizier wüßte schon, daß man über gewisse Dinge nicht redet. Er hatte vollstes Verständnis für mein Schweigen. Später zog er aus seiner Tasche etwas zu essen und bot auch mir, wie es chinesische Höflichkeit gebietet, davon an. Nachdem ich mich gebührlich geziert hatte, nahm ich dankend an. Dabei knurrte mein Magen so laut, daß ich fürchtete, der nette Mensch könnte es gehört haben.

Dann kamen die Militärkontrollen. Innerlich zitterte ich, saß aber ganz lässig da und sagte, daß ich in einer wichtigen Mission nach Harbin fahren würde, und zeigte wieder ein Stückchen meines Umschlags. Diesmal wollte der Soldat aber Genaueres wissen. Da kam mir mein Freund von gegenüber zur Hilfe und verbat sich weitere Belästigungen. Das gipfelte darin, daß er bei den nächsten Kontrollen seinen Militärausweis vorzeigte und den Posten etwas zuflüsterte, worauf diese ehrerbietig in meine Richtung salutierten und sich unter Verbeugungen zurückzogen. Ich brauchte gar nichts mehr zu sagen. Ich hatte großes Glück, denn hätten sie mich erwischt, wäre ich wahrscheinlich als Spion oder Konterrevolutionär oder beides ins Gefängnis gekommen.

In Harbin angekommen, rief ich sofort die Emigranten zusammen und erzählte ihnen vom Schreiben des General Guo. Ich war fest davon überzeugt, daß die Harbiner Administration aufgrund dieses Briefes endlich reagieren und uns ausreisen lassen würde. Wir dachten, daß wir nun einfach durch die Linien der kriegführenden Parteien gelangen könnten.

Am nächsten Tag marschierte ich mit einer Delegation stolz und siegesbewußt zum Magistrat. Ich übergab den Brief General Guos. Die Reaktion der Beamten war ganz anders, als ich erwartet hatte. Sie sagten wie üblich: »Gehen Sie ruhig nach Hause, Sie hören später von uns.« Wir sahen uns erstaunt an und bestanden auf einer sofortigen Antwort, aber sie lehnten ab. Wahrscheinlich enthielt der Brief nur Belanglosigkeiten. Und wie schon in der Vergangenheit hörten wir nichts mehr von ihnen. Ich hatte darauf geachtet, wenigstens den Umschlag des Briefes zurückzubekommen. Wie sollte ich ohne diese Legitimation nach Djalantun zurückfahren? Ohne große Zwischenfälle kam ich zu Hause an.

Die Emigranten, die in Shanghai und in anderen Teilen Chinas lebten, waren frei. Die Amerikaner kümmerten sich um sie, und sie durften überall hin, auch nach Amerika, ausreisen.

Wir aber waren um eine Enttäuschung reicher.

Fasane, Baldrian & Steine

In Djalantun lebten Russen, die sehr schöne Häuser hatten. Sie alle arbeiteten bei der Eisenbahn, u.a. als Ingenieure. Es ging ihnen gut, sie verdienten relativ viel, konnten sich genügend Personal leisten. Mich fragten sie einmal, ob ich Klaviere stimmen könne. Ich bejahte sofort und bat, einen Klavierschlüssel zu besorgen. Noch nie in meinem Leben hatte ich ein Klavier gestimmt. Als der Schlüssel da war, machte ich mich an die Arbeit. Das Klavier war sehr alt und fürchterlich verstimmt. Vor allem die Wirbel hielten nicht. Ich schnitt mir zunächst ein Stückchen Holz zurecht und klemmte es mit einem Hämmerchen zwischen die Wirbel, so wie ich es bei Klavierstimmern gesehen hatte. Wenn ich erst einmal den Kammerton hätte, so glaubte ich, dann wäre das kein Problem mehr, dann würde ich in Oktaven nach oben und nach unten in Halbtonweise gehen, und dann müßte alles stimmen. Jeder, der sich ein bißchen auskennt, wird jetzt die

Hände über dem Kopf zusammenschlagen. Denn diese Methode ist der Weg ins absolute Chaos.

Die Besitzer waren währenddessen sehr nett zu mir. Sie wußten zwar, daß ich kein gelernter Klavierstimmer war, vertrauten aber darauf, daß ich als Musiker Ahnung von so etwas hätte.

Natürlich hatte ich kein Interesse daran, schnell mit meiner Arbeit fertig zu werden. Ich genoß die Wärme in den Häusern, bekam endlich einmal ausreichend zu essen und zu trinken. Von Anfang an hatte ich erklärt, daß das Klavierstimmen eine langwierige Angelegenheit sei. Mehrere Tage war ich damit beschäftigt. Die Intonation wurde aber immer schrecklicher. Schließlich schob ich das Problem auf das Alter des Klaviers und auf das Klima.

Meine Arbeitgeber waren auf Grund meiner Erklärungen mit dem doch sehr mageren Ergebnis meiner Arbeit zufrieden, ich bekam meinen Lohn und überlegte auf dem Nachhauseweg, ob ich nicht eine Werkstatt als Klavierstimmer eröffnen sollte. Dazu fehlten aber sowohl das Geld für die Investitionen als auch die Nachfrage.

Ab und zu, besonders an russischen Feiertagen, wurden wir von Russen eingeladen, bei ihnen zu spielen. Vorher wurde gegessen. Auf dem Tisch waren die köstlichsten Sachen aufgestellt: Blini, roter und schwarzer Kaviar, Schmand, Fleisch, Fisch, Piroschki, Borschtsch usw., dazu gab es natürlich Wodka, Kognak und Wein.

Einmal hatten wir vor dem Spielen so viel in uns hineingeschlungen, daß uns furchtbar übel wurde. Ich konnte nicht nur nicht mehr Geige spielen, sondern mußte schnell aus dem Haus laufen, um die Konsequenzen dieses ungewohnten Schlemmens in freier Natur zu überwinden. Wir waren blamiert, aber unsere Gastgeber waren nicht nachtragend. Sie kannten unsere Lage.

Not macht erfinderisch – manchmal mit tragikomischen Folgen. In diesem Jahr 1946 gab es eine regelrechte Invasion von Rebhühnern und Fasanen. Unser Bauer schoß ab und zu einen Fasan vom Dach. Das brachte uns auf eine Idee: Es müßte doch viel Geld bringen, wenn man in Harbin Fasane anbieten würde. Wir ließen uns also Fasane schießen, von Jägern, hauptsächlich Chinesen, die wir vorher beauftragt hatten. Nach unserer Rückkehr aus Harbin wollten wir sie bezahlen. Es dauerte dann eine Weile, bis wir einen Zug bekamen, der meinen Vater und mich mit den Fasanen nach Harbin brachte. Wir mußten allerdings mit unseren Säcken auf der Plattform bleiben. Unterwegs blieb der Zug in der einen oder anderen Stadt mehrere Stunden stehen. Die Fahrt von circa 500 Kilometern dauerte unendlich lange; wir froren in dem Fahrtwind und konnten uns nur abwechselnd im Abteil aufwärmen.

Endlich erreichten wir Harbin und suchten mit unseren Schätzen sofort gutbetuchte Leute auf, die sicher gerne Fasane kaufen würden. Wir öffneten stolz den ersten Sack und – es entwich ihm ein fürchterlicher Gestank! Was war passiert? Wir hatten die Fasane weder gerupft noch ausgenommen! Sie waren inzwischen verdorben, und unsere Hoffnungen auf ein gutes Geschäft waren dahin. Ich mußte Geld von Bekannten borgen, damit mein Vater und ich zurück nach Djalantun fahren konnten. Es war eine traurige Fahrt. Wir hatten weder Weidmanns- noch Geschäftssinn bewiesen. Die richtigen Jäger warteten schon auf uns und die Bezahlung. Wir mußten einige der Habseligkeiten verkaufen, die uns noch geblieben waren, um sie auszahlen zu können.

Noch in Harbin hatten wir überlegt, was wir jetzt, nach diesem Desaster unternehmen könnten. Irgend jemand sagte uns: »Dort bei Ihnen in der Gegend wächst Baldrian. Wenn Sie das herbeischaffen könnten, nimmt Ihnen das jeder Apotheker ab. Das ist gar kein Problem. Sie müssen nur die Wurzeln sammeln.« Wir mußten erst nachforschen, wie Baldrian überhaupt aussieht, und fanden auch heraus, daß man die

Wurzeln erst aus der Erde holen durfte, wenn die Pflanze verblüht war, also im Hochsommer. Die Idee schien großartig, und bald gingen wir mit unseren Spaten in die Berge. Es stellte sich aber schnell heraus, daß die Sache gar nicht so einfach, sondern ziemlich mühselig war. Und es ergab sich ein weiteres Problem: Wir konnten den Baldrian, wenn er abgeblüht war, nicht von anderen Pflanzen unterscheiden. Wir waren also wieder auf die Hilfe der Chinesen angewiesen.

Nun hatten wir in einem benachbarten Dorf namens Barim einen guten Bekannten, einen deutschen Ingenieur, der als Kriegsgefangener nach dem Ersten Weltkrieg in Rußland geblieben war, dort eine Russin geheiratet hatte und während der Revolution mit vielen anderen in die Mongolei geflüchtet war. Dieser Ingenieur wollte uns helfen und natürlich auch an dem Geschäft teilhaben. Zusammen engagierten wir nun fast das ganze Dorf, so um die hundert Männer, Frauen und Kinder, die für uns nach Baldrian graben sollten. Wir hatten einen Kilopreis ausgemacht, der uns sehr günstig schien, den Chinesen offenbar auch, denn sie gingen mit großem Eifer an die Arbeit. Es war sehr heiß. Unser Bekannter hatte unter dem schattigen Vordach seines Häuschens einen Tisch aufgebaut, auf dem eine Waage und unsere »Baldrian-Kasse« stand, aus der wir die Chinesen bezahlten. Später, als das Geld nicht mehr reichte, gaben wir Schuldscheine aus, die wir nach erfolgreichem Verkauf einlösen wollten. Für die Chinesen waren wir Großunternehmer – und auch wir sahen uns schon als reiche Leute.

Als wir mehrere Säcke voll hatten, das waren schon einige Zentner, ließen wir sie von den Chinesen an die Bahn bringen und standen bald wieder mit unseren Säcken auf der Plattform eines Zuges. In Harbin angekommen, blieb mein Vater mit unseren Säcken auf dem Bahnhof. Ich ging zum erstbesten Apotheker und erklärte, daß ich Baldrian liefern könnte.

Er fragte: »Wieviel haben Sie denn?« »Sackweise.« »Wunderbar, ich nehme Ihnen alles ab, Sie brauchen nicht weiterzugehen.« Er ging mit mir dann auch sofort zum Bahnhof.

Voller Stolz öffneten wir unsere Säcke, er aber rief entsetzt: »Sagen Sie mal, sind Sie noch ganz bei Trost?« »Wieso, riechen Sie doch mal, bester Baldrian.« »Ja sicher, aber kein Mensch kauft frischen Baldrian, doch nur getrockneten.« »Aber das hat uns niemand gesagt.« »Ja, meine Güte, warum denn auch, das weiß doch jedes Kind. Wissen Sie denn nicht, wie man Baldrian trocknen muß? Da muß jede Wurzel einzeln aufgehängt werden, sonst faulen sie alle miteinander.« Und tatsächlich war schon fast alles verfault.

Bekannte stellten uns netterweise einen Dachboden zur Verfügung, wo wir unseren Baldrian auf dem Boden ausbreiteten. Aber auch das war falsch, denn eigentlich mußten die Wurzeln an Schnüren aufgehängt werden. Wenn man aber dafür keine Möglichkeit hat und sie auf den Boden legt, so muß man sie täglich umdrehen, und zwar wochenlang! Mit anderen Worten, wir erfuhren, daß es Monate dauern würde, bis die Wurzeln getrocknet wären. So lange konnten wir natürlich nicht warten. Und außerdem erfuhren wir, daß dann ein Sack getrockneter Wurzeln vielleicht gerade noch ein Kilo wiegen würde!

Unsere grandiose Kalkulation war damit geplatzt, und wir verstanden jetzt, warum die Chinesen in Barim so freudig auf unseren Preis eingegangen waren. Wir waren nämlich nicht die ersten, für die sie nach Baldrian gegraben hatten. Nur verlangten die Abnehmer natürlich, daß er ihnen getrocknet geliefert würde, wobei der Preis für die getrocknete Ware noch geringer war, als der, den wir Einfaltspinsel für die nassen Wurzeln gezahlt hatten!

Irgend jemand nahm uns die halbverrotteten Baldrianwurzeln für Pfennige ab. Das reichte nicht einmal für die Rückfahrt. Unser Bekannter, ebenso ruiniert wie wir, traute sich gar nicht erst nach Hause und fuhr mit uns nach Djalantun. Er fürchtete sich vor der Reaktion der Chinesen, die ja auf die Einlösung der Schuldscheine warteten. Wir mußten uns von so ziemlich den letzten Habseligkeiten trennen, diesmal in Form einer Versteigerung. Wir bauten Gläser, Haushaltsgeräte, Teebüchsen und Besteck auf einem Tisch auf, verkauften sie an die Meistbietenden und konnten so mit Ach und Krach unsere Schulden bezahlen. Meinen Eltern ging besonders der Verlust ihres Bestecks nahe: Es war den weiten Weg von Berlin bis nach China mitgereist und bedeutete für sie einen Rest von Kultur, der nun auch noch verschwand. Nur wenige Löffel behielten sie, die ich bis heute hüte.

Mein Vater war nervlich am Ende, meine Mutter weinte nur noch. Ich konnte das nicht mehr ertragen und sagte ihnen, daß ich sofort nach Harbin fahren und dort auf irgendeine Weise Geld verdienen wolle.

Bevor sie mich daran hindern konnten, war ich weg. Ich fühlte mich schuldig, weil ich meine Eltern nach Djalantun ins absolute Elend gebracht und damit aus dem vergleichsweise noch gerade erträglichen Leben in Harbin herausgerissen hatte.

In Harbin geriet ich nun in ziemlich zweifelhafte Gesellschaft. Ich reihte mich ein in eine Gruppe von Leuten, die »Luftgeschäfte« machten, verkrachte Existenzen, vor allem Russen, aber auch Griechen, Armenier, Tartaren, die sich mit windigen Geschäften über Wasser zu halten versuchten. Diese Geschäfte bestanden darin, daß man auf der Hauptstraße, der Kitaiskaja, herumstand und versuchte, irgendwelche Ware zu vermitteln.

Dies spielte sich hauptsächlich vor dem Hotel Modern ab. Es war ein schönes großes Hotel im Jugendstil, unten mit zwei Restaurants und einem großen Mehrzwecksaal, in dem sowohl Kinovorstellungen als auch Konzerte stattfanden, an denen ich früher im Orchester mitgewirkt hatte. Man war schon glücklich, wenn man sich im Vorraum ein bißchen aufwärmen durfte. Die große Zeit des Hotels war in den zwanziger und Anfang der dreißiger Jahre. Jetzt war die Atmosphäre in diesem Hotel leicht morbide. Hotelgäste gab es zu diesem Zeitpunkt, mitten im Bürgerkrieg, natürlich nur noch wenige, aber die Kellner und vor allem der Hoteldirektor Pevsner versuchten, zumindest äußerlich den Eindruck eines besseren Etablissements aufrechtzuerhalten. Oft stand er würdevoll, die Hände über seinem stattlichen Bauch gefaltet, vor der Eingangstür und ermahnte mich, den er noch als kleinen Jungen und dann hoffnungsvollen jungen Musiker kannte, doch endlich einen anständigen Umgang zu suchen. Das war leichter gesagt als getan, denn wie sollte ich zu Geld kommen? Damals versuchte jeder, etwas zu ergattern, irgendein Geschäft zu machen. Einmal zum Beispiel hieß es, auf dem Bahnhof sei ein ganzer Waggon mit bestem »Monsanto«-Saccharin angekommen, ein Wertbegriff. Bis es zu mir durchgedrungen war, waren allerdings schon etliche Leute beteiligt. Dann wurde ich gefragt: »Hast du schon jemanden für dieses Geschäft?« Ich bin mit dieser sensationellen Information zum nächsten gegangen. Zum Schluß waren ungefähr siebzig Personen an diesem Handel beteiligt – aber es gab weder die Ware noch einen Käufer! Alles Luftgeschäfte!

Die Gesellschaft, in die ich geraten war, war zwar nicht kriminell, aber doch sehr heruntergekommen. Wir hatten eben alle Hunger! Die Situation war wohl vergleichbar mit der Lage in Berlin gleich nach dem Krieg 1945.

Ich fand Unterkunft bei einigen jungen Leuten, die in einer billigen Absteige wohnten. Eine von ihnen war eine großartige Pianistin, die nach einer gescheiterten Ehe mit einem bekannten Arzt vollkommen mittellos war. Sie war wahrscheinlich das größte musikalische Talent, das wir in Harbin hatten. Nun war auch sie am Boden. Unsere Wohngemeinschaft hatte etwas Bohemienhaftes an sich. Gegessen wurde, wenn man was hatte, aber man hatte eben nicht immer. Bezahlen sollte ich mein Zimmer, wenn ich mal was verdient hätte. Auf faszinierende Weise war das alles sehr zwielichtig. Und doch gab es auch lustige, ja ausgelassene Stunden. Man war halt jung, und für mich wäre alles wohl nicht so schlimm gewesen, wenn ich nicht die Verpflichtung gehabt hätte, so schnell wie möglich die Not meiner Eltern zu lindern und schleunigst zurückzufahren.

Eines Tages, ich stand wieder vor dem Hotel, zog durch die Straßen ein Troß mit Pferdewagen. Es waren Bauern aus der Provinz. Ich hielt sie an und fragte, was sie zu verkaufen hätten. Sie sagten: »Kohle.« Ich fragte, ob es denn gute Kohle sei. Sie sagten, daß es erste Qualität sei, nämlich die berühmte Fuschunkohle. Ich fragte sie nach dem Preis, er war erstaunlich niedrig. Ich sah endlich meine große Chance gekommen. Gute Kohle wurde von jedem gern und jederzeit genommen. Kurz vorher hatte ein mir bekannter Arzt gesagt, wenn ich mal was von Kohle hören würde, nähme er sie jederzeit ab.

Ich fuhr also geradewegs mit meinen Bauern zu ihm. Ich ließ sie an der Ecke warten und ging erst einmal alleine zu Dr. Jarugski-Eruga. Obwohl ich den Preis ganz gehörig erhöhte, war er für ihn noch immer recht günstig, und er akzeptierte ihn sofort. Ich sollte dann mit der Ladung auf den Hof kommen, und wenn die Kohle so gut sei, wie ich gesagt habe, so wäre alles in Ordnung. Sein chinesischer Haushälter machte Stichproben in jedem Sack, befand alles für gut und ließ die Kohle in den Keller schütten. Dr. Jarugski-Eruga holte Geld aus dem Schrank, einen großen Packen, es ging in die Millionen Yuan, denn es herrschte Inflation. Ich hatte noch nie so viel Geld auf einem Haufen gesehen, glaubte mich aller meiner Sorgen enthoben und sah schon, wie ich im Triumph nach Hause käme und meine armen Eltern erlösen würde.

Ich nahm das Geld in Empfang, zahlte die Chinesen, die an der Ecke warteten, aus und zog dann mit meinem Profit frohlockend zurück zum Hotel. Dort lud ich meine »Kollegen« erst einmal zu meinem Lieblingsessen ein: Piroschki mit Fleischfüllung, dazu gab es natürlich Wodka. Alle waren begeistert: »Stern ist zu Geld gekommen.« Ich ging dann in meine Absteige, feierte dort mit meinen Leuten weiter, konnte alle meine Schulden und auch mein Zimmer bezahlen und hatte immer noch viel Geld übrig.

Am nächsten Tag wollte ich nach Djalantun zurückfahren und ging noch einmal zum Hotel »Modern«, um mich von meinen Freunden zu verabschieden. Dort angekommen, sagte jemand zu mir: »Sieh dich vor, du kriegst Ärger!« »Wieso?« fragte ich. »Es wird hier nichts Gutes über dich geredet. Du sollst jemanden betrogen haben.« »Ich? Jemanden betrogen?« »Ja, Dr. Jarugski-Eruga ist wütend auf dich, er sucht dich überall. Er sagt, Du hättest ihn betrogen.« Und dann stellte sich heraus, daß diese Halunken uns alle, mich, seinen Boy und ihn aufs Kreuz gelegt hatten.

Sie hatten in den Säcken nichts als Steine, nur obenauf hatten sie eine kleine Schicht dieser wunderbaren Kohle gepackt! Ich hatte ja überhaupt keine Erfahrung mit solchen Schlitzohren, daß aber sogar der Boy des Arztes auf den Schwindel hereingefallen war, erstaunte mich. Schlimm war auch, daß der ganze Kohlenkeller jetzt voller Steine war und es natürlich sehr viel Mühe bereitete, sie wieder hinauszubefördern.

Schweren Herzens ging ich zum Doktor und versuchte, ihm alles zu erklären. Er aber war tief gekränkt, nicht nur wegen des Geldes, sondern weil er, wie er meinte, von einem Freund betrogen worden sei. Ich gab ihm zurück, was ich von dem Geld noch übrig hatte. Aber mein Ruf blieb für lange Zeit ruiniert.

Der Traum, mir und meinen Eltern ein vernünftiges Leben bieten zu können, war ausgeträumt. Ich war ein halbes Jahr weggewesen, hatte überhaupt nichts von mir hören lassen und mich in Harbin auch niemals bei meinem Geigenlehrer gemeldet, der nur wenige Schritte vom Hotel Modern entfernt wohnte. Ich hatte keine Minute Geige oder Klavier geübt in dieser Zeit. Zu meinen Mitemigranten hatte ich ebenfalls nur noch wenig Kontakt, denn auch unter ihnen verbreitete sich die Nachricht, daß ich in schlechte Gesellschaft geraten sei.

Nur mit zwei der Emigrantenfamilien, Familie Markowski und Familie Goldschmidt, stand ich auf besserem Fuß. Allerdings wollten auch sie mir nicht so recht glauben, und alle meine Erklärungen halfen nicht. Sie sagten mir, ich solle endlich wieder zu meinen Eltern fahren und sie nach Harbin zurückholen. Wir könnten vorübergehend bei ihnen wohnen. Niedergeschlagen fuhr ich nach Hause. Meine Eltern machten mir keine Vorwürfe. Ich versuchte, ihnen zu erklären, was geschehen war. Wir wollten die schreckliche Zeit in Djalantun beenden, beschlossen, nach Harbin zurückzukehren, und lösten die kümmerlichen Reste unseres Haushalts auf.

In Harbin kamen wir, wie versprochen, zunächst bei der Familie Markowski unter. Wir suchten aber sofort eine andere Bleibe und fanden ein Zimmer bei einer russischen Dame. Es war unser letztes Domizil vor der Ausreise: ein Zimmer ohne Küche, Toilette oder Bad. Die Vermieterin und ihr Sohn hatten ihre Räume vorne, es gab noch einen weiteren Untermieter. In der Wohnung war eine Abstellkammer, darin befand sich ein Eimer – das war unsere Toilette. In einer Ecke unseres Zimmers stand ein kleines japanisches Öfchen. Mein Feldbett wurde immer erst für die Nacht aufgestellt, sonst hätten wir gar keinen Platz gehabt.

In dieser Zeit nahm ich meine Musikertätigkeit in den Nachtclubs und Restaurants wieder auf, zusammen mit Kurt Goldschmidt, der ein kleines Orchester zusammengestellt hatte. Er reagierte sehr streng, wenn einer von uns eine falsche

Note spielte, hatte aber Verbindungen und beschaffte uns die Jobs. So spielten wir auch wieder auf Hochzeiten. Meine Mutter bekam eine Stelle im Hotel Modern in einem Trio. Der Geiger dort hieß ebenfalls Stern, ein älterer Herr aus Wien. Cello spielte Meir Wizenberg, der später mit uns nach Israel fuhr. So gingen wir, nach katastrophalen Ausflügen in die Welt der Geschäfte und in die Halbwelt der Scheingeschäfte, wieder der Beschäftigung nach, die wir gelernt hatten: der Musik.

Unsere Vermieterin, Nadejda Petrowna, war eine herzensgute, auch sehr lebenslustige Frau um die Vierzig, die viel rauchte und gerne trank. Ihr Freund, ein russisch-jüdischer Geschäftsmann, besuchte sie regelmäßig und versorgte sie mit Geld. Ich war furchtbar eifersüchtig auf ihn, denn Nadejda Petrowna, oder Nadja, wie sie bald für mich hieß, wurde meine Geliebte, was unter den gegebenen Wohnverhältnissen allerdings zu manchen Komplikationen führte. Sie war aber sehr einfallsreich, und wenn ich erst morgens in unser Zimmer zurückkam, erklärte ich meinen Eltern, daß ich die ganze Nacht durchgearbeitet hätte, was ja nicht selten in den Nachtclubs vorkam. Dabei war ich bei Nadja im Nebenzimmer gewesen!

1949

Ausreise

Nach dem Überfall der Japaner auf Pearl Harbour am 8. Dezember 1941 und dem daraus resultierenden Krieg mit den Amerikanern gab es keine Bewegungsfreiheit mehr innerhalb Chinas. Von Harbin aus hatten wir seit 1939 immer wieder Anträge auf Einreise nach Amerika gestellt. Doch wir bekamen kein Visum, weil wir unter die Quote deutscher Einwanderer fielen, die natürlich überfüllt war, obwohl wir schon längst aus der deutschen Staatsbürgerschaft »entlassen« waren. China galt für uns immer nur als Provisorium, allein schon deshalb, weil es uns dort so schlecht ging. – Doch dieses Provisorium erhielt plötzlich etwas Endgültiges, als Amerika in den Krieg gegen Japan eintrat.

Nicht nur mein Vater und ich, alle Emigranten, die in Harbin lebten, hatten Pläne geschmiedet, um aus China herauszukommen – und immer wieder hatten sie sich zerschlagen. Wir hatten keine Hoffnung mehr. Nach allen vergeblichen Anläufen fühlten wir uns vergessen. Die Welt hatte offenbar anderes zu tun, als an ein paar Emigranten im Norden Chinas zu denken. Inzwischen war aber mit der Gründung des Staates Israel 1947 eine neue Situation entstanden. Die Sowjetunion hatte Israel sofort anerkannt, Golda Meir, die spätere Außenministerin und Ministerpräsidentin, war die erste Botschafterin in Moskau. Die einzige Chance, nun doch noch aus China auszureisen, lag für uns darin, mit der Botschaft Israels in Moskau Kontakt herzustellen. Das war aber alles andere als einfach, denn Postverbindungen gab es nicht.

Auch während der japanischen Besatzung gab es in Harbin eine sowjetische Militärmission, die aber bis 1945 von japanischen Soldaten hermetisch abgeriegelt wurde. Jeder, der die Militärmission besuchen wollte, wurde streng kontrolliert und fotografiert. 1945, nach der japanischen Kapitulation und der Besetzung der Mandschurei durch sowjetische Truppen, wurde diese Militärmission bis zur Übernahme der Macht durch die Chinesen quasi zur Regierungszentrale der Stadt.

Zunächst planten wir eine Einreise in die Sowjetunion, um von dort nach Deutschland zu kommen. Dies wurde uns von den sowjetischen Behörden – zum Glück, wie sich später herausstellte – verweigert. Dann aber, nach der Gründung Israels, versuchten wir, die israelische Botschaft in Moskau darüber zu informieren, daß es uns überhaupt gab, und sie um Hilfe zu bitten. Inzwischen hatten die Chinesen wieder die Regierungsgewalt, aber wir hofften auf Unterstützung der Sowjets, die uns tatsächlich unbürokratisch gewährt wurde. Über die Militärmission erhielt also die israelische Botschaft eine von uns erstellte Liste der Harbiner Emigranten, die aus Deutschland und Österreich geflohen waren und nach Israel auswandern wollten. Zu unserer Überraschung wurden wir nach relativ kurzer Zeit in die Militärmission bestellt, wo uns zwar noch keine israelischen Pässe, aber vorläufige Bescheinigungen über unsere israelische Staatsbürgerschaft ausgehändigt wurden. Damit waren wir nach der Ausbürgerung durch die Nazis endlich wieder Staatsbürger, wir gehörten wieder wohin, was für eine Ausreise natürlich eminent wichtig war.

Die israelische Botschaft hatte uns mitgeteilt, daß unserer Einreise nach Israel von ihrer Seite nichts entgegenstünde, wir uns aber selber bei den chinesischen Behörden um die Ausreiseerlaubnis und um Transportmöglichkeiten kümmern müßten. Wir starteten also unseren letzten Versuch.

Es war im Frühjahr 1949. Ich war 21 Jahre alt, arbeitete mit einem russischen Ballettensemble, korrepetierte bei den Proben am Klavier. Bei den Aufführungen führte ich das kleine

Familie Stern kurz vor der Ausreise, 1949

Orchester mit der Geige. Das Ensemble hieß »Avantgarde«, war aber keineswegs avantgardistisch; wir machten traditionelles Tanztheater, mit Folklore und Charaktertänzen. Wir wurden von einem chinesischen Impresario entdeckt, der für uns eine Tournee durch die gesamte Mandschurei organisierte. Bei dieser Gelegenheit sollte ich also etwas unternehmen, denn zum ersten Mal konnte auf diese Weise einer von uns aus dem Machtbereich unserer Provinzverwaltung herauskommen.

Wir kamen auf die Idee, eine Petition an Mao Tse Tung zu richten. Mein Vater diktierte den Text meiner Mutter auf deutsch, ich übersetzte ihn ins Russische, und vom Russischen wurde er dann von einem Übersetzer ins Chinesische übertragen. Aber wo und wie sollten wir die Petition übergeben? Versuchten wir es mit unseren Behörden in Harbin, würde sie, wie das immer mit unseren Eingaben und Bitten geschah, in den Schubladen verschwinden. Also war klar: Jetzt müssen wir zum Oberkommandierenden der 8. Armee vordringen, der den gesamten Norden befehligte. Nur der konnte uns helfen. Der Oberkommandierende der 8. Armee war der General Lu Xi.

Wir wußten, daß sich das Hauptquartier in Mukden (heute Shengyang) befand, der größten Stadt der drei Nordostprovinzen. Wir hatten die Petition an Mao Tse Tung persönlich gerichtet. Darin erklärten wir, daß wir ein kleines Häufchen Emigranten aus Nazideutschland seien, die sich als Gäste in China fühlten, die Gastfreundschaft der Chinesen dankbar genossen hätten, nun aber darum bäten, nach Israel ausreisen zu dürfen.

Für alles gab es damals Uniformen. Wir auf der Bühne hatten auch eine Uniform an, eine Mischung aus russischer Eisenbahner- und Militäruniform, die wir auch behielten, nachdem das russische Militär abgezogen war. Unsere Mützen entsprachen denen der sowjetischen Soldaten, mit rotem Stern natürlich.

Als wir nun in Mukden unser Gastspiel gaben, machte ich mich gleich auf die Suche nach dem Hauptquartier. Ich konnte ja nicht chinesisch lesen, aber ich fragte mich durch, und dann merkte ich schon an der Art der Bewachung, daß ich das Hauptquartier gefunden hatte. In meiner Pseudouniform traf ich auf die erste Wache.

Der Soldat hatte wohl vorher noch nie einen Ausländer gesehen. Er guckte mich an und fragte, was ich wolle. Ich sagte: »Na, das werd ich Dir doch nicht sagen, was ich will. Ich muß zum General.« Er war so verdattert, daß er mich durchließ, und so ging das immer weiter, von Posten zu Posten. Sie dachten bestimmt, ich sei ein sowjetischer Funktionär in wichtigem Auftrag. Diesen Trick hatte ich ja schon damals in Tsitsihar angewandt, und ich kannte die Psyche der Bauernjungs, auf die autoritäres Verhalten wie die Schlange auf ein Kaninchen wirkte.

Über drei, vier Wachen gelangte ich in die Vorhalle. Ein Offizier kam auf mich zu und fragte, was ich wolle. Ich käme aus Harbin und sei in einer wichtigen Mission hier. Ich könne ihm leider nicht sagen, in welcher, und müsse den General dringend persönlich sprechen. Ich wurde natürlich nicht vorgelassen, man sagte mir aber, ich solle am nächsten Tag wiederkommen. Ich ließ mir das auf einem Papier bestätigen, um beim nächsten Mal bei den Wachen schneller durchzukommen. So hatte ich also den Briefkopf des Hauptquartiers und etwas Schriftliches.

Am folgenden Tag war ich wieder dort, und siehe da, der General Lu Xi trat höchstpersönlich aus seinem Büro. Um ihn herum waren Ordonnanzen und Protokollanten, die alles mitschrieben. Wir sprachen miteinander Russisch, da mein Straßen-Chinesisch für solch ein wichtiges Gespräch nicht ausreichte. Ich trug also meine Angelegenheit vor, und er fragte ganz sachlich, wann wir gekommen und wie viele Leute wir seien, und dann sagte er mir, er werde alles weiterleiten, auch unsere Petition. Aber er mache mich darauf aufmerksam, daß an eine Ausreise erst dann zu denken sei, wenn ein Hafen von den Nationalchinesen befreit wäre. Denn noch waren Shanghai und Tientsin in der Hand der Nationalchinesen. Er fragte noch, wie wir zu reisen gedächten. Er könne jetzt nichts weiter sagen, als daß er mich benachrichtigen würde, sobald die Möglichkeit einer Ausreise gegeben sei. Damit war ich entlassen.

Als ich nach Harbin zurückkam, versammelten sich alle Emigranten, und ich erstattete Bericht. Da ließen sie die Köpfe wieder hängen. Denn solche Versprechungen waren noch nie eingehalten worden.

Eines Tages aber, Ende Juni, kam Nadejda Petrowna angelaufen und sagte: »Vorne steht ein Chinese, der will Hellmut sprechen.« Wir waren zufällig alle zu Hause. Der Chinese kam ins Zimmer und fragte nach Herrn Stern. Natürlich legte mein Vater immer Wert darauf, daß man mit ihm redete, aber da war ja sein Problem mit der Sprache. Der Chinese, ganz korrekter Beamter, holte einige Papiere aus seiner Tasche und sagte: »Wir möchten Ihnen mitteilen, daß Ihrer Ausreise keine Bedenken mehr entgegenstehen. Sie müssen sich aber selbst um die Durchführung kümmern. Wenn Sie uns einen geeigneten Ausreiseplan vorlegen, werden Sie die Erlaubnis bekommen. Sie müssen uns vollständige Listen über die Reisenden vorlegen. Wir werden die lokalen Behörden anweisen, Ihnen nichts in den Weg zu legen. Die Häfen sind befreit.«

Wir sind fast in Ohnmacht gefallen, unsere Nerven waren mittlerweile am Ende. Mein Vater fragte aufgeregt, was der Chinese genau gesagt hätte, und ich übersetzte genauso aufgeregt.

Hektisch überlegten wir, was nun zu tun sei. Es war Sommer. Auf der anderen Seite des Flusses Sungari, der durch Harbin fließt, befand sich ein großes Ausflugsgebiet mit kleinen Datschen und Lokalen. Man fuhr dahin zur Erholung, zum Schwimmen und Fischen. Es war die Zeit, wo alle »überm Fluß« waren, auch die Emigranten. Ich mietete sofort ein Boot, wurde hinübergerudert, rannte dann von einem Bekannten zum anderen und trommelte alle für den nächsten Tag zusammen.

Natürlich herrschte eine Riesenaufregung, denn jetzt tauchte zum ersten Mal konkret die Frage auf, wie wir überhaupt reisen sollten. Wir konnten nun mit Shanghai in Verbindung treten, mit der dort immer noch ansässigen United Refugee Organisation (URO). Jetzt flogen Telegramme hin und her. Sie telegrafierten, daß wir erst einmal nach Tientsin kommen müßten, von dort aus würden sie dann weiter für uns sorgen, aber bis dorthin müßten wir uns selber durchschlagen.

Die Stadtverwaltung, die unsere Ausreise bis dahin immer blockiert hatte, stellte uns einen Zug zur Verfügung, einen Sonderzug, der natürlich bezahlt werden mußte, und das kostete Abermillionen Yuan. Es wurde also gesammelt. Meine Familie hatte nichts beizusteuern, dafür aber die Ärzte unter den Emigranten, die jetzt ihre Praxen verkauften. Das Geld kam zusammen und wurde bei uns zu Hause auf den Tisch gelegt. Dieses Geld, viele kleine Scheine, die wir in Aktentaschen stopften, übergaben wir den chinesischen Behörden, und sie stellten uns dafür den Sonderzug zur Verfügung. Nachdem auch die Frage der Visa geklärt war, konnten wir endlich die Reise antreten. Die ganze Stadt war auf dem Bahnhof, denn wir waren die erste Gruppe, die in den »Westen« ausreisen durfte. Nun waren wir mit einem Mal die Privilegierten und wurden deshalb auch beneidet; vor allem von den russischen Juden, die auch herauswollten, aber noch nicht durften. Durch fiktive Heiraten konnten wir wenigstens noch einige Mädchen mit herausnehmen.

Wir erreichten Tientsin, das erst seit kurzem in kommunistischer Hand war. Man »roch« aber die Amerikaner noch. Die Auslagen waren voller amerikanischer Waren, Sachen, die wir überhaupt noch nicht kannten. Es war für uns der Inbegriff der großen, neuen Welt: Plastikgürtel, Coca Cola oder amerikanische Zigaretten. Das war die Freiheit.

Inzwischen war von der UNO ein umgebauter Truppentransporter der Victory-Klasse nach Tientsin geschickt worden. Unser Schiff – es hatte 10000 BRT – hieß »Wooster Victory«. Es durfte aber nicht in den Hafen einlaufen, denn vor dem chinesischen Festland blockierte die Nationalarmee, die mittlerweile nach Taiwan geflüchtet war, mit ihrer Flotte das Festland, um es auszuhungern. Sie ließen nicht einmal die Schiffe der UNO durch, geschweige denn Handelsschiffe. Wegen dieser Blockade lag unser Schiff also weit draußen auf hoher See.

Im Hafen an der Ablegestelle fand eine Kontrolle statt, die bis zur Leibesvisitation ging. Alles, was wir besaßen, mußten wir auf dem Steinboden ausbreiten. Soldaten stocherten mit ihren Bajonetten in unseren Sachen herum. Einer wurde erwischt: Er hatte unglaublich viel gehortet, Gold und Geld, das ihm alles abgenommen wurde. Es war einer unserer Emigranten aus Wien, der in Harbin als bettelarm galt, tatsächlich auch bettelte und von der Jüdischen Gemeinde unterstützt wurde. Nun war er wirklich arm.

Wir kamen auf eine einfache Barkasse, ohne jeden Aufbau, und mußten nach unten in den einzigen Raum. Es war sehr starker Seegang, und fast alle mußten sich übergeben. Die Fahrt dauerte acht Stunden, vorbei an den nationalchinesischen Kriegsschiffen. Spätabends sahen wir endlich die Lichter unseres Schiffes. Dann mußten wir über eine Falleiter an Deck klettern. Wir Jüngeren stiegen mehrmals hoch und runter, um den anderen zu helfen, es waren ja auch alte Menschen dabei. Uns allen war übel. Endlich oben an Bord, waren wir fix und fertig. Es gab nur zwei Schlafsäle, einen für Männer und einen für Frauen.

Wir Harbiner allein waren schon über hundert Personen, dann kamen noch einige aus Tientsin dazu, später auch noch die letzten Emigranten aus Shanghai. Sogar in Manila nahmen wir noch einige an Bord. Da wir nicht durch den Suezkanal

Überfahrt nach Israel auf der »Wooster Victory«, Dezember 1949

durften – Ägypten befand sich im Kriegszustand mit Israel, der Suezkanal war gesperrt für Schiffe, die nach Israel wollten –, mußten wir um Afrika herumfahren. Zwei Monate waren wir auf See und durften nicht ein einziges Mal an Land, weder in Manila noch in Kapstadt. Die Juden dort wußten genau Bescheid, wer auf dem Schiff war, sie hatten uns schon erwartet. Aber die Engländer ließen uns wieder einmal nicht an Land. Die jüdische Gemeinde dort durfte uns dann wenigstens Lebensmittel bringen, besonders Früchte, die sackweise aufs Schiff gehievt wurden. Allein der Geruch von Orangen, die wir seit Jahren nicht gesehen hatten, weckte Glücksgefühle in uns.

Die nächste Station nach vierzehn Tagen Fahrt um Afrika herum war Las Palmas. Und wieder durften wir nicht von

Bord. Dann gab es auch noch Ärger mit der italienischen Mannschaft. Es war Weihnachtszeit, die Mannschaft wollte nach Hause und nicht erst noch nach Israel fahren. Sie streikte und machte einen Aufstand an Bord.

Wir zwangen den Kapitän, ein Telegramm an die UNO in New York zu schicken, in dem wir einen Hungerstreik ankündigten für den Fall, daß wir nicht nach Israel gebracht würden. Es wurde dann entschieden, daß wir zuerst Neapel anlaufen, um dort die Crew auszuwechseln, und danach sollte es weiter nach Israel gehen.

Auch in Neapel durften wir nicht von Bord. Plötzlich, am frühen Morgen, hievte der Kran einige Koffer auf den Kai. Wir standen an der Reling und sahen, daß einige unserer Emigranten das Schiff verließen. Sie hatten sich heimlich vom Schiff aus per Telegramm die Einreiseerlaubnis nach Deutschland geben lassen. Diejenigen, die schon zu diesem Zeitpunkt nach Deutschland gingen, betrachteten wir fast als Verräter, deshalb hatten sie sich klammheimlich davongemacht. Für uns kam Deutschland nicht in Frage: Wir wollten nach Israel, beim Aufbau mithelfen, dort gehörten wir hin. Und außerdem, auch wenn es profan klingt: Wir sehnten uns nach Wärme – nach den langen, eisigen Wintern in China.

Wir bekamen eine neue Mannschaft und nach weiteren acht Tagen erreichten wir Haifa. Es war Silvester 1949 und der Geburtstag meiner Mutter. Elf Jahre waren vergangen, seit wir Deutschland verlassen und dann in Port Said darauf gewartet hatten, daß meine Schwestern uns nach Palästina holen würden. Elf harte Jahre, oder wie wir sagten: elf Jahre zuviel. Nun waren wir da.

Schon während der Schiffsreise hatten wir erfahren, daß meine Schwester Irma 1948 nach Amerika ausgewandert war. Von Tientsin aus hatten wir Telegramme geschickt, als wir wußten, wann das Schiff abfährt, und das Telegramm wurde an sie nach Amerika weitergeleitet. Noch während der Reise erreichte uns ein Brief meiner Schwester, daß sie nicht mehr in Israel sei. Das war für uns ziemlich deprimierend, denn wir hatten gedacht, daß sie auf uns warten und beim Anfang helfen würde. Jetzt hofften wir auf meine andere Schwester Edith. Lange vor der Ankunft waren wir im Morgengrauen an Deck gegangen, und es war ein unbeschreiblicher Augenblick, als die ersten Möwen kamen (»jüdische Möwen«, sagte jemand) und am Horizont ein Streifen Land zu sehen war. Viele brachen in Tränen aus, einige fingen an zu beten.

Natürlich drehten sich während der langen Reise alle Gespräche um das, was uns in Israel erwarten würde. Einige der Emigranten hatten dort Verwandte oder Freunde, auf deren Hilfe sie rechnen konnten, andere hatten niemand und waren entsprechend unsicher, was die Zukunft betraf. Die Aufregung unter den Passagieren steigerte sich, je mehr wir uns Haifa näherten, und sie explodierte fast, als wir endlich anlegten. Oben an der Reling standen schreiende und gestikulierende Menschen, unten am Kai empfing uns eine unübersehbare Menge von Leuten, die Namen riefen oder auf Verwandte oder Bekannte zeigten. Es war ein Stimmengewirr, das ich nie vergessen werde: Weinen, Lachen, Erlösung oder auch neues Leid, wenn nach Personen gefragt wurde, die inzwischen gestorben oder von den Nazis umgebracht worden waren. Die Geschichte vieler furchtbarer Jahre schien in diesen ersten Minuten unserer Ankunft komprimiert zu sein. Für meine Eltern und mich war es eine mehr als schmerzliche

Überraschung, daß auch meine Halbschwester Edith nicht erschienen war.

Nach etwa einer Stunde wurden wir ausgeschifft, durchliefen eine ziemlich unbürokratische Paßkontrolle und wurden von den Beamten in vorläufige Quartiere eingewiesen. Da kam aber doch noch jemand auf uns zugelaufen: Cilly, die Schwägerin meiner jetzt in den USA lebenden Schwester, die uns in ihrem Auftrag begrüßte, aber ansonsten nicht viel für uns tun konnte.

Wir wurden dann mit dem Bus nach Shaar Alijah (Tor der Einwanderung) gebracht, ein früheres Militärlager am Fuße des Karmel-Gebirges. Wir fuhren durch Tore, und die Tore schlossen sich hinter uns. Wir guckten uns um – wir waren hinter Stacheldraht!

Man führte uns in eine Blechhütte, die mit zehn, zwölf Personen belegt wurde; jeder erhielt ein Feldbett, eine dünne Decke, Blechteller, Blechnapf und Besteck, und man sagte uns, wo es etwas zu essen gäbe. Wir bekamen Weißkäse, Marmelade, Oliven und Brot. Und dann wurde ein Vortrag gehalten. Man erklärte uns, daß wir Verständnis für diese erste Unterkunft haben müßten, es kämen sehr viele Einwanderer, das Land sei in großer Not, politisch, wirtschaftlich, es fehle an allem. Die Flüchtlinge kämen aus den unterschiedlichsten Ländern, und deshalb sei eine Quarantäne notwendig. Diese sollte eine Woche dauern.

Die Jungen registrierte man sofort für den Militärdienst, nur diejenigen, die das einzige Kind waren, wurden zurückgestellt. Ich auch, denn mein Vater war siebzig Jahre alt; ich war der einzige Sohn und galt somit als Ernährer der Familie.

Wir wußten ja schon vorher, daß es schwer werden und wenig zu essen geben würde, aber wir trösteten uns mit einer Aussicht, der wir uns ganz sicher waren: Hier würden wir wenigstens nicht mehr frieren. Und dann, ausgerechnet in diesem Januar 1950, geschah es zum ersten Mal seit siebzig

Jahren, daß es in Haifa schneite! Wir froren schlimmer als in Harbin, denn hier war man überhaupt nicht auf Kälte eingerichtet, es gab keine Heizung, nur dünne Decken. Es schneite und regnete, der Boden im Lager war nur noch Matsch.

Es gab aber auch etwas Erfreuliches. Mit uns im Lager waren unsere Schicksalsgenossen aus Harbin, auch die Musiker. Goldschmidt hatte ein Akkordeon, Wizenberg ein Cello, meine Mutter spielte Klavier und ich Geige. Damit waren wir für musikalische Einsätze gerüstet.

Oben auf dem Berg Karmel befand sich ein Militärlager. Ein Offizier kam zu uns und fragte, ob wir für eine Tanzveranstaltung spielen könnten. Das war unser erstes Engagement in Israel. Wir zogen unsere besten Sachen an und fanden es allein schon großartig, einmal aus dem Lager herauszukommen. Von Israel hatten wir bis jetzt noch gar nichts gesehen. Zwei, drei Tage später wurden wir wieder engagiert. Sie hätten oben eine Veranstaltung, bei der eine bekannte Schauspielerin lesen würde, ob wir bereit wären, den musikalischen Rahmen zu geben? Natürlich waren wir das! Wieder holte uns ein Militärwagen ab, und wir fuhren nach oben. Wir packten die Instrumente aus, stimmten ein und warteten auf ein Zeichen, wann wir beginnen sollten. Dann erschien eine zierliche Dame – und meine Mutter, Goldschmidt und Wizenberg rissen die Augen auf. Meine Mutter sagte: »Das kann doch nicht wahr sein.« Die Dame setzt sich hin und sagte mit ihrem typischen Lispeln: »Ich lese Ihnen jetzt aus ›Fräulein Else‹«. Es war Elisabeth Bergner! 1950, in einem israelischen Militärlager, las sie aus Schnitzlers »Fräulein Else« – in deutscher Sprache!

Elisabeth Bergner war als Schauspielerin das Idol der Generation meiner Eltern. Meine Mutter hatte sie in Berlin erlebt, war entsprechend begeistert und aufgewühlt, Goldschmidt und Wizenberg ebenso. Das Verrückte war, daß ich die Begegnung mit der Bergner auch fast wie ein Wiedersehen empfand

– so oft hatten meine Eltern mir vom Berliner Kulturleben und auch von ihr erzählt, daß ihre Erinnerungen schon zum Bestandteil meines Lebens geworden waren. Die lange Emigration und die Begegnung mit anderen Emigranten hatten ja zur Folge, daß man in Gedanken an dem früheren Leben hing und es dabei natürlich auch verklärte. Manchmal kam es mir so vor, als ob die Vergangenheit das eigentliche Leben sei und die Gegenwart nur ein erzwungenes, ungewolltes und unangenehmes Zwischenspiel, eben ein »falsches« Leben. Dieses Phänomen habe ich bei vielen Emigranten beobachtet. Es hat auch mich geprägt und erklärt vielleicht die besondere Beziehung, die ich während der langen Zeit in China und danach zu Berlin entwickelte, obwohl ich die Stadt ja schon als Zehnjähriger verlassen mußte. Wir saßen also den ganzen Abend mit Frau Bergner zusammen, erzählten ihr von unseren Erlebnissen, und sie war schon sehr verwundert, daß ihre glühenden Verehrerinnen und Verehrer ausgerechnet aus China kamen.

Meine Schwester Edith lebte in Rishon le-Zion, einer der ersten städtischen Gründungen im Land. 1935 war sie von meinem Vater über die Jugend-Aliya nach Palästina geschickt worden. Sie heiratete einen Einwanderer aus Deutschland namens Erich Reichhardt.

Seit unserer Ankunft in Haifa hatten wir nichts von ihnen gehört, doch wir hatten ihre Adresse. Ich borgte mir ein Pfund oder eine israelische Lira, bat bei der Lagerleitung um Ausgang und bestieg einen Bus. Es war meine erste Reise in meiner neuen Heimat. Voller Neugier besah ich mir die vorbeiziehende Landschaft. Und was ich sah, war schön. Selbst jetzt, im Winter, war alles grün. Zwischen kleinen Ortschaften mit ihren weißen Häusern schimmerte immer wieder das blaue Meer durch. Es war so ganz anders als das rauhe Land, aus dem wir kamen und wo es jetzt besonders kalt war. Und vor allem: Es war unser, es war mein Land! Ich war erfüllt von Hoffnung und Glücksgefühl.

In Rishon stieg ich auf dem Hauptplatz aus und fragte nach dem Wohnhaus meiner Schwester. Rishon war damals noch ein Städtchen von nicht mehr als 10000 Einwohnern, heute leben in der Großstadt über hunderttausend Menschen. Ich fragte einen mir entgegenkommenden Mann – auf deutsch. Der antwortete, ebenfalls auf deutsch: »Zu den Reichhardts wollen Sie? Da kann ich Sie hinführen, Frau Reichhardt wäscht für mich.« Er begleitete mich, wir gingen bis zum Ortsrand, da zeigte er auf ein kümmerliches Häuschen und sagte: »Dort wohnen sie.« Vor dem Haus spielte ein kleiner Junge von circa dreizehn Jahren. Fasziniert sah ich ihn an, denn er hatte große Ähnlichkeit mit meinem Vater, besonders die Augenpartie. Er lächelte mich an. »Wer bist du?« fragte ich, und er antwortete: »Jakob«. »Weißt du denn, wer ich bin?« Er guckte mich an und sagte dann in gebrochenem Deutsch: »Ich kann mir schon denken, wer du bist, wahrscheinlich mein Onkel Hellmut.« Ich ging hinein. Das letzte Mal hatte ich meine Schwester gesehen, als ich sieben Jahre alt war. Sie begrüßte mich sehr freundlich, aber auch nicht sehr überrascht und sagte: »Na, da bist du ja. Woher kommst du denn jetzt?« »Aus dem Lager natürlich. Ich hab mir ein Pfund geborgt, um dich ausfindig zu machen, wir wußten ja gar nicht, ob es euch noch gibt.« »Ja, ja, es ist alles nicht so einfach. Das ist alles eine Geld- und eine Zeitfrage.« Ich mußte sofort an die Situation denken, als wir 1938 durch den Suezkanal fuhren auf dem Weg nach China und so sehr auf sie gewartet hatten. Ich sagte: »Na, mit dem Geld ist es ja nicht so schlimm. Ich hab es mir auch geborgt. Vater wartet darauf, dich endlich zu sehen. Er möchte, daß du mit mir zurückfährst.«

Abends kam Erich nach Hause. Ich war sehr gespannt auf meinen Schwager. Er war, wie meine Schwester, in jungen

Jahren nach Palästina gekommen, seine Eltern waren wohlhabend und hatten ein Kaufhaus in Michelstadt besessen, das in der Nazizeit »arisiert« wurde. Erich war ein äußerst introvertierter Mensch. Er sprach kaum drei oder vier zusammenhängende Sätze. Hebräisch beherrschte er so gut wie gar nicht. Die ganzen Jahre über hatte er es nicht weiter gebracht, als durch Kistenschleppen auf einer Zitrusfarm sein Geld zu verdienen. Ich war irritiert und fragte: »Sag mal Erich, jetzt seid ihr fast fünfzehn Jahre hier, erst im Kibbuz, und dann habt Ihr Euch selbständig gemacht. Ihr habt doch auch was gelernt, warum müßt ihr als Hilfsarbeiter arbeiten?« Er murmelte: »Ja, ja, es sieht von außen alles so leicht aus, aber ihr werdet schon sehen. Die Gewerkschaft, die Histradut, die ist hier sehr stark. Ihr werdet schon sehen, es ist alles nicht so einfach.« Das wiederholte er dann immer wieder. Tatsächlich war mein Schwager Erich einer der wenigen, die in Israel nicht der Histradut beigetreten waren. Ob er das aus Geiz tat, um die Beiträge nicht zahlen zu müssen, oder ob ihm das als Unternehmersohn nicht standesgemäß erschien, weiß ich nicht. Jedenfalls konnte er ohne Mitgliedschaft nur schwer eine qualifizierte Arbeit bekommen. Aber das schien ihm egal zu sein – er und meine Schwester wollten an ihrem doch sehr kümmerlichen Leben nichts ändern.

Immerhin hatte Erich ein Radio. Das Berühren dieses Geräts war ein absolutes Tabu für die Familie. Ich bekam das zu spüren, als ich – er war noch nicht da – ein bißchen Musik hören wollte. Es stand hoch oben auf dem Spind, damit das Kind nicht herankäme. Edith sagte: »Nein, das hat Erich nicht gern. Da darf niemand ran.« Als er dann kam, sagte ich: »Erich, ich würde gern mal Radio hören.« »Gleich, gleich.« Er ging langsam auf das Radio zu, massierte sich die Hände wie ein Arzt vor der Operation, schaltete ein, wartete, bis es warm wurde, und dann wurde der Sender sehr behutsam eingestellt. Es war wie eine heilige Handlung. Er besaß ja nur zwei Wertobjekte: sein Radio und sein Fahrrad. Letzteres war selbstverständlich ebenfalls unantastbar.

Am nächsten Tag fuhr meine Schwester mit mir zurück ins Lager. Nach der ersten Begrüßung überfiel mein Vater sie sofort mit Vorwürfen. Daß sie abermals keine Initiative gezeigt und keine Möglichkeit gefunden hätte, uns wenigstens am Hafen in Haifa zu empfangen. So wie damals bei unserer Reise nach China, als wir in Port Said auf sie und ihre Schwester vergeblich gewartet hatten. Und wenn ihr Bruder jetzt nicht nach Rishon gefahren wäre, dann wäre sie wohl nie gekommen. Schließlich mußte sie ja gewußt haben, daß wir angekommen sind, wir hatten ja geschrieben. Da hätte man sich vielleicht erkundigen können, wo wir sein könnten. Er war verbittert, aber ich glaube teilweise zu Unrecht. Zwar war es auch in meinen Augen fast schon ein Skandal, wie wenig sie sich um uns gekümmert hatte, aber mein Vater erwartete wohl von ihr noch mehr, nämlich eine stärkere Bindung der Tochter zu ihrem Vater. Aber woher sollte die kommen? In Berlin war sie bei ihrer Mutter aufgewachsen, ihr Kontakt zu uns beschränkte sich auf gelegentliche Besuche. Andererseits war es der Initiative meines Vaters zu danken, daß sie 1935 gegen den Willen ihrer Mutter nach Palästina ausreisen konnte und dadurch gerettet wurde. Ihre Mutter konnte mein Vater zu einer Ausreise nicht bewegen. Sie wurde von den Nazis ermordet.

Nun lebte meine Schwester aber seit vielen Jahren allein mit ihrer eigenen Familie in Israel. Wie hätten sich unter diesen Umständen kindliche Gefühle oder gar so etwas wie Liebe entwickeln können?

Jetzt bestand mein Vater darauf, mit ihr nach Rishon zu fahren, um Schwiegersohn und Enkel kennenzulernen. Er blieb eine Woche dort und war entsetzt über die ärmlichen Verhältnisse: Alles schien provisorisch, obwohl sie schon viele Jahre dort lebten. Nun aber fühlte sich mein Vater in seinem Element und als Patriarch gefordert. Als erstes bestand er darauf, daß meine Schwester zum Zahnarzt ging. Von Jugend an hatte sie zwei vorstehende Zähne, die ihr Aussehen ziemlich entstellten. Die sollten also endlich gerichtet werden. Am nächsten Tag erkundete er die Stadt. Es war seine Art, sich mit wildfremden Leuten zu unterhalten, wenn er etwas erfahren wollte. Und sicherlich genoß er es, daß er sich hier auch mit Fremden auf deutsch verständigen konnte – im Unterschied zu China, wo er wegen der Sprachprobleme doch ziemlich isoliert war. Er kam bei der Post vorbei, ging hinein, sagte »Guten Tag« und verwickelte irgendeinen Postbeamten in ein Gespräch. Dabei stellte sich heraus, daß die Post Leute brauchte. Meinem Vater kam sofort in den Sinn, daß das für seinen Schwiegersohn Erich auf jeden Fall besser wäre, als auf der Plantage zu arbeiten. Das Gespräch endete damit, daß die Postbeamten sagten, Erich solle sich doch mal bei ihnen vorstellen. Mein Vater lief also nach Hause und sagte zu ihm: »Mein Lieber, ich war heute bei der Post. Morgen gehst du hin und bewirbst dich dort.« Erich war sprachlos. Er haßte Veränderungen. Aber gegen meinen Vater kam er nicht an. Am nächsten Tag gingen sie gemeinsam los, und kurz danach war Erich Briefträger. Das blieb er dann bis an sein Lebensende.

Schließlich drängte mein Vater darauf, daß Edith sich um eine Entschädigungszahlung aus Deutschland kümmerte. Sie erhielt nach längerer Zeit circa 6000 DM, wovon sie sich eine kleine Wohnung kaufen und endlich aus ihrer ärmlichen Bleibe ausziehen konnten. A propos Entschädigungen: In Israel, später auch in den USA und in Berlin haben mir viele Bekannte davon erzählt, wie schwer es war, Entschädigungen für erlittenes Unrecht zu erhalten. Die bürokratischen Prozeduren waren kompliziert und dauerten oft mehrere Jahre, und was man dann als Entschädigung erhielt, war relativ wenig und wog die Verluste oder Benachteiligungen keineswegs auf. Und mit steigender Verbitterung hörte ich dann, wieviel leichter es für manche Vertriebene aus dem Osten war (auch für die, die vorher oft die Nazis unterstützt hatten oder gar selber welche waren), für verlorenes Land oder verlorene Häuser einen saftigen »Lastenausgleich« zu erhalten.

Jakob, der Sohn meiner Schwester, wuchs zu einem kräftigen, gutaussehenden Burschen heran. Er sieht ein bißchen aus wie Anthony Quinn. Er heiratete eine sehr hübsche Frau persischer Herkunft; sie haben drei Töchter. Von Beruf ist Jakob Elektriker mit einem eigenen kleinen Laden in Rishon. Im Sechs-Tage-Krieg 1967 war er darauf spezialisiert, erbeutete Panzer sowjetischer Bauart noch während des Gefechts zu reparieren und für den sofortigen Einsatz auf israelischer Seite klarzumachen. Man muß sich die Überraschung und das Entsetzen der Araber vorstellen, als sie ihre eben noch eigenen Panzer auf sich zukommen sahen! Die Fähigkeit der Israelis, schnell und präzise auf technische Probleme zu reagieren, war eine der Voraussetzungen für ihre militärischen Erfolge. Es war aber auch ihre einzige Überlebenschance. Die Araber konnten sich eine militärische Niederlage nach der anderen leisten, die Israelis hingegen nicht eine einzige! Der Staat Israel hätte sofort aufgehört zu existieren.

Die Musikantenbörse

Meir Wizenberg, der Cellist, und ich hatten genug vom Quarantänelager. Wir wollten arbeiten. Wir hatten eine Lücke im Stacheldraht entdeckt, die wir noch ein bißchen bearbeiteten, borgten uns etwas Geld und setzten uns in den nächsten Bus nach Haifa. Dort, das wußten wir schon, gab es eine Musikantenbörse – im Café Nordau. Als wir dieses Café betraten, hatten wir den Eindruck, in einen Club amerikanischer Filmschauspieler geraten zu sein. Alle waren flott angezogen, in eleganten Anzügen oder in lässig-sportlichen Hemden. Für sie war dieser Aufzug völlig normal, uns – nach den langen Jahren in China, vollkommen isoliert von westlicher Lebensart und Mode – erschien er fast mondän. Nachdem wir uns an einem kleinen Tisch plaziert und vorsichtig umgesehen hatten, konnten wir die ersten Kontakte knüpfen, auf Deutsch natürlich. Ich konnte zwar Russisch und Chinesisch und Japanisch, aber weder Englisch noch Hebräisch. Es gab viele, die deutsch sprachen. Sie fragten, woher wir kämen, unsere Antwort bot jedoch nichts Sensationelles. Sie waren es gewohnt, daß die Leute von überall herkamen.

Und dann erhielten wir unser erstes Engagement: Wir sollten bei einer Hochzeit spielen. Nur, wir hatten ein Problem: Wir kannten die Stücke nicht, die verlangt wurden. Wir spielten dann eben die alten Kamellen: Gräfin Mariza, Csardasfürstin, Lustige Witwe und natürlich Wiener, Berliner und französische Potpourris. So machten wir beim Publikum, das eher die modernere Tanz- oder Filmmusik hören wollte, keinen besonders guten Eindruck.

Nach der Quarantäne, sie dauerte etwa zehn Tage, wurden wir weiter befördert in ein altes Militär- und Gefangenenlager der Engländer, aber weiter außerhalb von Haifa. Es hieß Atlith. Dort bekamen wir eine sehr große Baracke zugewiesen, und weil sie so schön groß war, konnten auch viele Leute darin untergebracht werden. Diesmal hatten wir also das zweifelhafte Vergnügen, mit vierzig Personen zusammenzuwohnen.

Natürlich entsprach das nicht unseren Interessen und übrigens auch nicht der Politik des Staates Israel, der Einwanderer möglichst schnell integrieren wollte. Aus diesem Grund wurden damals zahlreiche Sozialwohnungen gebaut, sogenannte Shikunim, die als Eigentumswohnungen konzipiert waren und die man Monat für Monat in kleinen Raten abzahlen konnte. Diese Shikunim lagen aber oft ziemlich weit außerhalb der Städte oder in der Nähe von Kibbuzim. Außerdem waren wir für die Zuteilung eines Shikuns noch lange nicht an der Reihe. Da wir aber wegen unserer musikalischen Tätigkeit auf die Nähe einer Stadt angewiesen waren, war dies ohnehin keine Lösung für uns. Und eine Wohnung zu mieten war fast unmöglich. Die wenigen Wohnungen, die es gab, waren nur gegen hohen Abstand zu bekommen. Also mußten wir zunächst mit dem Lager vorliebnehmen.

Eines Tages, wir saßen wieder im Musiker-Café Nordau, kam ein Herr Mandelbaum an unseren Tisch: »Ich hätte einen sehr guten Job für Sie als Pianist in Jerusalem. Sie müssen mir aber erst etwas vorspielen.« Ich war einverstanden. Zuerst sollte ich »Rhapsody in Blue« spielen. Ich kannte das Stück gar nicht. »Na gut, dann spielen Sie was anderes von Gershwin.« Darauf ich: »Tut mir leid, den kenne ich nicht.« Er war entsetzt. »Was mache ich nur mit Ihnen?« Ich gab dann meine alten Titel zum besten, Gräfin Mariza usw. Er fragte, ob ich auch begleiten könne. »Ja, das kann ich gut.«

Wir fuhren also nach Jerusalem. Es ging dort um ein Engagement im King-David-Hotel, also der besten Adresse in Israel. Mandelbaum sagte mir, er werde mit dem Geschäftsführer verhandeln – das Hotel gehörte zu einer Schweizer Hotelkette –, er könne mich aber nicht mitnehmen, so wie ich angezogen sei. Er brachte mich in der Zwischenzeit ins Café Tifereth, wo ein Trio spielte, Kollegen, die er gut kannte. Er stellte mich dort den Musikern vor. Nach den Verhandlungen im King David wolle er zurückkommen, ich solle solange warten.

Das Caféhaus lag im Zentrum der Stadt. Es war sehr groß, vielleicht dreißig, vierzig Tische im Innenraum und ebenso viele im Hof. In der Mitte stand ein Podium, und darauf spielten ein Geiger, ein Cellist und ein Pianist. In der Pause kamen die drei zu mir. Sie fragten mich, was ich denn hier in Jerusalem mache, und ich erzählte, daß mich Mandelbaum ins King David vermitteln wolle. Es war schon abends, als der Geschäftsführer des Cafés kam, ein würdiger, kleiner, dicker Herr mit weißen Haaren. Er stammte aus Deutschland und stellte sich als Herr Warhaftig vor. Wir unterhielten uns prächtig. Der Geiger war auch schon ein älterer Herr, Treskunow, ein russischer Musiker, der in Deutschland gelebt hatte. Es wurde Abend, Mandelbaum aber war immer noch nicht zurück. Bernhard Ingel, der Cellist, sagte: »Paß mal auf, wir haben was vor mit dir. Unser Geiger geht bald weg, und wir suchen Ersatz. Was brauchst du dieses King David, das wird dir sowieso keinen Spaß machen, bleib lieber hier, spiel uns heute abend etwas vor, und dann werden wir entscheiden, ob wir dich nicht bei uns einstellen könnten.« Mir wurde leicht mulmig, denn ich hatte ja gehört, wie gut und professionell sie spielten.

Ich suchte nach einer Ausrede und sagte, daß ich meine Geige nicht dabeihätte. Kein Problem, sagten sie, ich könne die Geige von Treskunow nehmen, der sie immer daließe.

Der Laden wurde geschlossen, und der Geschäftsführer sagte: »So, nun spiel uns mal was vor.« Die beiden setzten sich an ihre Instrumente, ich nahm die Geige und fragte: »Was soll ich denn spielen?« »Was du willst, fang an, wir machen schon mit.« »Gut, also spielen wir Gräfin Mariza.« Die beiden spielten fabelhaft und gingen sofort mit. Dann folgten die »Csardasfürstin«, der Csardas von Monti und einige russische Titel. Ich sah, wie Ingel Herrn Warhaftig – der dasaß wie ein Buddha, mit auf dem beachtlichen Bauch gefalteten Händen – ein Zeichen gab, daß alles bestens sei. Der Pianist, Klaus Glücksmann, auch er aus Deutschland, schien ebenso zufrieden und Warhaftig sagte: »Na, mein Junge, ich glaube, ich werde dir einen Vertrag geben müssen.« Der Chef, ein orientalischer Jude, mußte das zwar noch bestätigen, aber diese Art Entscheidungen überließ er seinem Geschäftsführer. Ich sollte neunzig Pfund im Monat bekommen, damals kein schlechtes Honorar.

Spät am Abend kam Mandelbaum doch noch und stöhnte: »Ja, das ist doch alles sehr schwer. Es wird schon werden, aber ich würde mit dem Gehalt nicht sehr hoch gehen ...« Er wollte mich offenbar drücken. Da sagte Bernhard Ingel zu ihm: »Weißt du was, Mandelbaum, das lohnt sich für dich ja gar nicht, das ist doch nichts. Laß den Jungen mal bei uns.« »Was? Wie ist denn das möglich? Er ist mit mir hergekommen und soll im King David spielen. Ihr könnt ihn mir doch nicht einfach so wegnehmen.« »Nein, wir nehmen ihn dir doch nicht weg, im Gegenteil, du bist ihn los, das ist doch besser für dich.« Mandelbaum zog verärgert ab. Ich dagegen war natürlich sehr zufrieden, hatte endlich ein festes Engagement und konnte mit guten Musikern zusammenspielen.

Ich habe übrigens nie die Neigung mancher späterer Orchesterkollegen verstanden, auf Unterhaltungsmusiker herabzublicken. In vielen Tanz- und Unterhaltungsorchestern spielten und spielen hervorragende Musiker, die jedem »seriösen« Orchester alle Ehre machen könnten. In Israel kam natürlich noch dazu, daß es hier nach dem Krieg unzählige begabte Musiker gab, die froh waren, überhaupt ein Engagement zu bekommen, und für die Tanzmusik eine Gelegenheit war, sich wenigstens zeitweise mit Musik über Wasser zu halten. Bernhard Ingel, unser Cellist, war von Deutschland aus zunächst nach Marokko geflohen, kam dann nach Israel, spielte später in Ankara im Radiosymphonieorchester und dann als Solocellist in Göttingen. Und unser Pianist, Klaus Glücksmann (er war in den dreißiger Jahren nach Palästina emigriert und nannte sich jetzt Gichon), wurde bald vom Unterhaltungsmusiker zum Professor am Konservatorium »befördert«. Das waren keineswegs ungewöhnliche Karrieren. Wir, die Kinder der Kriegsgeneration, hatten nicht die

»Gnade der späten Geburt«. Im Falle von uns Musikern bedeutete das: Schulabbruch, kein Abitur, keine Beendigung eines Konservatoriums und der Zwang, früh Geld verdienen zu müssen. Andererseits hatten wir die Möglichkeit, uns und oft auch unsere Familien mit der Musik über Wasser zu halten. Auch dabei konnte man viel lernen, besonders von den älteren Kollegen. Die Mitglieder des Israel Philharmonic Orchestra hatten fast alle irgendwann Unterhaltungsmusik machen müssen, um sich ihren Lebensunterhalt zu verdienen. Und die Berliner Philharmoniker? Als ich 1961 ins Orchester kam, saßen dort noch viele ältere Kollegen, die mir erzählten, daß sie von der »Stadtpfeife« kamen. Und ich weiß noch, wie mir über den Kollegen Heinz Lindeholz voller Hochachtung berichtet wurde, daß »der das Abitur hat«. Fast alle hatten auch hier Unterhaltungsmusik gemacht, ja manche konnten damit im Krieg ihr Leben retten. Hat das dem weltberühmten herrlichen Klang dieses Orchesters geschadet? Die Antwort darauf gab das Orchester bei jedem Konzert!

Nach dem Weggang Glücksmanns wurden wir, Bernhard Ingel und ich, kurioserweise ins King-David-Hotel engagiert. Ich wechselte auf den Stuhl des Pianisten, und zu uns stieß noch ein Geiger mit Namen Hofmekler. Er war einer der Leiter des Gefangenenorchesters in Auschwitz gewesen, das auf Befehl der SS bei Hinrichtungen zu spielen hatte. Durch einen glücklichen Zufall hatte er überlebt. Sein Bruder Daniel war Solocellist im Israel Philharmonic Orchestra, wo ich ihn wenig später kennenlernte.

In Jerusalem wohnte ich zunächst in einer kleinen Pension mit dem schönen Namen »Himmelfarb«. Sie war mir aber zu teuer, und deswegen war ich froh, als mir Frau Ingel von einer billigen Wohnung erzählte, die für einige Zeit frei wäre. Diese Wohnung lag im sogenannten Bucharenviertel, dicht an der Demarkationslinie zwischen dem israelischen und dem arabischen Teil Jerusalems und war von aus der Sowjetunion eingewanderten jüdischen Bucharen bevölkert. Es war eine exotische Atmosphäre, in die ich dort hineingeriet: Männer mit großen, schwarzen Schnurrbärten und kleinen, bunten Mützen, Frauen mit weiten Kleidern und langen Kopftüchern, glühenden Augen und voller Temperament. Sie hatten ihre eigene Sprache und strenge religiöse Vorschriften. Sie waren lustig und immer hilfsbereit. Aber wehe, wenn sie sich in ihrer Ehre verletzt fühlten. Dann waren die Messer schnell gezückt.

Die Wohnung entpuppte sich als kleine Wellblechhütte ohne Wasser und ohne Strom, in der es im Sommer unglaublich heiß wurde. Geige üben war nur am frühen Morgen möglich. Der Schweiß floß dabei in Strömen. Meine bucharischen Nachbarn hatten Musik sehr gerne, sie liebten es auch, danach zu tanzen und manchmal auch recht wild. Meine Bach-Sonaten, die sie sich anhören mußten, waren dafür allerdings weniger geeignet, und sie empfanden sie als ausgesprochen unangenehm. Im Rahmen der Wiedergutmachung spielte ich ab und zu ein paar jüdisch-orientalische Volkslieder, wozu sie dann mit Begeisterung in die Hände klatschten. Obwohl ich meine exotische Umgebung mit großem Interesse beobachtete und auch genoß, konnte ich dort nicht länger bleiben.

Ich mußte mir also wieder eine neue Bleibe suchen. Ich fand ein großes Zimmer mit Balkon im Zentrum der Stadt als Untermieter bei einer älteren Dame, in das ich bald meine Eltern, die ja immer noch im Lager waren, nachholen konnte. Und wieder war es so, daß wir zu dritt in einem Zimmer lebten und ich zur Nacht ein Feldbett für mich aufstellte. Als ich dann im King David spielte, bekam ich im Annex des Hotels, in dem die Kellner und andere Angestellte wohnten, ein kleines Zimmer zugeteilt, das erste, das mir ganz allein gehörte.

Hofmekler, unser Geiger, und seine Frau hatten ebenfalls ein Zimmer neben mir bekommen. Wir verbrachten unsere Freizeit oft miteinander. Von ihm erfuhr ich zum ersten Mal Einzelheiten über Auschwitz. Er erzählte in aller Ruhe, als wären es ganz normale Dinge, wie sie bei den Hinrichtungen meist lustige, beschwingte Musik spielen mußten. Wie die Henker und ihre Helfer sich über die Gesichter der Gehenkten amüsierten, wenn der Boden unter ihren Füßen weggezogen wurde. Über den grauenvollen Alltag im Lager, die furchtbaren Experimente an den Gefangenen, die Not, den Hunger, die Kälte und vor allem die ständige Angst, vielleicht schon morgen im Gas oder am Galgen zu enden. Er erzählte aber auch, wie erbärmlich feige die Mörder sich verhielten, wie sie Hals über Kopf flüchteten, als die Befreier endlich kamen.

Auf meine Frage, wie man so etwas überhaupt überleben könne, sagte er nur: »Weißt Du, es war alles nur Glückssache, und der Mensch kann viel mehr aushalten, als er es selber von sich weiß. Eigentlich konnte ich es nicht, ich habe es aber ausgehalten …«

Im Israel Philharmonic Orchestra

Meine Kollegen wußten von meinen Ambitionen, ins Israel Philharmonic Orchestra zu kommen. Ich übte ja auch jeden Tag und wollte nicht für immer und ewig Caféhaus-Pianist bleiben. Eines Abends kam nach einem Konzert Isaac Stern – noch im Frack – in die Hotelhalle, setzte sich an einen Tisch nicht weit von unserem Podium und hörte zu.

Hofmekler und Ingel ermunterten mich: »Geh doch mal hin zu ihm. Sag ihm, daß du nicht Pianist, sondern Geiger bist und daß er für dich ein gutes Wort beim Philharmonischen Orchester einlegen möge.« Isaac Stern war damals am Anfang seiner Karriere, also noch ein aufgehender »Stern«. Ich faßte mir schließlich ein Herz und ging zu ihm an den Tisch. Da ich nicht wußte, ob er Russisch sprach, ich aber kein Englisch konnte, sagte ich: »Ich spreche Russisch.« Darauf antwortete er: »Ich auch.« Ich dann weiter: »Entschuldigen Sie, daß ich Sie anspreche. Ich heiße Stern.« Und er: »Ich auch.« Dann sagte ich, in Anspielung darauf, daß ich nur hier im Café als Pianist arbeitete: »Ich bin Geiger.« Er: »Ich auch.« Wir lachten, das Eis war gebrochen, und ich setzte mich zu ihm. Ich erzählte ihm, daß ich aus China gekommen sei, daß ich ins Orchester möchte, daß meine Kollegen meinten, er könne für mich ein gutes Wort einlegen. »Komm morgen früh zu mir rauf ins Zimmer«, meinte er, »dann frühstücken wir zusammen, und du spielst mir etwas vor.«

Ich übte die halbe Nacht und ging morgens zu ihm. Er stand dort in Shorts, mit einem Handtuch über der Schulter. Auf meiner fürchterlichen »Winsel« spielte ich Bach und Lalo. Als ich fertig war, nahm er seine Stradivari und demonstrierte mir, wie es richtig klingen sollte. Ich schmolz vor Bewunderung. Dann frühstückten wir zusammen. Als ich mich verabschiedete, sagte er: »Ich werde mal sehen, was ich machen kann.« Einige Wochen später kam ein Telegramm aus Tel Aviv, ich solle zum Probespiel kommen. In der Jury saß, abgesehen von den Vertretern des Orchesters, einer, der gerade seine große Karriere begann: Leonard Bernstein. Es war noch eine ganze Reihe anderer Bewerber da, aber ich wurde aufgenommen.

Im Sommer 1951 trat ich ins Israel Philharmonic Orchestra (IPO) ein. Es hieß vorher Palestine Symphony Orchestra und wurde 1936 von Bronislaw Huberman, dem berühmten Geiger, gegründet. Er bemühte sich darum, die besten Musiker aus Deutschland und Österreich zu holen, um sie dadurch dem Zugriff der Nazis zu entziehen. Das Eröffnungskonzert wurde von Toscanini dirigiert. Dann kam William (Hans Wilhelm) Steinberg – er durfte in Nazideutschland nicht mehr arbeiten –, später spielte man mit verschiedenen Gastdirigenten. Der erste und seither einzige Chefdirigent des Orchesters ist Zubin Mehta.

Die Struktur des IPO prägte meine Überzeugung, daß Musiker die Organisation ihres Orchesters selbst strukturieren und leiten können. Diese Struktur sieht folgendermaßen aus: Das Orchester wählt einen Vorstand (Waad), bestehend aus drei Mitgliedern. Es wird ein Generalsekretär engagiert, der mit genügend Vollmachten ausgestattet ist, um auch Eigeninitiative entfalten zu können. Er handelt aber in engster Zusammenarbeit mit den Vorständen, und in allen wichtigen organisatorischen sowie künstlerischen Fragen muß ein Einverständnis herbeigeführt werden. Dem Vorstand stehen mehrere beratende Kommissionen zur Seite, die ebenfalls von den Orchestermitgliedern gewählt werden, beispielsweise eine künstlerische Kommission. Bei der Einstellung neuer Musiker entscheidet die künstlerische Kommission zusammen mit dem Vorstand und dem jeweiligen Dirigenten, der zwei Stimmen hat. Zu meiner Zeit gab es noch keinen Chefdirigenten, und deswegen waren bei Probespielen Dirigenten dabei, die dem Orchester eng verbunden waren wie Bernstein, Steinberg oder Singer. Seit vielen Jahren ist jetzt Zubin Mehta Chefdirigent; er ist natürlich bei allen wichtigen Entscheidungen beteiligt.

Das Orchester war ständig in finanziellen Nöten. Da wir nur kleine Säle zur Verfügung hatten, die Zahl der Abonnenten aber immens groß war, mußten wir jedes Programm siebenmal in Tel Aviv, zweimal in Haifa und einmal in Jerusalem wiederholen – manchmal auch öfter. Viele Solisten und Dirigenten von Rang und Namen, übrigens nicht nur jüdische Musiker, traten ohne oder gegen nur geringes Honorar bei uns auf.

Keine Selbstverwaltung funktioniert ohne Streit. Wir stritten uns natürlich auch. Jeder ist der Meinung, er wisse alles besser. Nicht ohne Grund heißt es: Wo drei Juden zusammenkommen, gibt es vier Meinungen. Und dann noch dazu Musiker. Doch auch im IPO mit seiner demokratischen Struktur

Mit Isaac Stern, 1952

gab es zu meiner Zeit den »starken Mann«. Er hieß Henry Haftel und war einer unserer vier Konzertmeister. Er wurde immer wieder in den Vorstand gewählt, obwohl man unter seiner diktatorischen Herrschaft stöhnte. Aber man glaubte, keine Alternative zu haben – sicherlich auch aus Bequemlichkeit, vor allem aber, weil er dem Orchester sehr nützte.

Henry Haftel war nicht nur tatkräftig, er war auch überaus hektisch. Er mußte immer mehrere Dinge zugleich erledigen. In seinem Büro hielt er mit der einen Hand das Telefon, mit der anderen die Zeitung, rief etwas seiner Sekretärin zu und verhandelte gleichzeitig mit einem Besucher. Er stammte aus Wien, wo er Schüler von Hubay war. Er war ein guter Geiger, spielte aber genauso hektisch und aggressiv, wie er lebte. Er bot mir an, bei ihm Unterricht zu nehmen (was ich damals auch dringend brauchte), lud mich zu sich nach Hause ein, wo er dann weitertelefonierte, zwischendurch mit Frau und Kindern redete und mir kurze Anweisungen gab wie »Schneller!« oder »Langsamer!« Bei ihm lernte ich, daß man fünf Dinge zugleich machen kann.

Beneidet habe ich ihn um seine Geige, eine Guadagnini, auf der er mich gelegentlich spielen ließ und die mit meiner »Winsel« nur den Namen Geige gemeinsam hatte. Als Haftel viele Jahre später in London starb – ich war da schon einige Jahre im Berliner Philharmonischen Orchester –, dachte ich an seine Geige und erkundigte mich bei meinem Londoner Freund Charles Beare, dem berühmten Experten und Instrumentenhändler, nach ihr. Der winkte ab und sagte, Haftels Töchter wollten nicht verkaufen. Ich hätte den Preis damals ohnehin nicht aufbringen können.

Eines schönen Tages, während einer Probe im Berliner Philharmonischen Orchester, zeigte mir einer meiner Kollegen voller Stolz seine Geige, eine Neuerwerbung. Ich nahm sie in die Hand, sie kam mir bekannt vor. Der Kollege erzählte, daß er sie über Charles Beare erworben habe, sie gehörte einem früheren Konzertmeister in Israel. Ich konnte es kaum fassen: Es war Haftels Geige!

Trotz aller Querelen, trotz aller Kämpfe regelten wir im IPO alles demokratisch. Unser Status in der Gesellschaft war sehr hoch, eigentlich nur vergleichbar mit dem Status, den das Berliner Philharmonische Orchester genießt. Wir waren angesehen, auch bei Leuten, die nie in ein Konzert gingen. Gehälter wurden aus der Gemeinschaftskasse gezahlt, und war mal mehr Geld da, wurde ein Bonus ausgeschüttet, je nach Zugehörigkeitsdauer der einzelnen Musiker. Soziale Sicherungen wurden durch Rücklagen geschaffen. Die Wohnungsbeschaffung wurde durch Kredite erleichtert, die das Orchester entweder zinslos oder aber sehr zinsgünstig gewährte.

Zu jedem großen Orchester gehören Gastspielreisen. Für Solisten wie für Ensembles ist es wichtig, sich auf den Bühnen dieser Welt zu präsentieren. Bis 1955 waren wir aber von der Außenwelt abgeschnitten. Für europäische Veranstalter waren wir wegen der langen Anreise damals zu teuer, das IPO war auch noch nicht bekannt genug. In Fachkreisen waren wir allerdings bekannt. Man bewunderte das kleine Land, das trotz aller Belastungen ein solches Orchester hervorbringen konnte. Alle Musiker waren Israelis, die wir aus Amerika »importiert« hatten.

Kontinuierlich bringt Israel hochqualifizierte junge Künstler hervor, und das in einem Land mit nur fünf Millionen Einwohnern! (Dafür kommt die Fußballnationalmannschaft bei internationalen Wettbewerben auf keinen grünen Zweig.) Die Musikbegeisterung des israelischen Publikums war immens. Trat man in einem Kibbuz auf, ob mit Kammermusik oder großem Orchester: Die Arbeiter saßen dort mit Partituren auf den Knien und verfolgten die Aufführung sehr kritisch. Israel war eben nicht nur politisch, sondern auch kulturell eine Insel. Mir ist nicht bekannt, daß es im ganzen großen arabischen Raum bis heute etwas Vergleichbares gäbe. Ein wirklicher Frieden könnte auch im kulturellen Austausch positive Veränderungen bewirken.

Im IPO lernte ich erstmals richtig im Orchester zu spielen. Ich wurde ans letzte Pult der Zweiten Geigen gesetzt. Nun endlich sah und hörte ich all die berühmten Leute, die im fernen China für mich Legenden gewesen waren: Jascha Heifetz, Gregor Piatigorsky, Nathan Milstein, Yehudi Menuhin, Joseph Szigeti, Mischa Elman, Arthur Rubinstein und viele andere. Wie aufregend, mit ihnen auf dem Podium sitzen zu dürfen und zum Teil sogar persönlichen Kontakt zu haben!

Als ich aus Jerusalem nach Tel Aviv ins Orchester kam, hatte ich natürlich keine Wohnung und wurde daher im Gästehaus des Orchesters untergebracht. Es lag etwas außerhalb

Beim Korrepetieren, Tel Aviv 1955

und wurde von einem Hauswartsehepaar aus Bulgarien geführt. Frau Schaul konnte phantastisch kochen, sie war sehr mütterlich; Herr Schaul sorgte fürs Haus und fuhr das Auto. Die Gäste, Solisten und Dirigenten, wurden in sehr schönen Zimmern untergebracht und fühlten sich dort viel wohler als im Hotel. Wir, einige Orchestermitglieder, die noch keine Wohnung hatten, bekamen kleinere Zimmer. Wir wohnten alle im selben Haus mit unseren Gästen zusammen und lernten viele daher auch privat kennen.

Besonders beeindruckte mich die Begegnung mit Arthur Rubinstein. Er gastierte wieder einmal für drei Wochen bei uns. Er war um die Sechzig, auf dem Höhepunkt seines Könnens und seines Ruhms, ein sehr jugendlich wirkender und charmanter Mann.

Allein schon wegen der Hitze hatte ich mir angewöhnt, sehr früh morgens zu üben. Da stand ich nun, versunken in eine Bach-Sonate, als ich plötzlich bemerkte, daß jemand vor meinem geöffneten Fenster stand und lauschte. Es war Rubinstein. Mir fiel fast die Geige aus der Hand. »Spiel nur weiter, ist schon gut so.« Wir trafen uns dann öfter, frühstückten gemeinsam und unterhielten uns auf russisch, was er sehr gerne tat.

Rubinstein brillierte übrigens nicht nur als Pianist, sondern auch als Erzähler von Witzen und Anekdoten, in denen er selber natürlich immer eine gute Rolle spielte. Einmal ging es um Albert Einstein. Rubinstein musizierte gelegentlich mit ihm (Einstein soll sehr passabel Geige gespielt haben), und als Einstein bei einer schwierigen Stelle wiederholt stolperte, sagte Rubinstein: »Trouble with you is, Albert, you can't count!«

Meine Bewunderung für Jascha Heifetz kannte keine Grenzen; er galt als der »Kaiser der Geiger«, oder wie Isaac Stern es einmal formulierte: »Es gibt große Geiger, es gibt größte Geiger und dann gibt es Heifetz.« Um so erstaunlicher war sein

Benehmen gegenüber seinen Bewunderern, ob im Publikum oder im Orchester: Er verhielt sich ausgesprochen abweisend, wenn nicht rüde. Nachdem er mit uns dreizehn ausverkaufte Konzerte (das Programm bestand nach einer Ouvertüre aus Mozarts A-Dur-Konzert und Prokofjews g-Moll Konzert) gespielt hatte, wurde für ihn nach dem letzten Konzert in Tel Aviv ein Empfang gegeben. Das Orchester und zahlreiche Gäste erwarteten ihn mit Spannung. Als er eintraf, wollte jemand vom Orchestervorstand eine kleine Rede halten, doch Heifetz brachte ihn mit einer Handbewegung zum Schweigen: »No speeches!« sagte er, ließ Konzertmeister, Vorstände und andere wichtige Leute stehen und gesellte sich zu uns jungen, »unwichtigen« Orchestermitgliedern. Wir fühlten uns natürlich geschmeichelt, die anderen aber maßlos brüskiert. Schlimmer noch waren die Proben zu diesem Programm. Dirigent war Paul Klecki, der es wie wir natürlich als hohe Ehre empfand, Heifetz begleiten zu dürfen. Zur ersten Probe betrat Heifetz das Podium, wie immer mit schnellem Schritt, die Geige hoch vor sich hertragend. Er nickte unmerklich mit dem Kopf, was wohl eine Begrüßung darstellen sollte, und sagte nichts weiter als: »Mozart«. Klecki gab den Einsatz, und nach einigen Takten der Einleitung drehte Heifetz sich um, unterbrach das Orchester, nahm seine Geige und spielte den Zweiten Geigen einige Takte vor – all das, ohne den Dirigenten auch nur eines Blickes zu würdigen. Dann nickte er mit dem Kopf, sagte: »Once more« und ließ uns weiterspielen. Das wiederholte sich mehrere Male, ohne daß er den Dirigenten beachtete. Klecki, ein erfahrener und guter Dirigent, wurde sichtlich nervös und konnte seine Empörung kaum verbergen, hielt aber bis zur Pause tapfer durch. In der Pause jedoch ließ er den gesamten Orchestervorstand zu sich rufen und erklärte, er könne unter diesen Umständen nicht weiterarbeiten. Der Vorstand versuchte ihn zu beruhigen und versprach, mit Heifetz zu reden. Das war aber ein schwieriges

Unterfangen, denn wie sollte man ihm beibringen, daß sein Verhalten dem Dirigenten gegenüber unmöglich war? Abgesehen von dem Respekt, den man Heifetz als Musiker zollte, spielte er ja auch ohne Honorar, d.h. man war auf seinen guten Willen angewiesen. Mit weichen Knien gingen die Kollegen vom Vorstand also ins Künstlerzimmer, kamen mit besorgten Mienen heraus und eilten wieder zu Klecki in dessen Zimmer. Es waren offenbar komplizierte Friedensverhandlungen im Gange, die dazu führten, daß man Klecki zum Weitermachen bewegen konnte. Heifetz ließ sich soweit herab, wenigstens einen Minimalkontakt zum Dirigenten zu halten.

Ein anderes Ereignis, zwei Wochen später, machte Schlagzeilen in der ganzen Welt. Wie alle großen Künstler, die bei uns zu Gast waren, gab auch Heifetz ein Rezital, das außer in Tel Aviv noch in Haifa und Jerusalem gespielt wurde. Sein Programm rief äußerste Erregung hervor, denn es rüttelte an einem Tabu: Er spielte die Violinsonate von Richard Strauss. Obwohl Heifetz von allen Seiten, so auch vom damaligen Justizminister Rosen, einem Musikenthusiasten und Förderer unseres Orchesters, gebeten wurde, von diesem Stück Abstand und auf die Gefühle vieler Menschen, die unter den Nazis Schlimmes erlitten hatten, Rücksicht zu nehmen, bestand er darauf, die Strauss-Sonate zu spielen, und drohte, andernfalls alle Konzerte platzen zu lassen.

In Tel Aviv ging alles gut, aber in Jerusalem wurde er nachts auf dem Weg in sein Hotel von einem oder mehreren Fanatikern mit einer Eisenstange angegriffen. Nur seiner schnellen Abwehrreaktion war es zu verdanken, daß er am rechten Arm und nicht am Kopf getroffen wurde. Heifetz wurde sofort ins Krankenhaus gebracht, mußte das Konzert natürlich absagen, konnte später aber zu unser aller Erleichterung wieder spielen.

Die Aufregung war groß, die öffentliche Meinung in Israel in zwei Lager gespalten. Die einen sagten: »Schimpf und

Schande über uns«, die anderen: »Er hat selbst Schuld, warum mußte er so störrisch sein und ist den Warnungen und Bitten nicht gefolgt.«

Die Kontroversen um Richard Strauss und natürlich auch um Richard Wagner halten bis auf den heutigen Tag in Israel an. Mit diesen beiden Namen wird so vieles Schlimmes assoziiert, daß die Emotionen vieler Menschen immer wieder geweckt werden. Wagner gilt als einer der Wegbereiter der Nazi-Ideologie, Strauss als prominenter Mitläufer Hitlers. Selbst Menschen, die niemals ins Konzert gehen und Werke dieser beiden Komponisten nie gehört haben, äußern eine dezidierte Meinung zu ihnen, wobei manche durchaus bereit sind, diese auch handgreiflich und mit äußerster Aggressivität deutlich zu machen. Im Verlauf der Jahre wurde immer wieder einmal der Versuch unternommen, einzelne Stücke von Strauss oder Wagner aufzuführen – aber jedes Mal wurden diese Versuche abgebrochen. Selbst ein so treuer Freund Israels wie Zubin Mehta mußte sich öffentlich als Nazi beschimpfen lassen, weil er es gewagt hatte, Strauss ins Programm nehmen zu wollen.

Natürlich: Musik kann durchaus ein Politikum sein, und niemand hat das schrecklicher demonstriert als die Nazis. Das Deutschlandlied mit der schönen Musik von Haydn wurde mißbraucht, die Préludes von Liszt als Siegesfanfare benutzt, jüdische Komponisten wurden vertrieben oder durften nicht gespielt werden. Von den Nazis konnte man nichts anderes erwarten – aber in Israel hatte ich auf eine stärkere Differenzierung zwischen den Werken eines Künstlers und seiner politischen Haltung gehofft, auch wenn sie noch so verwerflich war. Richard Strauss' Rolle als Präsident der Reichsmusikkammer soll damit weder entschuldigt noch vergessen werden; und wenn er selber auch kein Antisemit war, so konnten doch die Nazis seine weltweite Prominenz für ihre Zwecke nutzen. Aber seine Musik ist genial, und es empört mich, daß Menschen mit Gewalt daran gehindert werden, diese Musik zu hören, wenn sie es wünschen. Gerade Strauss ist für ein modernes Orchester eine absolute Notwendigkeit; seine Kompositionen setzen höchste orchestrale Technik voraus, und ein Orchester, das Strauss nicht im Repertoire hat, wird an der Entwicklung seiner künstlerischen Fähigkeiten gehindert. Das wußte natürlich auch das IPO. Und was kaum bekannt ist: Mehrfach haben wir damals »heimlich« Strauss während unserer nichtöffentlichen Probenarbeit gespielt, und darüber hinaus mußte jeder, der sich für das IPO bewarb, Auszüge aus Strauss-Werken vorspielen. Diese paradoxe Situation hat sich aber doch endlich aufgelöst. Den Anfang machte 1990 das neugegründete Orchester von Rishon le-Zion unter seinem Leiter, dem Komponisten Noam Sheriff, das die »Metamorphosen« von Strauss aufführen konnte, ohne daß es zu Protesten kam.

Im IPO hörte ich zum ersten Mal, wie gute Geigen klingen; die Solisten brachten ihre Stradivari oder Guarneri mit, und mir gingen Ohren und Augen über. Meine Klangvorstellung war von Schallplatten geprägt, und die Töne, die ich dabei gehört hatte, waren für mich unerreichbar. Ich besaß nur mangelhafte »Kisten« und mußte immer kämpfen, einen einigermaßen guten Klang zu erzeugen.

Meine Geige hatte ich auf dem Sonnenblumenkernhaufen eines chinesischen Straßenhändlers in Harbin entdeckt. Er hatte sie von einem sowjetischen Soldaten, der sie in Berlin erbeutet hatte, wohl für eine Flasche Wodka bekommen. Mein Pech war, daß der »Befreier« nur eine einfache deutsche Fabrikgeige geschnappt hatte, kein besonders edles Exemplar. Hätte es nicht auch ein besseres Instrument sein können? Für ihn und auch für den Chinesen hätte es keinen Unterschied gemacht, für sie war Geige Geige und nicht mehr wert als eine Flasche Wodka ... Während der gesamten Zeit in Israel spielte ich auf dieser Geige aus Harbin. Es gab keine guten Geigen zu kaufen, abgesehen davon, daß mir das Geld gefehlt hätte.

Die Jahre in Israel haben mich, musikalisch gesehen, geprägt. Ich wurde dort zum Profimusiker. Es wurde Kammermusik gemacht, ich begleitete sehr viel am Klavier und nahm auch noch Unterricht. Aber die Arbeit im Orchester kostete Energie. Ich übte selbstverständlich, nahm mir die großen Solisten zum Vorbild, aber das konnte ein ernsthaftes Studium nicht ersetzen. Ich merkte gar nicht, wie die Zeit zerrann, beschäftigte mich gern mit anderen Dingen, wollte leben. Außerdem war ich ja schon Philharmoniker. Inzwischen weiß ich: Ein guter Musiker zeichnet sich auch dadurch aus, daß er den Willen und die Bereitschaft hat, immer wieder dazuzulernen – das gilt für Orchestermusiker ebenso wie für Solisten oder auch Dirigenten. Erst jetzt, wo meine Orchesterzeit beendet ist, glaube ich zu wissen, wie man »richtig« geigt.

Noch ein Nachtrag: Mit meinem Vornamen hatte ich im Ausland immer Probleme. Bei den Russen in China hieß ich entweder Chelmut oder Gelmut, oder sie tauften mich einfach in Giena um. Die Chinesen sagten: Che-erl-mu-te und die Japaner: Herumuto. In Israel konnte man ihn zwar aussprechen, aber so einen urdeutschen Namen hörte man dort sonstnicht. (Zu dieser Zeit waren Helmut Schmidt oder Helmut Kohl noch nicht bekannt.) Ich fühlte mich einzigartig. Und dann, eines schönen Tages sagte mir ein Kollege: »Soll ich dir mal den zweiten Helmut in Israel zeigen?« Und bei einer unserer Konzertreisen nach Haifa kam dann ein Herr in unser Stimmzimmer und stellte sich als Helmut Rosenthal vor. Damit war meine Einzigartigkeit vergangen.

Als ich 1961 mein Probespiel in Berlin machte und abends ins Konzert ging, wen treffe ich wieder? Helmut Rosenthal. Wir wurden enge Freunde und blieben es bis zu seinem Tod am 6. Oktober 1997.

Bei meiner Aufnahme ins IPO wurde ich verpflichtet, bei Bedarf neben meinen Aufgaben als Geiger auch Klavierparts zu spielen. Das Klavier steht, wenn es als Orchesterinstrument benutzt wird, meist hinten, zwischen der Harfe und dem Schlagzeug. Manchmal wechselte ich auch zur Celesta über, einem Stahlplattenklavier mit »himmlischem« Glöckchenklang, daher der Name. Es wird überwiegend in der romantischen, besonders aber in der neuen Musik eingesetzt.

Bei Partituren, die viele Schlaginstrumente verlangten, entstanden Engpässe. Aushilfen zu engagieren konnte sich das Orchester nicht leisten. Saß ich also am Klavier oder an der Celesta und hatte während eines Stücks eine längere Pause, dann bediente ich, wenn nötig, auch die Triangel oder das Tambourin. Nach und nach wurden mir fast alle Schlaginstrumente beigebracht, und man berücksichtigte mich schließlich schon bei der Einrichtung von Stücken, die mehr Schlagzeuger voraussetzten als vorhanden waren – natürlich nur für einfache Einsätze. Mir machte das schon deswegen Spaß, weil ich auf diese Weise mal von meiner Geige wegkam und so das Orchester aus einem ganz anderen Blick- und Hörwinkel erleben konnte.

Eines Tages stand »Mathis der Maler« von Hindemith auf dem Programm, Dirigent war William Steinberg. Für dieses Stück sind eine ganze Reihe von Schlagzeugern erforderlich, und ich wurde gebeten, wieder einmal auszuhelfen. Im langsamen Teil, im »Engelkonzert«, hatten wir nichts zu tun. Wir drei Schlagzeuger und der Pauker saßen also da, mucksmäuschenstill. Der Pauker hieß Bronek Ginsburg. Er hatte noch zwei Brüder im Orchester, Bolek war Solocellist, Fredek Geiger. Man nannte sie den Ginsburg-Clan. Sie kamen aus Polen und waren von Anbeginn im Orchester. Bronek saß ganz ruhig da, mit auf der Brust gekreuzten Armen.

Plötzlich warf er, ohne daß es jemand sehen konnte, kleine Reißnägel herüber auf meine Trommel. Die kleine Trommel hat bekanntlich auch Saiten, damit sie schnarrt.

Es gab also im herrlichsten Pianissimo der Geigen plötzlich eine Art Trommelwirbel. Ich warf mich vor Schreck auf die Trommel, warf dabei die Teller um und bekam zu allem Überdruß einen Lachkrampf – ich konnte nicht aufhören. Der Dirigent lief rot an und sah mich an, als wäre er versteinert. Der Rest des Orchesters prustete vor Lachen. Im Publikum entstand große Unruhe, manche lachten, manche schimpften. Nur Bronek Ginsburg saß unbeteiligt und seelenruhig da. Nach dem Konzert wurde ich sofort zum Vorstand zitiert. Ich versuchte meine Unschuld zu beteuern, aber es nützte mir nichts. Ich mußte also zu Steinberg. Er sagte zu mir: »Was haben Sie getan?!« Ich stotterte, daß ich wirklich nichts dafür könne. »Sie haben mein Konzert ruiniert! Sie sollten dafür aus dem Orchester geschmissen werden, und ich werde dafür sorgen.« Er war hochrot, und – seine Nase tropfte immer etwas – ich guckte fasziniert, wann nun der nächste Tropfen fiele, und irgendwann überkam mich der nächste Lachanfall. Er warf mich aus dem Zimmer, ich ging zum Vorstand und beteuerte nochmals meine Unschuld. Sie meinten: »Wir werden versuchen, Steinberg zu beruhigen, aber du halte dich mal aus seiner Sichtweite.«

Das war im Jahre 1953. Etwa fünfzehn Jahre später kam Steinberg zu uns nach Berlin. Er sah mich und sagte: »Sie kommen mir so bekannt vor?« »Das glaub ich Ihnen gerne. Ich war früher im Israel-Orchester. Ich war derjenige, der damals ihr Konzert in Tel Aviv ruiniert hat.« »Richtig, Sie waren der Bösewicht.« Ich erzählte ihm, wie sich die Geschichte wirklich ereignet hatte, und diesmal lachte auch er herzlich. Übrigens: seine Nase tropfte immer noch, und auch hier in Berlin warteten wir fasziniert darauf, wann der nächste Tropfen fallen würde.

In Israel spielte ich natürlich oft unter Leonard Bernstein. Besonders in Erinnerung ist mir die Uraufführung seiner

»Serenade für Geige und Orchester« während unserer ersten Europatournee in Italien 1955. Isaac Stern war der Solist. Zwischen ihm und uns Musikern herrschte ein sehr freundschaftlicher Ton. Abends nach dem Konzert gingen einige von uns oft mit ihm in irgendein Café oder Restaurant. Es gab ja überall noch Lifemusik. Dort setzte sich Bernstein ans Klavier, die anderen, meist Bläser, begleiteten ihn, und es wurde eine Jam Session abgehalten, zur großen Freude des Publikums. Wir spürten seine unglaubliche, urwüchsige Musikalität. Darüber hinaus war seine Kreativität als Musiker ungewöhnlich: er komponierte und spielte so hervorragend Klavier, daß er jederzeit ein großer Klaviervirtuose hätte sein können.

Weniger begeistert war ich sehr viel später über die Tatsache, daß er uns, das Berliner Philharmonische Orchester, leider nur ein einziges Mal dirigiert hat. Das Orchester war damals, als er am 4. Oktober 1979 zu uns kam – wir spielten die 9. Mahler –, so voller Respekt, daß es mucksmäuschenstill dasaß und auf seine gelegentlichen Scherze nur recht schwerfällig reagierte. Er legte das als Humorlosigkeit aus. Diese Vorurteile hatten sich bei ihm bis zuletzt gehalten und wurden natürlich zusätzlich verstärkt durch das Verhalten Karajans, der ihn als gefährlichen Rivalen behandelte.

Zu meinen Aufgaben im IPO gehörte es auch, als Korrepetitor mit den Sängerinnen und Sängern zu arbeiten, die wir für Konzerte verpflichtet hatten. Diese Arbeit führt natürlich zu sehr engem Kontakt mit den Künstlern; für mich brachte sie eine unschätzbare Bereicherung meiner musikalischen Entwicklung. Ich denke z.B. an die Begegnung mit der großartigen amerikanischen Altistin Marian Anderson. Sie kam nach Israel, um mit uns die »Alt-Rhapsodie « von Brahms zu singen. Ich wurde ihr als Korrepetitor zum Einsingen vor der ersten Probe zur Verfügung gestellt und erschien bei ihr im Gästehaus unseres Orchesters. Ich setzte mich ans Klavier, sie stellte sich rechts neben mich und schaute mir über die

Mit Leonard Bernstein, Berlin 1979

Schulter in die Noten. Ich spielte ein paar Takte vor ihrem Einsatz an, und dann geschah etwas Unvergeßliches: Schon ihr erster Ton war von einer solch unglaublichen Schönheit, daß sich buchstäblich meine Haut zusammenzog, ich die Hände nicht mehr bewegen und nicht weiterspielen konnte. Sie sah mich ganz erschrocken an und fragte: »Oh, Maestro, was I off pitch again? What did I do wrong?«

Nicht nur wegen meiner lückenhaften Englisch-Kenntnisse fiel es mir schwer, ihr den Grund meines Abbrechens zu erklären. Nachdem ich etwas von »Schönheit« und »Rührung« gestammelt hatte, war sie ihrerseits gerührt und umarmte mich herzlich. Den Klang ihrer faszinierenden Stimme werde ich nie vergessen.

Ebenso unvergeßlich ist für mich auch die Sopranistin Maria Stader, mit der ich ebenfalls zusammenarbeiten durfte – in Verbindung mit dem Dirigenten Ferenc Fricsay, der ihr seine Flucht aus Ungarn 1956 in die Schweiz verdankte.

Fricsay konnte ich aus nächster Nähe erleben, als er 1953 das Verdi-Requiem mit Frances Yeend, Marianna Radev, Gabor Carelli und Kim Borg einstudierte, wobei ich am Klavier begleitete. Trotz seiner komplizierten Persönlichkeit bewunderte ich seine Einfühlsamkeit und lernte das Requiem in einer Intensität kennen, wie es mir vom Orchester aus nur schwer möglich gewesen wäre. Nebenbei bemerkt: Mit etwas Traurigkeit denke ich an die oben genannten Sänger. Wer spricht heute noch von ihnen?

Und dann war da noch Sergiu Celibidache. Mit seinen langen pechschwarzen Haaren, seinen stechenden Augen, seiner großen, schlanken Gestalt und mit seinem Temperament faszinierte er uns sehr.

Besonders beeindruckend war, wie er französische Musik machte. Er verlangte und erreichte, daß unser Orchester Klänge hervorbrachte, besonders im Pianissimo, wie wir es bis dahin nicht gehört hatten. Es duftete förmlich nach französischem Parfüm. So wurde es auch vom Publikum und der Kritik empfunden. Alle, vor allem aber die Damenwelt, waren hingerissen von Celibidache. Das schien in mehreren Fällen auf Gegenseitigkeit zu beruhen.

Nach den Konzerten, auf dem üblichen Weg ins Restaurant, wo man sich noch zu heißen Diskussionen und kalten Getränken traf, kam es des öfteren vor, daß ich eine große, schwarzhaarige Gestalt im Schatten eines dunklen Hauseingangs, offenbar auf jemanden wartend, stehen sah. Wenn ich ihn dann, beim zweiten Hinsehen, erkannte und freudig begrüßen wollte, wurde ich mit einer ungeduldigen Handbewegung weggescheucht. Ich war natürlich nicht der einzige, dem das widerfuhr. Mit einer Mischung aus Bewunderung und Neid wurde das besonders unter uns Junggesellen bei der nächsten Probe kommentiert. Mit anderen Worten, Israel stand im Celibidache-Fieber.

Aber auch was der Mann, abgesehen vom Musikalischen,

sonst zu sagen hatte, war immer Gegenstand kontroverser Diskussionen. Die einen sahen in ihm einen geschickten Schaumschläger, die anderen ein Genie.

Auf die für die Israelis der fünfziger Jahre naturgemäß etwas skeptische Frage, warum er als Rumäne während der Nazizeit ausgerechnet nach Berlin ging und dort auch bis zum Schluß unbehelligt blieb, antwortete er: »Sehen Sie, das war ja eben mein kluger Schachzug, daß ich als Nazigegner in die Höhle des Löwen ging und somit besser getarnt war als in Rumänien, wo mich jeder kannte!«

Wir Jungen hatten damit einen weiteren Grund zur Bewunderung. Die Älteren allerdings waren nicht so überzeugt vom Wahrheitsgehalt dieser Aussage und blieben in bezug auf seine Vergangenheit eher skeptisch.

Besonders interessant waren seine Ausführungen während der Probenarbeit, die sehr temperamentvoll und oft recht sarkastisch vorgetragen wurden. Besonders scharf ging er mit anderen Dirigenten ins Gericht und nahm kein Blatt vor den Mund. Wir Jungen amüsierten uns köstlich über seine Wortwahl. Die älteren Kollegen waren weniger begeistert.

Erst vierzig Jahre später hatte ich Gelegenheit, wieder mit ihm zu spielen. Zwar hatte ich ihn mehrere Male privat getroffen, musikalisch jedoch nicht, weil er geschworen hatte, nie wieder das Berliner Philharmonische Orchester zu dirigieren, von dem er im Groll geschieden war, als es ihn seinerzeit, nach einer großen Auseinandersetzung, nicht zum Chefdirigenten erkor. Nach so langer Zeit waren wir im Orchester der Meinung, daß er nun endlich wieder einmal zu uns kommen sollte. Auch aus dem Publikum kamen zahlreiche Anfragen.

Als Orchestervorstand und sein »guter alter Bekannter«, fuhr ich zu ihm nach München, wo er Chefdirigent der Münchener Philharmoniker war. Es gelang mir, mit Unterstützung meines Freundes Helmut Nicolai, Solobratscher der Münchener, ihn davon zu überzeugen, daß Berlin sehnsüchtig auf ihn warten würde. Nachdem ich alle meine Schmeicheleinheiten erschöpft hatte – und unter Zugeständnis einer ungewöhnlich hohen Zahl von Proben –, erklärte er sich endlich bereit. Wie erwartet, wollte er die 7. Symphonie von Bruckner dirigieren. Er kam, und wieder war man von ihm fasziniert, besonders die jungen Philharmoniker. Jetzt aber gehörte ich zu den Älteren.

Von der Probenarbeit und dem Konzert existiert eine Video-Aufzeichnung, die im Fernsehen übertragen wurde. Dabei sieht man mich fortwährend grinsen, besonders wenn er dem Orchester etwas erklärt. Natürlich war mir mein Grinsen nicht bewußt. Der Grund dafür war, daß er haargenau mit denselben Worten wiederholte, was er einst vor vierzig Jahren dem Israel-Orchester, und danach wohl noch viele Male auch anderen, erzählt hatte. Außerdem konnte ich meinem Pultkollegen mehr oder weniger exakt vorhersagen, wann er abbrechen würde. Der alte Sarkasmus und das vertraute Herziehen über seine Dirigentenkollegen riefen dann wohl noch zusätzlich mein entzücktes Grinsen hervor.

Die Darbietung der Symphonie war dann sehr schön und sehr langsam. Man könnte auch sagen: schön langsam. Nun ist auch diese interessante, schillernde Figur des Musiklebens abgetreten.

Erste Europareise

Wie schon erwähnt, fand die erste Europatournee des Israel Philharmonic Orchestra im Mai 1955 statt. Vor dem Krieg, damals noch als Palestine Philharmonic Orchestra, reiste es regelmäßig nach Beirut und Kairo. Das hatte aber ein Ende, nachdem der Staat Israel gegründet worden war. Bis 1955 gab es dann keinerlei Auslandsreisen mehr. Mir bot diese Tournee Gelegenheit, zum ersten Mal seit unserer Emigration 1938 Europa und vor allem Berlin wiederzusehen. Die Dirigenten auf dieser Reise waren Paul Klecki und Leonard Bernstein, der allerdings nur in Italien dirigierte.

Unsere erste Station war Kopenhagen. Bevor wir abflogen, besuchte uns der damalige Außenminister und spätere Premierminister Moshe Scharett – schließlich hatte die Reise einen hohen politischen Stellenwert. Er bat uns, nicht zu vergessen, daß sich das dänische Volk mit seinem König an der Spitze während der deutschen Okkupation mit den Juden solidarisiert und ihnen dadurch ermöglicht hatte, nach Schweden zu fliehen. Für unseren Aufenthalt in Holland empfahl er, auf keinen Fall Deutsch zu sprechen, denn noch immer wären die Wunden, die die Deutschen geschlagen haben, dort nicht verheilt.

Zunächst also flogen wir nach Kopenhagen, es war für viele von uns der erste Flug, und wir waren entsprechend aufgeregt. Zum ersten Mal war ich wieder in Europa, atmete europäische Luft und fühlte mich zu Hause – obwohl ich noch nie in Dänemark gewesen war.

Mein Freund und Kollege Wolfgang Valk und ich eilten sofort in die Stadt. Es war überwältigend: die Auslagen in den Geschäften, vor allem in den Lebensmittelläden. Wir wußten gar nicht, was wir zuerst essen sollten. Bei uns in Israel herrschte noch großer Mangel an Lebensmitteln. Und hier gab es alles in Hülle und Fülle. Wolfgang und ich betraten ein Café – wir unterhielten uns wie immer auf Deutsch. Plötzlich stand ein Mann am Nebentisch auf, trat auf uns zu und sagte: »Ihr seid Deutsche? Das ist aber schön. Heil Hitler!« Wir guckten uns verdutzt an. »Die Deutschen, das sind doch noch Kerle. Die haben mit dem Judenpack aufgeräumt.« Es war kaum möglich, ihn zu unterbrechen. Schließlich gelang es uns: »Wir kommen aus Israel.« Er verschwand sehr schnell.

Wir hatten Dänemark – die Worte unseres Außenministers noch im Ohr – mit viel Erwartung betreten und nun das!

Das Konzert fand in Anwesenheit der königlichen Familie statt. Zu Beginn wurden die Hymnen unserer Länder gespielt, also auch die »Hatikva«. Hatikva bedeutet Hoffnung. Hoffnung darauf, daß die Geschundenen und Erniedrigten endlich in Frieden und Freiheit leben können, im eigenen Land. Es gibt wohl kaum ein Lied, das mit soviel Inbrunst von den Juden der ganzen Welt seit dem vorigen Jahrhundert gesungen wird. Mit der Gründung des Staates Israel wurde es selbstverständlich zur Nationalhymne.

Was ging mir alles durch den Kopf, während ich die schöne Melodie, die fast identisch mit der »Moldau« von Smetana ist, spielte. Daß wir sie hier in Europa wieder erklingen lassen konnten, nachdem unsere Mörder die Vernichtung aller Juden geschworen hatten, war wie ein Wunder. Ich dachte an die Unzähligen, die sie nicht mehr hören konnten. Aber eben auch daran, daß zu meinen Lebzeiten Wirklichkeit wurde, was die Juden zweitausend Jahre so heiß ersehnt hatten: die Wiedererstehung des eigenen Staates, die Erfüllung der Hoffnung, eben der Hatikva. War das »Patriotismus« oder gar »Nationalismus«, was ich da empfand? Diese Begriffe sind mir verhaßt. Sind doch mit ihnen Menschen in rasenden Fanatismus getrieben worden, überall auf der Welt. Schließlich habe ich ja nicht nur die deutsche, sondern auch die japanische, die chinesische, die russische und die arabische Version des Nationalismus kennengelernt. Zu Menschenverachtung und Mord führen sie letztlich alle miteinander. Sollte das also die israelische Variante sein, die da in mir hochkam? Fängt es nicht immer mit den harmlosen Hymnen an? Ich glaube, es war menschlicher, »normaler«, was mich da bewegte. Es war das Gefühl der Zugehörigkeit, des Nichtmehr-ausgestoßen-Seins und vor allem der Triumph des Überlebens.

Viele Jahre später hatte ich dieses Erlebnis noch einmal, als das Israel Philharmonic Orchestra zum ersten Mal nach Berlin kam und sowohl die »Hatikva« als auch das »Deutschlandlied« spielte. Ich war damals Vorstand des Berliner Philharmonischen Orchesters und furchtbar aufgeregt und stolz, in dieser Eigenschaft meine alten Kollegen begrüßen zu können. Ich saß im Saal zusammen mit vielen Mitgliedern der Jüdischen Gemeinde, den Honoratioren der Stadt Berlin und unserem philharmonischen Publikum. Da sah man viele nasse Augen und viele Taschentücher. Es kam uns ja auch wie ein Wunder vor, daß hier in Berlin, dem Ausgangsort des Holocaust, ein jüdisches, ein israelisches Orchester saß und das »Deutschlandlied« und die »Hatikva« spielte.

Doch zurück nach Kopenhagen. Das Publikum hatte ein drittklassiges Orchester erwartet – seine Anwesenheit war wohl mehr eine politische Pflichtübung –, und nun hörte es ein Weltklasseorchester. Es herrschte große Begeisterung. Wir gaben in Dänemark mehrere Konzerte. Dann fuhren wir weiter nach Stockholm und Göteborg, vorbei an herrlichen Wäldern. Israel wurde damals gerade erst aufgeforstet, Wälder gab es noch kaum. Die Tournee führte uns weiter nach Paris, Straßburg, Reims, Nizza, Marseille, dann nach London, Birmingham, Newcastle, Liverpool, Manchester, Glasgow, Edingburgh, Dublin. Überall spielten wir mit großem Erfolg. Die Tournee dauerte zwei Monate.

Unser erstes Konzert in Italien fand in der Mailänder Scala statt. Aber schon für den nächsten Tag um zehn Uhr morgens war eine Audienz bei Papst Pius XII. anberaumt worden. Wir mußten den Nachtzug nach Rom nehmen und konnten uns nicht mehr umziehen. Die Römer staunten nicht wenig, als sie dann um acht Uhr morgens in ihrem Hauptbahnhof eine größere Horde befrackter Herren den Toiletten zueilen sahen. Mit geputzten Zähnen und frisch gewaschenem Hals fuhren wir zu Seiner Heiligkeit.

Vor unserer Abreise aus Israel waren wir über die Haltung dieses Papstes während der Zeit des Faschismus informiert worden. Er war Nuntius in Berlin gewesen und hatte das Konkordat mit Hitler ausgehandelt. Der Vatikan, so wurde uns gesagt, habe eine sehr zwielichtige Rolle gespielt. Aber zwei Dinge müßten wir auch wissen: Erstens, der Vatikan hätte später versucht, einigen kleinen Gruppen von Juden aus Italien zur Flucht zu verhelfen. Und zweitens, Israel müsse aus politischen Gründen gute Beziehungen zum Vatikan pflegen, also pragmatisch handeln.

Ich wußte zwar nicht alle Einzelheiten, aber ich konnte mich erinnern, daß mein Vater schon in China der Meinung war, daß sich viele Katholiken bestimmt anders verhalten hätten, wenn der Papst das Konkordat mit Hitler nicht geschlossen hätte. Der Vatikan sei mitschuldig an dem, was geschehen ist.

Wir fügten uns selbstverständlich den Ratschlägen unserer Regierung, sind zum Papst gefahren und haben quasi als Botschafter Israels für ihn gespielt.

Gemessenen Schrittes, mit unseren Instrumenten in der Hand, ging es in den Saal, alles höchst feierlich. Dann kam der Papst, grüßte huldvoll und setzte sich. Auf seinen Wunsch spielten wir den Zweiten Satz der 7. Sinfonie von Beethoven, wobei er fleißig »mitdirigierte«. Nach unserem Spiel traten wir dann einzeln zu ihm vor, mit jedem unterhielt er sich kurz in dessen Sprache, dann ging man genauso gemessenen Schrittes weiter. Nur der Dirigent, Paul Klecki, der vom Judentum zum katholischen Glauben konvertiert war, kniete nieder und küßte die Hand des Papstes. Wir konnten uns einige leise hämische Bemerkungen nicht verkneifen. Später erhielt jeder von uns zur Erinnerung an diese Audienz eine Medaille.

Amsterdam war die letzte Station unserer denkwürdigen Tournee. Königin Juliane hatte uns ins Hotel Amstel eingeladen und bot uns ihre Jacht für eine Rundfahrt auf den Grachten an. Danach begann unser Jahresurlaub und gleichzeitig der aufregendste Teil unserer Reise. Denn wir, eine kleine Gruppe »alter Berliner«,[1] flogen nun zum ersten Mal wieder nach Berlin.

1956
ZWISCHENSTATION AMERIKA

Wirtschaftlich ging es Israel miserabel, und selbst wir, die wir beim IPO engagiert waren, konnten keine großen Sprünge machen. Meine Eltern hatten keine Wohnung. Und das Aufeinandertreffen so vieler Menschen aus so vielen Ländern, so vielen Kulturen auf so kleinem Raum blieb natürlich nicht ohne Reibungen. Mein Vater sah seine zionistischen Ideale durch die harte Realität des Alltags enttäuscht, und mit seinen 76 Jahren hatte er natürlich auch keine Aussicht auf eine einträgliche Arbeit. Von einer Rente war keine Rede. Nur kurze Zeit war er als Gesanglehrer am Konservatorium in Jerusalem tätig. Die Schwierigkeit mit der Sprache und eine andere Auffassung von Gesangsunterricht beendeten die Anstellung sehr schnell; er gab dann Privatunterricht, hatte aber nur wenig Schüler.

Meine Mutter lebte sich besser ein, bekam verschiedene Engagements als Pianistin und löste mich später im King-David-Hotel ab. Aber auch sie verdiente nicht viel. Wiedergutmachung oder Entschädigung waren zunächst einmal nicht zu erwarten, unsere finanzielle Situation war also wieder einmal mehr als bescheiden.

Nun hatte meine Halbschwester Irma inzwischen mehrfach aus Amerika geschrieben, sie könne und würde uns helfen, wenn wir zu ihr in die USA kämen. Dies und natürlich die Aussicht, in der Nähe seiner Tochter leben zu können und so die ganze Familie wieder um sich zu haben, beflügelte meinen Vater zusätzlich, Israel wieder zu verlassen. Und wie bei früheren wichtigen Entscheidungen beschloß er für uns mit.

Im Jahr 1952 baten wir beim amerikanischen Konsulat um

Wiederaufnahme unserer Anträge aus der Zeit vor dem Krieg, um ein Immigrantenvisum zu erhalten. Das dauerte alles eine geraume Zeit. Wir konnten aber diesmal fest mit einem Affidavit rechnen, da ja meine Schwester in Amerika lebte.

1956 schließlich bekamen meine Eltern die Einreiseerlaubnis, ich nicht. Aber ich wollte auch noch gar nicht, ich fühlte mich wohl in Israel. Als Mitglied des IPO hatte ich einen privilegierten Status in der Gesellschaft und war stolz darauf, mit so vielen erstklassigen Künstlern zusammenarbeiten zu dürfen. Ich versprach meinem Vater, daß ich irgendwann nachkommen würde; eine dauerhafte Trennung hätte er nicht akzeptiert. Meine Eltern fuhren also im Frühjahr 1956 mit dem Schiff nach Amerika.

Dann, im Dezember, kam ein Telegramm mit der Nachricht von einem schweren Herzinfarkt meines Vaters. Es hieß, er hätte wahrscheinlich nicht mehr lange zu leben. Das stürzte mich in einen großen Konflikt: Es war mir nicht möglich, Hals über Kopf das Land und das Orchester zu verlassen. Andererseits aber war die Bindung zu meinem Vater nach wie vor sehr groß, obwohl ich mich seiner strengen Aufsicht oft gerne entzogen hatte. Zu viel hatten wir gemeinsam durchgestanden und der Gedanke, daß er sterben würde, ohne daß ich ihn noch einmal gesehen hätte, war mir unerträglich.

Der israelische Konsul in Chicago sandte, nachdem er sich im Krankenhaus vergewissert hatte, daß mein Vater tatsächlich sterbenskrank war, ein Telegramm ans Außenministerium und bat um eine befristete Sondergenehmigung für meine Ausreise. Denn im gleichen Monat begann der Sinai-Feldzug, Israel befand sich im Krieg, und niemand im wehrpflichtigen Alter durfte das Land verlassen. Überraschenderweise wurde mir aber dennoch die Ausreisegenehmigung erteilt, persönlich unterschrieben von Golda Meir, der damaligen Außenministerin. Ich hatte natürlich kein Geld für das Flugticket, das Orchester streckte es mir vor. Dafür hinterließ ich meinen Motorroller und mein Rundfunkgerät als Pfand. Selbstverständlich hatte ich hoch und heilig versprochen, daß ich zurückkehren würde. Ich meinte es auch vollkommen ehrlich, obwohl mir bewußt war, wie schwierig alles werden würde. Jetzt aber war die Hauptsache, so schnell wie möglich zu meinem Vater zu gelangen.

Die Reise nach Amerika ergab sich so plötzlich, daß mir der Gedanke, es könnte der Abschied von Israel sein, gar nicht in den Sinn kam. Der Flug dauerte sehr lange, war mit verschiedenen Zwischenaufenthalten verbunden – es gab noch keine zivilen Düsenflugzeuge –, und ich fürchtete schon, zu spät zu kommen. Es war ein Wettlauf mit der Zeit. Ich wußte, daß es meinem Vater immer schlechter ging.

In Chicago wurde ich von meiner Mutter, meinem Schwager Julius und meiner Schwester Irma in Empfang genommen. Ich hatte Irma seit zwanzig Jahren nicht mehr gesehen, Julius kannte ich überhaupt nicht. Wir hatten kaum Zeit zu reden, denn vom Flughafen ging es direkt ins Krankenhaus zu meinem Vater. Er lag im Sauerstoffzelt an verschiedenen Schläuchen und schlief, aber kurze Zeit, nachdem ich sein Zimmer betreten hatte, hob er den Kopf, blickte mich an und sagte mit klarer und vollkommen normaler Stimme: »Da bist du ja endlich!«

Die Ärzte sagten am nächsten Tag, daß meine Ankunft offenbar ein Wunder bewirkt hätte und sie so etwas nur sehr selten erlebt hätten. Denn schon konnte mein Vater das Sauerstoffzelt verlassen und wenig später sogar nach Hause entlassen werden. Nur mit großer Mühe konnten die Ärzte und wir ihn davon überzeugen, daß er sich schonen und unbedingt für ein paar Wochen zur Rehabilitierung in ein Sanatorium müsse. Nach nur wenigen Tagen im Sanatorium aber fing er an, so lange zu zetern und zu schimpfen, bis wir ihn nach Hause holten. Er genoß es, endlich die ganze Familie wieder um sich zu haben, jetzt war er zufrieden, und es war uns unmöglich, ihm zu sagen, daß ich nur auf kurze Zeit gekommen sei und zurück nach Israel müsse.

Meine Eltern hatten eine bescheidene Wohnung in Chicago, meine Mutter eine Anstellung an der Musikschule der North-Western-University in Evanston, einem Vorort im Norden Chicagos, gefunden. Natürlich half mein Schwager Julius, so gut er konnte. Julius war in den dreißiger Jahren von Hamburg aus nach Palästina gekommen. Schon während der »Hachschara« bei Hamburg – so nannte man die Vorbereitung und die Schulung auf die Landarbeit in Palästina – hatte er meine Schwester kennengelernt und dann mit ihr im gleichen Kibbuz gelebt. Seine Eltern blieben in Deutschland und wurden ermordet. Die meisten seiner acht Geschwister konnten sich nach Palästina retten, blieben dort – wie seine Schwester Cilly, die uns bei unserer Ankunft begrüßt hatte – oder ließen sich nach dem Krieg in den USA oder England nieder. Julius' Onkel Harry, der schon seit den zwanziger Jahren in den USA lebte, hatte sich um sie gekümmert, sie nach Kräften unterstützt und ihnen angeboten, zu ihm nach Amerika zu kommen – genauso, wie es meine Schwester und Julius später mit meinen Eltern getan hatten.

Meine befristete Aufenthaltsgenehmigung verbot es mir, Geld zu verdienen. Ich wohnte bei meinen Eltern und nutzte die freie Zeit, um mich ein wenig mit dem amerikanischen Lebensstil vertraut zu machen. Amerika war ja für viele Emigranten das Land ihrer Träume. Von ihm erhoffte man sich Freiheit von Not und Bedrohung und endlich ein annähernd »normales« Leben. Ich aber hatte zunächst noch die Verpflichtung, mein Versprechen, nach Israel zurückzukehren, einzuhalten. Das änderte sich jedoch, als uns von den Ärzten gesagt wurde, daß meinen Vater eine erneute Trennung zu sehr aufregen und er sie möglicherweise nicht überleben würde.

Für mich entstand eine schwierige Situation. Es war so, daß ich in Israel als Deserteur gelten würde, wenn ich meinen

USA-Aufenthalt ausdehnte. Und einem Deserteur wurde natürlich der Paß nicht verlängert, das heißt, ich hätte bald kein gültiges Reisedokument mehr. Und ohne das hätte ich keine Aufenthaltsverlängerung erhalten.

Ich stand also vor der Entscheidung, Israel und mein Orchester, dem ich meine unbedingte Rückkehr geschworen hatte, zu »verraten«, oder aber meinen Vater zu verlassen. Ich wußte nicht, was ich machen sollte. Nach langen Unterredungen mit meinem Schwager, meiner Schwester und meiner Mutter – mein Vater wußte noch immer nicht, daß ich eigentlich weg mußte –, beschlossen wir, daß ich in Amerika bleiben sollte. Das war nur machbar durch Umwandlung meines Touristenstatus in den eines Einwanderers. Dazu benötigte ich natürlich einen gültigen Reisepaß. Da ich den inzwischen nicht mehr hatte, gab es für mich nur eine Möglichkeit: meine sofortige Wiedereinbürgerung in die deutsche Staatsbürgerschaft zu beantragen, worauf ich selbstverständlich ein Anrecht hatte. Ich ging zum deutschen Konsulat, wo mir nach ein paar Tagen mein deutscher Paß ausgehändigt wurde. Den israelischen durfte ich auch behalten. Nach diesem schweren Entschluß schrieb ich am 1. März 1957 an den Vorstand des Israel Philharmonic Orchestra einen langen Brief, in dem ich um Verständnis für mein Dilemma und meine Entscheidung bat.

Wenn ich den Brief heute wieder lese, erkenne ich, wie sehr er von einem schlechten Gewissen diktiert war, obwohl es eigentlich keinen Grund dafür gab. Ich habe übrigens nie eine Antwort erhalten. 1960, drei Jahre später, kam das IPO zu einem Gastspiel nach Amerika – ich war damals im Orchester von Rochester/New York –, und ich traf meine ehemaligen Kollegen wieder. Einige machten mir Vorwürfe, andere äußerten Verständnis oder wollten nicht mehr an alte Wunden rühren, wieder andere wie mein Freund Horst Salomon meinten, sie hätten sich in dieser Situation auch nicht anders verhalten. Erst 1967, nach dem Sechs-Tage-Krieg, konnte ich wieder nach Israel fahren, diesmal zusammen mit meiner Frau Gisela und meiner dreijährigen Tochter Adina. Jetzt wurde mir auch der israelische Paß anstandslos verlängert. Um wieder ausreisen zu können, mußte ich mich allerdings wie jeder Israeli bei der Militärbehörde in Jaffa melden. Merkwürdigerweise gab es dort keine Akten mehr über mich, und ich wurde für alle Zeiten vom Militär- bzw. Reservedienst freigestellt. (Bei dieser Gelegenheit fällt mir ein: Trotz aller Kriege, die ich erlebt habe, mußte ich niemals eine Waffe in die Hand nehmen.)

Nachdem nun klar war, daß ich in Amerika bleiben würde, mußte ich mich um meine berufliche Situation kümmern. Zunächst versuchte ich, in ein gutes Orchester zu kommen. Am liebsten wollte ich natürlich ins Chicago Symphony Orchestra. Chefdirigent war der berühmte, in Musikerkreisen aber auch wegen seines autoritären Verhaltens gefürchtete Fritz Reiner aus Ungarn. Ich bewarb mich um eine Vakanz bei den Ersten Geigen und bekam einen Termin in den Kellern der Symphony Hall zum Probespiel. Mich erwarteten Fritz Reiner, John Weicher, der Konzertmeister, und der Manager. Zuerst spielte ich meine altbewährte »Symphonie Espagnol« von Lalo, immer noch auf meiner alten »Winsel«, aber ich war gut in Form. Im Vergleich zu späteren Probespielen, bei denen sich Hunderte von Musikern in Chicago bewarben, war alles sehr intim. Reiner war äußerst wohlwollend, und ich erzählte ihm, daß ich vom Israel Philharmonic Orchestra käme.

Nach Lalo mußte ich noch vom Blatt spielen, unter anderem legte er mir die handgeschriebenen Noten der Bearbeitung eines Stückes von Bach durch Stokowski vor. Es war sehr schwer zu lesen und sehr kompliziert. Reiner war aber zufrieden, und wir unterhielten uns noch privat, alles auf deutsch. Wie ich später erfuhr, war sein Verhalten mir gegenüber ungewöhnlich freundlich. Ich konnte mir jedenfalls nicht erklären, warum man ihn so fürchtete.

Reiner tuschelte dann mit dem Konzertmeister, und schließlich sagte er lächelnd: »Wir nehmen Sie. Besprechen Sie die weiteren Einzelheiten bitte mit dem Manager.« Ich war glücklich, mein Leben schien mit einem Schlag verändert. Der Manager blieb bei mir und fragte: »Sind Sie in Local 10?« Ich verstand kein Wort – er wollte wissen, in welcher amerikanischen Stadt ich gewerkschaftlich organisiert sei. »Sind sie in der Union?« »Ja, selbstverständlich bin ich in der Gewerkschaft.« »In welcher Stadt?« »In der Histadruth, in Tel Aviv.« »Wie bitte?« »Na, in der israelischen Gewerkschaft.«

Der Manager war fassungslos, daß ich zum Probespiel erschienen war, ohne Mitglied in der »Musicians Union« zu sein und warf mir vor, daß ich das Orchester, Herrn Reiner und ihn dadurch in große Gefahr gebracht hätte. Ich verstand die Welt nicht mehr und konnte nicht begreifen, wieso mein Probespiel eine »Gefahr« für dieses berühmte Orchester bedeuten könne. Er klärte mich dann über die Funktionen und vor allem über die rigorosen Praktiken der Gewerkschaften, insbesondere der Musikergewerkschaft, auf und ermahnte mich, um Himmels willen niemandem von meinem Auftritt zu erzählen. Ich kam mir vor wie ein Verbrecher. Innerhalb von wenigen Minuten waren meine schönsten Hoffnungen geplatzt. Und sicherlich wäre mein Leben völlig anders verlaufen, wenn ich, wie von Reiner beabsichtigt, im Chicago Symphony Orchestra, einem der international bedeutendsten – und übrigens auch bestbezahlten – Orchester, eingestellt worden wäre. Die ehernen Gesetze der Union haben das verhindert.

•

Nun war klar, daß ich in meinem Beruf zunächst nicht arbeiten durfte. Ich konnte nur mit Tätigkeiten, die nicht gewerkschaftsgebunden waren, Geld verdienen. Ich wurde also – in dieser Reihenfolge – Schuhverkäufer, Bürstenverkäufer der Firma Fuller-Brush, und Hammondorgelverkäufer. Nur insgeheim spielte ich als Barpianist, immer Gefahr laufend, erwischt zu werden. Ich konnte nur in Hotels oder Bars auftreten, deren Besitzer keine Angst vor der »Union« hatten bzw. nicht mit ihr zusammenarbeiten wollten. Die wurden natürlich von den Gewerkschaften boykottiert.

Es war die Zeit, wo die »Union« von Gangstern geführt wurde, deren Boß der legendäre und berüchtigte Petrillo war. Seine Führung war sehr straff, die Leute hatten Angst vor ihm. Gleichzeitig aber wurde die »Union« unter seiner Leitung zu einer schlagkräftigen und respektierten Organisation. Seine Erfüllungsgehilfen kontrollierten die Lokale und sorgten dafür – manchmal mit Brachialgewalt –, daß Nichtorganisierte nirgendwo auftreten durften. Ich wiederum konnte nicht in die »Union« eintreten, solange ich nicht offiziell als Einwanderer anerkannt war – eine Zwickmühle. Aber ich mußte Geld verdienen, denn ich konnte nicht auf der Tasche meines Schwagers liegen, und meine Mutter verdiente auch nicht genug.

Meine Karriere als Schuhverkäufer begann. Ich kam in einen großen Laden, wo billige Damenschuhe verkauft wurden. Zunächst wurde ich eingewiesen. Das erste, was mir eingetrichtert wurde, war: »Keine Kundin darf hier hinausgehen, ohne Schuhe gekauft zu haben. Egal, was sie möchte, ein guter Verkäufer verkauft ihr alles.« Dann wies man mich in das Lager ein, zeigte mir, wo die verschiedenen Schuhgrößen gestapelt waren, wie eine Rechnung geschrieben werden mußte. Und dann ging es los.

Es erschien eine äußerst korpulente Dame und verlangte ein paar Schuhe mit einem bestimmten Namen. Ich hatte überhaupt nicht verstanden, was sie wollte – ich sprach ja noch kaum Englisch –, und ging zu einem meiner Kollegen. Der sagte mir, daß wir diese Schuhe nicht führten, gab mir aber ein anderes Paar, mindestens zwei Nummern zu klein. Ich mußte ihr die Schuhe anpassen. »Nein, ich will ganz andere Schuhe haben.« Ich hatte natürlich den Lehrsatz im Kopf: »Niemand hat ohne gekaufte Schuhe den Laden zu verlassen« und versuchte krampfhaft, sie zu beschwatzen. »Diese Schuhe sind doch mindestens genauso schön und dabei wesentlich billiger.« Aber die Dame ließ sich nicht überzeugen und rauschte ziemlich verärgert aus dem Laden. Das sah der Aufseher und stellte mich sofort zur Rede. Meine Karriere als Schuhverkäufer endete sehr rasch, denn meine zweite Kundin konnte ich auch nicht überreden, Schuhe zu kaufen, die sie nicht haben wollte. Ich habe als Schuhverkäufer sämtliche Rekorde gebrochen: Ich habe keinen einzigen Schuh verkauft!

Als nächstes wurde ich »Fuller Brush Man«. Fuller Brush ist eine Firma, darauf spezialisiert, Kurzwarenartikel von Haus zu Haus zu verkaufen. Man ging zur Küchen- oder Hintertür, zeigte den geöffneten Musterkoffer, in dem es alles mögliche gab: Nähgarn und Bürsten, Knöpfe, Seifen und so weiter. Der Reiz dieses Geschäfts lag darin, daß man einen ziemlich hohen Prozentsatz vom Umsatz als Provision erhielt. Wir zeigten den Leuten lediglich Muster, die Lieferung erfolgte dann später. Sobald die Leute die Aufträge, die »orders«, unterschrieben hatten, ging man ins Büro und bekam die Provision gutgeschrieben. Ich hörte, daß man bei diesem Geschäft, wenn man es schlau anstellte, buchstäblich ein Vermögen machen könne.

Anfangs war ich einem erfahrenen Verkäufer zugeordnet. Wir zogen also zusammen mit unserem Bauchladen los, kamen an die Küchentür, klingelten, die Hausfrau öffnete einen Spalt breit, und er flötete: »Guten Tag, gnädige Frau, Ihr Fuller Brush Man ist da und bringt Ihnen die neuesten Muster.« Und sie: »Nein, danke schön« und wollte die Tür schließen. Da hatte mein Kollege aber schon seinen Fuß in der Tür. »Wir bringen wirklich absolut neue, interessante Sachen. Sie müssen nichts kaufen, sehen Sie sich doch wenigstens meine wunderbaren Muster an.« Schon saßen wir in der Küche, und ehe ich mich versah, hatte er seinen großen Koffer ausgepackt und wedelte ihr mit einer Parfümflasche unter der Nase herum; es dauerte nicht lange, und er hatte eine ganze Seite seines Bestellblockes gefüllt. So ging es von einer Tür zur anderen. Es kam selten vor, daß uns die Tür vor der Nase zugeknallt wurde. Er hatte einen Riecher dafür, wo er etwas loswerden konnte und wo nicht. Er meinte: »Bei den meisten kann man was loswerden. Die Weiber kaufen immer, du mußt es nur richtig präsentieren.« Er hatte nach diesem einen Tag wirklich seinen Block voll mit Bestellungen und hatte bestimmt viele Dollars gemacht.

Am nächsten Tag zogen wir wieder los. Diesmal sollte ich die aktive Rolle übernehmen. Ich scheiterte schnell: den Fuß in die Tür stellen – das konnte ich nicht. Mein Kompagnon griff sofort ein, im Nu blockierte er die Tür, schon waren wir in der Wohnung, und wieder wurden Aufträge geschrieben. Das Leben lehrte mich, keinen Menschen und keine Arbeit geringzuschätzen. Aber dieser Sprung vom Musiker zu einem Straßenhändler, der katzbuckeln und durch Hintertüren um Einlaß betteln mußte, das war eine Barriere, die ich nicht so einfach überspringen konnte. Nach kurzer Zeit hängte ich auch diesen Beruf an den Nagel, denn ich mußte einsehen, daß ich für amerikanische Verhältnisse ein Versager war.

Nun suchte ich mir eine Tätigkeit, von der ich glaubte, sie würde eher zu mir passen: elektronische Orgeln verkaufen. Ich konnte dort selbständig arbeiten. Das Unternehmen hatte seinen festen Kundenstamm. Zu meinen Aufgaben gehörte außerdem die Vermittlung von Orgelunterricht. Man erspare mir die Einzelheiten: Ich habe keine einzige Orgel an die Frau oder den Mann gebracht!

Zu guter Letzt wollte ich Versicherungen verkaufen. Viele Berufsmusiker in Amerika betätigen sich nebenbei als Versicherungsvertreter, man kann damit offenbar viel Geld verdienen. Um angestellt zu werden, mußte ich mich aber einer Prüfung unterziehen. Unter anderem hatte ich eine Prozentrechnung zu lösen. Der Anfang war auch gleich das Ende: Ich wußte die Formel nicht. Der Prüfer schaute mich bloß mitleidig an.

Ich ging wieder zurück in die »Illegalität«, zum Musizieren. Es gab ein paar Lokale, die mich für einen Tag für ihre Kapelle engagierten. Einmal sollte ich in einem griechischen Restaurant für den Pianisten einspringen. Zum ersten Mal war ich hilflos. Die griechischen Rhythmen sind sehr schwierig, wenn man nicht damit vertraut ist, außerdem hatte ich keine Noten. In Chicago gab es viele dieser Nationalitätenrestaurants, in denen dann die jeweilige Volksmusik gespielt wird, auch Tanzmusik und die neuesten Filmschlager, Jazz usw. Ich kannte die wenigsten Stücke und mußte deshalb oft kapitulieren. So erging es mir auch, als ich schließlich einsamer Barpianist wurde. Ich »verkaufte« den Leuten, statt die gewünschten neuesten Schlager zu spielen, wieder meine gute alte »Gräfin Mariza«, nun allerdings schon mit einigen Gershwins als Zugabe.

Ich lernte einen Deutschen und einen Österreicher kennen, die erst vor kurzem eingewandert waren. Der eine, aus Gießen, hieß Wolfgang Ritter; er hatte in Mittenwald seine Lehre als Geigenbauer abgeschlossen und war danach von Louis & Sons, einem renommierten Instrumentengeschäft in Downtown Chicago, angestellt worden. Der andere war Erich Prager aus Wien, der im selben Geschäft Streichinstrumente verkaufte.

Er war zwar weder Geigenbauer noch -spieler, verstand aber viel von Streichinstrumenten. Beide kündigten bei Louis & Sons und übernahmen von einem deutschen Geigenbauer aus Sachsen Geschäft und Werkstatt. Wolfgang war zuständig für Reparaturen und Restaurierungen, Erich für den Verkauf.

Als ich nach Chicago kam, waren sie gerade beim Aufbau ihres Geschäfts. Wolfgang wohnte gegenüber von uns in Evanston. Wir hatten uns schnell angefreundet. Da ich nichts zu tun hatte, verbrachte ich meine Tage bei ihnen in der Werkstatt. Ich konnte auf den Geigen üben, die sie im Laden hatten. Viele waren besser als meine. Ich konnte Wolfgang bei der Arbeit zusehen und erwarb mir so ein Grundwissen über Geigenbau und Restauration. Unter den Kunden waren viele Musiker des Chicago Symphony Orchestra, die ich auf diese Weise kennenlernte.

Erich war sehr clever. Jedesmal wenn das Telefon klingelte, mußte ich mir eine Geige nehmen und irgend etwas spielen. Auf die Frage: »Wer spielt denn da bei Ihnen?«, kam Erichs Antwort: »Ach, das ist einer der Konzertmeister des Israel Philharmonic Orchestra. Der ist gerade hier und probiert eines unserer wertvollen Instrumente aus.«

Reklame ist alles in Amerika. Auch das war ein Weg, um Kunden anzulocken. Ich spielte vor, wenn Eltern kamen, die für ihre Kinder eine gute Geige kaufen wollten. Oder es kamen Geiger, die zwar selbst die Geigen ausprobierten, sie aber auch von anderen gespielt hören wollten.

Manchmal packten wir zwanzig bis dreißig billige Geigen in den Kombi und klapperten damit Schulen in den Vororten von Chicago und in der Provinz ab. Ich hielt dann jedesmal einen Vortrag über Geigen und spielte etwas vor. Danach kam Erich an die Reihe, der sich bemühte, die Geigen zu verkaufen – wieder eine Art Straßenhandel und ein mühsames Geschäft. Die Eltern wollten zwar für ihre Kinder Geigen haben, konnten sich aber schwer von ihrem Geld trennen bzw.

versuchten, für fünfzig Dollar zumindest eine Stradivari zu bekommen. Wenn wir sie soweit bearbeitet hatten, daß sie eine Geige wenigstens zur Probe für einige Tage mitnahmen, konnten wir sicher sein, daß neunzig Prozent der Geigen wieder zurückkamen und die restlichen zehn Prozent entweder den Preis drücken oder nur auf Abzahlung kaufen wollten. Ich verdiente nichts dabei, aber immerhin sprang auf den Reisen ein warmes Essen für mich heraus, und im Auto hatten wir viel Spaß, wenn wir unsere Kunden nachäfften oder über ihren Geiz lästerten.

Dann bekam ich eine alte italienische Geige von ihnen, eine »Testore«. Ob sie echt war, weiß ich nicht, aber sie war weitaus besser als meine alte, klang sehr gut, und sie machten mir einen sehr günstigen Preis, den ich abstottern durfte.

Fast gleichzeitig, es waren eineinhalb Jahre vergangen, klärte sich endlich meine Einwanderungsangelegenheit. Ich mußte offiziell aus den USA ausreisen und fuhr nach Kanada. In Montreal ging ich zum amerikanischen Konsulat, reichte meine Papiere ein, erhielt die Einreiseerlaubnis und kehrte nun endlich legal als Einwanderer in die USA zurück.

Sofort meldete ich mich bei der »Union«. Ich wurde zu einer Prüfung bestellt. Ich hatte zu warten, bis ich an der Reihe war, wurde dann aufgerufen und sollte etwas vorspielen. Von Musik hatten die Herren Gewerkschafter keine Ahnung – es war eine reine Pro-forma-Angelegenheit. Ich hatte noch keine Minute gespielt, als der Prüfer »genug, genug« sagte und ein Formular aus dem Schreibtisch holte. Ich mußte noch eine Gebühr bezahlen, dann war ich Gewerkschaftsmitglied.

Das hieß aber nicht, daß ich jetzt schon arbeiten durfte. Nun mußte ich eine weitere bittere Pille schlucken. Ein Gebot der »Union« war, daß man erst nach einem halben Jahr, gerechnet vom Tag des Beitritts, anfangen durfte zu arbeiten. Also mußte ich noch einmal ein halbes Jahr warten. Beim

Chicago Symphony Orchestra konnte ich mich nicht noch einmal bewerben, die Stelle war besetzt. Außerdem konnte ich dem Manager nicht mehr unter die Augen treten. Inzwischen, es war 1958, war ich dreißig Jahre alt und wollte endlich auch einmal von zu Hause weg sein. Ich bewarb mich also bei anderen Orchestern in anderen Städten.

In St. Louis und Rochester

Ich wurde schließlich im Orchester von St. Louis engagiert. Das St. Louis Symphony Orchestra ist eines der ältesten Orchester Amerikas. Es zählte zwar nicht zur »Oberliga«, war und ist aber ein sehr gutes Orchester.

Zwei Saisons spielte ich dort und hatte auch Gelegenheit, solistisch aufzutreten. Weit weg von meinen Eltern, führte ich ein ziemlich chaotisches Junggesellenleben. Manche Nacht verbrachte ich mit einigen Kollegen in unseren Umkleideräumen beim Pokern. Das begann abends nach dem Konzert und dauerte manchmal bis zum nächsten Morgen oder sogar bis in den Nachmittag hinein, unterbrochen nur von einem kurzen Frühstück, einer schnellen Morgenwäsche und der Orchesterprobe am Vormittag. Gelegentlich kam es deswegen zu Ehekrächen; manche Frauen versuchten, ihre Männer vom Kartentisch nach Hause zu holen, schimpften oder wurden von ihren Männern beschimpft. So manches Wochenhonorar verschwand auf Nimmerwiedersehen im Pokerpott. Natürlich schloß ich nicht nur Pokerfreundschaften. Joan und Bert Siegel, Eddy und Mimi Ormond gehörten zur »soliden« Fraktion meiner Freunde und versuchten, mich auf dem Pfad der Tugend zu halten oder auch dorthin zurückzubringen. Wir spielten viel Kammermusik miteinander, was wir übrigens bis auf den heutigen Tag tun, wenn wir uns irgendwo in der Welt treffen. Im Grant Park Symphony Orchestra in Chicago, das jeweils für eine kurze Sommersaison aus Musikern verschiedener Orchester zusammengestellt wird, spielten wir mehrere Saisons gemeinsam. Seit vielen Jahren sind die Siegels und Eddy Ormond Mitglieder des Cleveland Symphony Orchestra. Inzwischen sind auch sie alle pensioniert.

Als Solist mit dem St. Louis Symphony Orchestra, 1958

Wir spielten auch zusammen in der St. Louis Symphonietta, einem Kammerorchester, das von unserem Konzertmeister Harry Farbmann gegründet und dirigiert wurde. Mit dieser Gruppe gingen wir oft auf Reisen. Ich lernte dadurch andere Teile Amerikas kennen, besonders den Süden. Wir fuhren in Städte, in die große Orchester normalerweise nicht fahren, spielten hauptsächlich in Universitäten, und dabei wurde ich zum ersten Mal direkt mit der Rassendiskriminierung konfrontiert.

Eines Tages kamen wir in eine kleine Stadt in Alabama, es war heiß und staubig. Wir stiegen in einem ärmlichen Hotel ab. Zum Essen gingen wir in den Drugstore. Ein Drugstore ist ja nicht nur Apotheke, sondern auch Verkaufsladen und Imbißstube in einem. Vor allem in kleinen Städten ist es eine Art Treffpunkt für alle, besonders für die, die keine Arbeit oder eben nichts Besseres zu tun haben. Vor dem Drugstore lungerten Leute herum, alles Weiße. Es war ein Bild wie aus einem Western.

Meine Kollegen und ich, drei, vier Leute, wollten in das Lokal gehen, als vor der Tür plötzlich jemand vor uns ausspuckte, dann noch einer. Wir gingen hinein, setzten uns an die Theke und wollten etwas bestellen. Der Kellner sagte: »Wir haben nichts.« Aber neben uns wurde gegessen. Ich sagte: »Entschuldigen Sie mal, die anderen Gäste essen doch alle.« Er schüttelte nur den Kopf und verschwand. Wir wurden nicht bedient! Daraufhin verließen wir natürlich das Lokal. Die Typen vor der Tür spuckten wieder. Wir konnten uns das alles nicht erklären. Später erst stellte sich heraus, warum uns das passiert war: Unser Konzert fand nämlich in einer Universität für Schwarze statt! Und natürlich hatte es sich herumgesprochen, daß wir die Musiker waren, die dort spielen sollten. Weiße Musiker, die für Schwarze spielten! Eine Schande.

In der Universität allerdings empfing man uns am Abend mit großer Herzlichkeit – und mit einem hervorragenden Essen.

»Sie haben in der Stadt wohl nichts zu essen bekommen. Das dachten wir uns schon, deshalb haben wir hier etwas vorbereitet.« Dieses Erlebnis konnte ich nie vergessen. Vor allem der unglaubliche Unterschied auch im Bildungsniveau. Diese weißen Hillbillies – »white trash«, weißer Abfall, nennt man sie in Amerika –, die da rumstanden, spuckten und auf uns herabsahen, und dann die hochgebildeten Farbigen in der Universität.

Ein anderes Beispiel erlebten wir in Evanston. Wir hatten ein kleines Einfamilienhaus gemietet, unsere bis dahin komfortabelste Unterkunft. In der Nachbarschaft wohnten nur Weiße. Dann wurde ein Haus nebenan von einem älteren farbigen Ehepaar gekauft, das mit seinem Enkelsohn Billy dort einzog, sehr freundliche Leute. Kurz darauf erschien eine Delegation von Nachbarn bei uns, alles Hausbesitzer, die uns dazu überreden wollten, dem farbigen Ehepaar klarzumachen, daß die Straße »weiß« bleiben und sie besser wieder verkaufen sollten. Wir machten natürlich nicht mit, abgesehen davon, daß uns das Haus gar nicht gehörte. Von da ab wurden wir von unseren weißen Nachbarn geschnitten und siehe da: Nach und nach zogen die Weißen weg, verkauften ihre Häuser und die Straße wurde »schwarz«. Bei meinem letzten Besuch in Chicago 1996 besuchte ich auch unsere alte Gegend und konnte mit Genugtuung feststellen, daß die rassistischen Aversionen von »weiß« gegen »schwarz« zumindest in dieser Gegend mehr oder weniger verschwunden waren. Das Viertel wird jetzt sowohl von Weißen als auch von Farbigen bewohnt.

Durch meine Sommertätigkeit im Grant Park Orchestra in Chicago kam ich dann mit dem Dirigenten Ted Bloomfield in Kontakt, der mich nach einem Probespiel für sein Orchester in Rochester, im Staate New York, engagierte. Dieses Orchester ist eng mit dem berühmten Eastman-Konservatorium verbunden. Ted Bloomfield war ein erstaunlich guter Musiker, nicht nur als Dirigent, sondern auch als Hornist und Pianist. Er war Schüler und Assistent von George Szell gewesen und brachte alle musikalischen Voraussetzungen für eine große internationale Karriere mit. Wir waren oft auch privat zusammen, und als ich später nach Berlin ging, konnte ich ein wenig dazu beitragen, daß er Chefdirigent des Symphonischen Orchesters Berlin, den jetzigen Berliner Symphonikern, wurde, wo er nicht nur als Musiker, sondern auch mit hervorragenden Programmkonzeptionen auffiel. Daß Ted Bloomfield die Erwartungen, die man in seine Karriere gesetzt hatte, nicht ganz erfüllte, hatte sicherlich nichts mit seinen musikalischen Qualitäten zu tun.

In Rochester schloß ich mich auch einem Ensemble an, das von einer Cellistin gegründet worden war. Wir nannten uns »Ars Antiqua« und spielten barocke Musik auf barocken Instrumenten. Das war sehr reizvoll. Ich lernte, Viola zu spielen, die eine etwas andere Technik erfordert als die Geige. Wir gaben Konzerte, auch mit Sängern. Wäre ich nicht nach Berlin gegangen, hätte ich gerne noch länger dort gespielt.

Eigentlich hatte ich mich in Amerika gut eingelebt, hatte viele neue Freunde gewonnen und hätte auch mit meiner Arbeit zufrieden sein können. Was mir aber nicht behagte, war der Status des Orchestermusikers in Amerika. Im Unterschied zu Israel galt ein Musiker in Amerika gesellschaftlich sehr wenig. Musik zählte allgemein zum Entertainment und wurde, wie alle anderen kulturellen Einrichtungen, ausschließlich von privaten Sponsoren finanziert. Staatliche Unterstützung gab es nicht. Trotzdem sind in den USA viele der besten Orchester der Welt zu Hause, die aber oft in demütigender Abhängigkeit von privaten Sponsoren sind. Das empfand ich stark, und es verletzte meinen »Berufsstolz«.

Zu Anfang einer Saison, wenn Geld für die Arbeit des Orchesters gesammelt werden mußte, damit es überhaupt weitergehen konnte, kam ich mir wie ein Almosenempfänger vor. Und die arbeitsrechtlichen Rahmenbedingungen waren alles andere als freundlich.

Mit dem Ensemble »Ars Antiqua«, Rochester 1960

In Amerika lag die jährliche Arbeitsdauer in den meisten Orchestern höchstens bei 35 Wochen. Für die restliche Zeit mußte man von Arbeitslosenunterstützung leben oder Nebenbeschäftigungen nachgehen. Die privaten Orchesterträger wollten oder konnten ihre Orchester nicht höher finanzieren. Benefizkonzerte zugunsten des Orchesters mußten veranstaltet werden. Oft waren sie von sehr unterschiedlicher Qualität, um es milde auszudrücken. Dazu kam beispielsweise, daß man zuweilen Schlagersänger und andere Entertainer als Solisten engagieren mußte, die für das Orchester Benefizkonzerte gaben.

Eines Tages, ich war noch im St. Louis Symphony Orchestra, wurde ein Programm angesetzt: Unterhaltungsmusik. Es erschien also ein Sänger – ich kannte ihn nicht – und er fing an, durch das Mikrophon seine Lieder zu schnulzen – ohne Mikrophon hätte man ihn sowieso nicht gehört. Und das große Symphonieorchester begleitete ihn. Ich war entsetzt und beschwerte mich. Mit dem Hinweis darauf, daß die nächste Saison davon abhängen könnte, wurde ich zur Räson gebracht. Dieser Popkünstler hieß Paul Anka. Als ich mein Unverständnis äußerte, wurde mir klargemacht, es sei eine Ehre, daß Paul Anka mit uns auftrete.

Man verstehe mich nicht falsch: Ich habe oft genug meinen Lebensunterhalt mit Unterhaltungsmusik verdient, und keineswegs immer auf höchstem Niveau. Daher habe ich nicht den geringsten Grund oder das Recht, auf Unterhaltungskünstler mit dem Snobismus eines »klassischen« Musikers herabzuschauen. Abgesehen davon, daß es große Künstler unter ihnen gibt, die in ihrem Können den Großen der sogenannten E-Musik in nichts nachstehen. (Während ich dies schreibe, denke ich an Larry Adler, den berühmten Mundharmonikavirtuosen, der erst vor kurzem in Berlin auftrat. Er ist jetzt über achtzig und nach wie vor ein großer Künstler.) Dazu kommt, daß die Grenzen zwischen E- und U-Musik durchaus fließend sind und eine gut gespielte Polka von Strauß qualitativ wertvoller ist als eine schlecht gespielte Symphonie! Aber die Vermischung der so sehr unterschiedlichen Ebenen, zumal sie uns vom Management aufgezwungen wurde, mißfiel mir zutiefst. Heute sehe ich das alles etwas anders, aber damals, als ich noch jung und naiv war und noch nicht begriffen hatte, daß »music business« eben »big business« ist und daß ich nur ein winziges austauschbares Rädchen in diesem Geschäft bin, damals regte mich das maßlos auf.

Dies war einer der Anlässe, warum ich nicht mehr in Amerika als Orchestermusiker arbeiten wollte. Über die Situation in Europa war ich nicht informiert, beschloß aber, mich dort umzusehen. Wenn es in Europa besser wäre, dann würde ich mich irgendwo um ein Engagement bemühen, wenn nicht, dann müßte ich eben aus Amerika das Beste machen. Europa begann bei mir natürlich in Berlin. Wenn es dort nichts gäbe, wollte ich mich in anderen Städten Europas, in England, in Italien usw. umsehen. Ich wußte nichts über die Orchester im Nachkriegsdeutschland. Ich wußte auch nicht, ob das Berliner Philharmonische Orchester immer noch so großartig war wie früher, das heißt, wie ich es aus den Erzählungen meiner Eltern kannte.

Es gab übrigens noch einen anderen Grund, nach Berlin zu fahren: die sogenannte Wiedergutmachung, ein furchtbarer Begriff, genauso schlimm wie die Terminologie des Dritten Reiches mit umgekehrtem Vorzeichen. Wie sollte die Ermordung unserer Verwandten, die alle in einer Nacht aus Stettin und Stargard abgeholt wurden und von denen nicht einer zurückkehrte, eigentlich »wiedergutgemacht« werden? Mit Geld? Es konnte sich doch allenfalls nur um die Rückgabe des Raubes handeln, der ja mit den Morden einherging. Was unsere Verwandten anging, so war der Raubmord perfekt, denn auch ihr Hab und Gut verschwand auf Nimmerwiedersehen.

In unserem Fall handelte es sich um den Anspruch auf Renten, für die meine Eltern bis 1938 Beiträge eingezahlt hatten, die aber nie ausgezahlt worden waren. Wir hatten vor Jahren unsere Papiere eingereicht und ebenso lange nichts gehört. Entschädigung konnten wir schon allein deshalb nicht beanspruchen, weil wir nur wenig besaßen, als wir flüchten mußten. Daß meine Eltern deshalb nichts hatten, weil sie nach 1933 als Juden aus der Reichsmusikkammer ausgestoßen wurden und mit ihrem Beruf nichts mehr verdienen durften, das war im Sinne der Wiedergutmachungsgesetze irrelevant. So ging es also nur um die Rückzahlung des Geldes, das die Rentenversicherung ihnen bis dahin nicht ausgezahlt hatte.

Meinem Vater wurde geraten, daß er angesichts seines hohen Alters die Erledigung seiner Angelegenheit doch damit beschleunigen könne, daß er sich mit der Einstufung in einen niedrigeren Dienst zufriedengebe. Es würde sonst sehr viel länger dauern. Mein Vater hatte Anspruch auf den gehobenen Dienst, da er ja immerhin Prokurist der Mitteldeutschen Kreditbank gewesen war. Die Zeit sprach gegen ihn, und so gab er sich mit der geringeren Rente zufrieden. Dasselbe galt für die Rente meiner Mutter, die weit weniger erhielt, weil sie ja noch sehr viel jünger war.

Die Nachzahlung der seit vielen Jahren fälligen Renten erlaubte meinen Eltern aber einen finanziell sorglosen, wenn auch bescheidenen Lebensabend. In Anbetracht der Renten, die so manche ehemalige Nazigröße bezog und noch immer bezieht, betrachte ich es als eine Schande und nachträgliche Demütigung, daß meine Eltern noch so lange um ihre kleinen Pensionen und um die Nachzahlung ihrer Versicherung kämpfen mußten. Und was wurde eigentlich aus dem Hausrat, den wir zurücklassen mußten? Wer hat es als »herrenloses« Gut »rechtmäßig« erworben? Diese Frage wird wohl nie beantwortet werden.

Ab 1961

Im Berliner Philharmonischen Orchester

Ende Juni 1961 kam ich in Berlin an, und es zog mich wieder zur Laubacher Straße. Am Südwestkorso fand ich eine Privatpension, die im Souterrain eines Hauses lag. Ich hatte einen Bekannten im Berliner Philharmonischen Orchester, Hugo Kolberg. Er war kein Jude, hatte aber eine jüdische Frau und war 1938 ihretwegen nach Amerika emigriert. Er wurde dort Konzertmeister bei Toscanini im NBC Orchestra in New York. Ich hatte ihn in Chicago kennengelernt, wo ich unter seiner Leitung in einem Kammerorchester spielte.

Hugo Kolberg war inzwischen nach Berlin zurückgekehrt und hatte, obwohl bereits Anfang Sechzig, seine Wiedereinstellung als Erster Konzertmeister, der er schon unter Furtwängler war, durchgesetzt. Ich sagte ihm, daß ich aus Amerika weg wollte und fragte ihn um Rat. Er erzählte mir von den Berliner Philharmonikern und sagte: »Hier arbeitet ein sehr bekannter Dirigent: Herr von Karajan.«

Ich hatte wenig von ihm gehört. In einer Zeitung in Amerika hatte ich einen Artikel mit der Schlagzeile gelesen: »Das Wunder Karajan«, mehr wußte ich eigentlich nicht. Bekannter war für mich Ferenc Fricsay, den ich noch aus Israel kannte und der inzwischen das Berliner Radio-Symphonie-Orchester (RSO) leitete. »Aber« sagte Kolberg, »leicht wird das nicht.« Schon seit zwei Jahren sei bei den Ersten Geigen ein Platz frei, aber ob ich den kriegen würde ?

Er lud mich für den Abend ins Konzert ein. Das Orchester spielte damals in der Hochschule für Musik in der Hardenbergstraße, der Bau der Philharmonie war noch im Anfangsstadium. Ich war überwältigt von dem warmen Klang und dachte, es müßte herrlich sein, in so einem Orchester spielen zu können. In der Pause ging ich hinter die Bühne. Dort wurde ich mit dem damaligen Vorstand und Ersten Pauker, Werner Thärichen, bekanntgemacht. Er sagte mir, daß in einer Woche ein Probespiel stattfände, die Bewerberliste aber geschlossen sei. Ich sollte dennoch am nächsten Tag zu ihm kommen, damit wir meine Bewerbung schnell noch nachreichen könnten.

Das Probespiel fand nicht in der Hochschule, sondern im Gemeindesaal Dahlem statt. Außer mir waren weitere vierzehn Bewerber anwesend. Karajan war nicht da. Ich spielte die »Symphonie Espagnol« von Lalo und einen Teil aus Bachs Solo Partita g-Moll. Als ich geendet hatte, wurde spontan applaudiert. Draußen warteten dann mit mir alle Kandidaten auf die Entscheidung, bis jemand aus dem Saal kam und die Namen zweier Herren aufrief, die noch einmal spielen sollten. Für mich schien die Sache erledigt, ich stand auf und packte meine Geige ein. Da kam der Herr auf mich zu und sagte: »Nein, nein, mißverstehen Sie mich nicht, Sie sind schon drin. Die beiden Herren spielen um eine andere Stelle, eine Zweite Geige muß auch noch besetzt werden.« Ich war glücklich, ich kam in eines der besten Orchester der Welt, von dem mir meine Eltern immer vorgeschwärmt hatten und das deshalb in meinem Bewußtsein eine einzigartige Bedeutung hatte, obwohl ich es vorher nie hören konnte. Sofort fuhr ich zum Telegrafenamt und schickte meinen Eltern die frohe Botschaft. Mitte August sollte ich das Engagement in Berlin antreten. Ich stellte mich dem damaligen Intendanten, Dr. Wolfgang Stresemann, vor. Der Name Stresemann weckte Erinnerungen an die vielen Erzählungen meines Vaters über die Kaiserzeit und die Weimarer Republik, die quasi mein Geschichtsunterricht gewesen waren. Er nannte dabei immer einen Namen mit großem Respekt: Gustav Stresemann. Das Scheitern seiner Politik und sein früher Tod bedeuteten für meinen Vater gleichzeitig das Scheitern der Republik und der Demokratie. Nun stand ich also vor dessen Sohn in seiner Eigenschaft als Intendant. Aber bei dieser und späteren Gelegenheiten merkte ich, daß es nicht immer gut ist, Söhne auf ihre berühmten Väter anzusprechen, auch dann nicht, wenn sie durchaus ihren eigenen Weg gegangen sind und ihre eigenes Renommee auf ganz anderen Gebieten erlangt haben. Dr. Stresemann war sehr freundlich und hat sich später auch einmal mit meinem Vater, dem Bewunderer seines Vaters, getroffen und Erinnerungen ausgetauscht.

Die Verwaltung war in einer Villa in der Gelfertstraße in Dahlem untergebracht. Neben dem Intendanten saßen dort nur wenige Mitarbeiter. Es wurde noch viel mit der Hand geschrieben. Man stellte mich dem Amtsleiter, Herrn Reschke vor, der den Arbeitsvertrag auszustellen hatte. Ich sehe noch, wie er in schönster altpreußischer Beamtenschrift schrieb: »Es erscheint Herr Hellmut Stern und gibt an zur Person ...« – es war richtig anheimelnd.

Ich unterschrieb also den Arbeitsvertrag, ohne überhaupt nach dem Gehalt zu fragen. Danach fuhr ich wieder zurück nach Amerika. Obwohl ich dort schon seit fast drei Jahren gearbeitet hatte, besaß ich nicht einmal genug Geld, um den Flug von Amerika nach Berlin zu bezahlen. Mein Vater hatte damals für mich in einem Reisebüro einen einfachen Flug auf »Abstottern« gekauft, nach dem Motto: Fly now, pay later. Ich ging zu unserem alten Freund Dr. Franz Hirschfeld am Südwestkorso, der nun wieder als Justitiar beim Senator für Inneres in Amt und Würden war. Er war begeistert, daß wir wieder zurückkommen würden, und streckte mir das Geld für den Rückflug nach Amerika vor.

Als ich nach Chicago zurückkam, waren meine Eltern und alle Freunde und Bekannten begeistert von meiner erfolgreichen Reise. In der Zeitung erschien ein Artikel: »Local boy makes good« mit der Unterzeile: »Ein Bürger von Evanston wird Mitglied der Berliner Philharmoniker«. Ich bat Ted Bloomfield, mich aus meinem Vertrag für Rochester vorzeitig zu entlassen; er machte keine Schwierigkeiten und wünschte mir viel Glück.

Ich flog am 11. August wieder nach Berlin und wohnte abermals in derselben Pension. Ich wollte meine Arbeit aufnehmen, in Ruhe eine Wohnung suchen und dann meine Eltern nachkommen lassen. In dieser Pension arbeiteten auch Aushilfskräfte aus dem Ostteil der Stadt. Am Sonntag nach meiner Ankunft brachte mir das Zimmermädchen das Frühstück. Sie war in Tränen aufgelöst, und ich fragte: »Was ist denn mit Ihnen los, warum heulen Sie denn so?« Sie antwortete in ihrem sächsischen Dialekt: »Ja, haben Sie denn noch nicht gehört, die machen die Grenzen dicht, und ich muß rüber.« »Können Sie denn nicht hierbleiben?« »Nein, das geht nicht, ich habe doch meine Familie dort.« Dann kam die Pensionsbesitzerin und erzählte von den Absperrungen. Ich zog mich schnell an und fuhr zum Brandenburger Tor.

Es war der 13. August 1961. Ich erlebte die hermetische Trennung der Stadt. Interessant war, daß die meisten Menschen gar nicht so sehr nach vorne, in Richtung Absperrung schauten, sondern eher nach hinten. Man erwartete nämlich, daß die Amerikaner kommen und eingreifen würden. Damals sah ich das erste Mal Willy Brandt. Er hatte es nicht leicht, die Wut der Menschen zu dämpfen bzw. sie in friedlichen Bahnen zu halten. Schon vor dem Bau der Mauer galt West-Berlin als ständig bedrohte Insel. Viele meiner Bekannten verstanden überhaupt nicht, warum ich ausgerechnet zu diesem Zeitpunkt nach Berlin ging – wo doch gleichzeitig so viele die Stadt verließen.

Am 15. August trat ich meine Arbeit an. Ich machte mich mit meinen Kollegen bekannt, wurde Herrn von Karajan vorgestellt, der von Anfang an sehr freundlich zu mir war. Es war ein schöner Beginn. Dann folgte gleich eine Konzertreise nach Amerika. Sie war für mich besonders aufregend, da ich ja nun als Berliner Philharmoniker zurückkehrte. Wir gastierten auch in New York und Chicago, wo ich viele Bekannte wiedertraf.

Ich erzählte begeistert von den sehr viel demokratischeren Strukturen der Orchester in Deutschland. Ich war immer ein Kritiker amerikanischer Orchesterstrukturen gewesen und konnte nun durch Vergleiche den Beweis dafür liefern, wie recht ich hatte. Manches hat sich heute auch in den USA geändert, vor allem durch eine Organisation der Symphonie- und Opernorchester, genannt ICSOM, die zwar unter dem Dach der Allgemeinen Gewerkschaft steht, aber doch sehr viele Veränderungen in den Arbeitsbedingungen und der Besoldung der Orchester erreicht hat. Auch wird die »Union« nicht mehr von diktatorischen Gangstern geführt. Die meisten Orchester, vor allem die großen, sind das ganze Jahr über beschäftigt, die Orchestergremien haben mehr Mitspracherecht – wenn auch kein Mitbestimmungsrecht –, der oft willkürlichen Allmacht des Dirigenten sind etwas engere Grenzen gesetzt worden, es gibt bezahlten Urlaub und natürlich wird auch bei Krankheit das Honorar weitergezahlt.

Zu meiner Zeit war es noch so, daß einem Geld abgezogen wurde, wenn man wegen Krankheit fehlte. Als ich in Rochester im Orchester spielte, machten wir wöchentliche Rundfunkübertragungen, immer ohne Publikum. Kurz bevor ich ins Studio mußte, schnitt ich mir einmal so böse in einen Finger der linken Hand, daß ich nicht spielen konnte. Ich rief also den Personalmanager an, der übrigens selber Musiker war, um ihm mitzuteilen, daß ich nicht kommen könne. Die Antwort lautete: »Tja, wenn du nicht spielen kannst, dann mußt du eben zu Hause bleiben, aber dann wird dir das Honorar abgezogen.« Ich war empört und sagte: »Na gut, dann komme ich eben.« Ich nahm meine Geige und tat mit meinem dick verbundenen Finger so, als ob ich spielte. Mir wurde nichts abgezogen.

Die Arbeitsbedingungen der amerikanischen Orchester stellte ich bei meinen Erzählungen in den USA nun den Bedingungen gegenüber, die ich in Berlin vorfand: Trotz der Autorität und der Macht des Chefdirigenten, Herbert von Karajan, war die Arbeitsatmosphäre kollegial und locker. Er war damals sehr freundlich und fair zu jedermann. Hier konnte der Dirigent keinen Musiker entlassen oder ihn willkürlich umsetzen. Das Orchester hatte, basierend auf seiner Tradition, in künstlerischen Fragen ein Maß an Mitspracherecht, wie es das in den USA nicht gab. Bei Neueinstellungen von Musikern hatte und hat es sogar die absolute Entscheidung, wobei dem Dirigenten, wie jedem Orchestermitglied, nur eine Stimme zusteht. Das Orchester wählt auch, wieder im Gegensatz zu den Verhältnissen in den USA, den Chefdirigenten und den Intendanten. In den USA ist es oft geschehen und geschieht es auch heute noch, daß ein Chefdirigent gegen die einstimmige Entscheidung der Orchestermitglieder eingestellt wird.

Das Berliner Philharmonische Orchester (BPHO) wurde nicht nur zu meinem neuen Lebensinhalt, als ich im Jahre 1961 aufgenommen wurde, sondern es war auch verantwortlich dafür, daß ich meine Frau kennenlernte.

Ich war im sogenannten Probejahr, in dem man von allen Kollegen und vom Dirigenten geprüft wird, ob man für das Orchester sowohl künstlerisch als auch menschlich geeignet ist. Es ist eine schwere Zeit für jeden Kandidaten. Natürlich hat man während dieser Zeit noch nicht alle Rechte der festen, der sogenannten aktiven Philharmoniker, d.h. man hat noch kein Stimmrecht, und zu meiner Zeit war man auch noch nicht an Schallplatteneinspielungen beteiligt, die extra bezahlt werden.

Es war Anfang 1962. Das Orchester machte Aufnahmen mit Eugen Jochum. Ich ging in die Jesus-Christus-Kirche in Dahlem, wo viele Jahre lang alle unsere Aufnahmen gemacht wurden, um ein wenig zuzuhören. Ich mußte im Vorraum warten, da gerade Aufnahme war. Da merkte ich, wie jemand neben mir stand und ebenfalls zuhörte. Es war ein junges Mädchen, blond, mit hellen blauen Augen. Das war natürlich viel interessanter als die Musik, die gedämpft durch die Tür drang. Ich fragte sie flüsternd, ob sie auch Musikerin sei. Sie flüsterte zurück, daß sie Verwaltungsschülerin wäre und im Rahmen ihrer Ausbildung für ein paar Monate beim Philharmonischen Orchester arbeiten würde. Ich fragte, ob sie Lust hätte, mit mir einmal Kaffee zu trinken. Sie sah mich kurz an und sagte zu. Ein paar Tage später trafen wir uns dann, im Sommer fuhren wir gemeinsam in den Urlaub, und am 12. November heirateten wir. 1964 kam unsere Tochter Adina und 1967 unser Sohn Manuel zur Welt – Kaffeetrinken kann schwere Folgen haben.

Warum zurück nach Deutschland?

Wie kann jemand in das Land, in dem ihm soviel Schlimmes widerfahren ist, zurückkehren? Diese Frage wird mir oft gestellt, nicht nur im Ausland, sondern auch in deutschen Schulen, wenn ich mit den Jugendlichen diskutiere. Für die Antwort empfinde ich eine Art Verpflichtung und ich muß immer weit ausholen, um diese Frage zu beantworten.

Die Menschen legen den Begriff »Heimat« unterschiedlich aus. Kästner sagt sinngemäß: Man kann einen Menschen aus der Heimat vertreiben, aber nicht die Heimat aus dem Menschen. Ist Heimat der Ort, an dem man geboren wurde, oder kann einem jeder Ort, an dem man sich wohl fühlt, auch wenn er ganz woanders liegt, zur Heimat werden? Für uns verratene und ins Exil getriebene Deutsche ist diese Frage besonders belastend. Viele von uns haben sich an ihren Zufluchtsorten Existenzen aufgebaut, ihre Kinder sind dort geboren, sie fühlen sich mehr oder weniger wohl. Einige haben noch nostalgische Gefühle, wenn sie an Deutschland denken, andere empfinden unüberwindbaren Haß und würden niemals mehr ihren Fuß auf deutschen Boden setzen. Die einen wurden überzeugte Amerikaner, die anderen ebenso überzeugte Israelis. Und dann gibt es eben auch solche, die, wie ich, nach Deutschland zurückgekehrt sind. Das sind nicht sehr viele, und man begegnet ihnen, besonders in Israel und in den USA, oft mit Unverständnis bis hin zu offener Verachtung.

In meinem Fall ist es eine Mischung mehrerer Faktoren, die sowohl pragmatischer als auch emotionaler und intellektueller Natur sind: Mitglied des Berliner Philharmonischen Orchesters zu werden und es 34 Jahre lang sein zu dürfen, bedeutet in meinem Beruf den Höhepunkt der Laufbahn eines Orchestermusikers. Und ich habe es nicht einen Tag bereut!

Meine Sehnsucht nach Berlin war während der ganzen Zeit der Emigration sehr groß. Mit intellektuellen Überlegungen ist das nicht zu erklären. Für viele war und bleibt es unverständlich – schließlich war ich ja noch ein Kind, als ich meine Heimatstadt Berlin verlassen mußte. Meine Eltern hatten die Demütigungen, die Vertreibung und die Emigration natürlich viel schärfer erlebt als ich.

Als ich 1961 nach Berlin zurückkehrte, lebte in Deutschland noch die Generation der Täter, und sie war noch nicht einmal sehr alt. Ich war mir dieser Tatsache voll bewußt. Selbst im Orchester konnte ich nicht immer wissen, mit wem ich es bei einigen älteren Kollegen oder Dirigenten zu tun hatte. So manches Mal wurde mir von jüngeren Kollegen zugeraunt, daß der oder jener früher immer in SA-Uniform und in Schaftstiefeln zur Probe gekommen sei und genau aufgepaßt hätte, ob auch der Hitlergruß gebührend erwidert wurde. Unter den Solisten und Dirigenten soll es ebenfalls einige gegeben haben, die derart uniformiert auftraten.

Wie sollte ich damit umgehen, was erwartete man von mir? Schließlich bin ich in das Land zurückgekehrt, in dem ehemalige prominente Nazis, wie Globke, Oberländer, Vialon, die meisten Beamten der Nazizeit, einige der »furchtbaren Richter« und viele mehr, die man zu den Tätern zählen konnte, wieder in Amt und Würden saßen. Und da sollte ich mich über Musikanten, die in Schaftstiefeln auftraten, aufregen?

Doch es gab ja nicht nur die Täter und Mitläufer des Naziregimes, als ich 1961 zurückkam. Eine neue Generation wuchs heran, die keine Schuld an den Verbrechen trug. Ich halte nichts von Kollektivschuld. Kollektive Verantwortung dafür, daß die Ursachen für solch eine Katastrophe nie wieder entstehen können, muß es allerdings geben. So muß auch das Erbe, das das verbrecherische Regime hinterlassen hat, kollektiv angenommen werden, so wie man andererseits stolz auf Goethe und Schiller, Beethoven und Einstein ist. Man kann das böse Erbe nicht einfach ausschlagen und nur das gute annehmen wollen.

Ich wurde in ein Milieu vollkommener Assimilation hinein geboren. Wir waren Deutsche »mosaischer Konfession«. Darüber wurde nicht geredet, es war so selbstverständlich wie die Berliner Luft, die wir atmeten. Heute weiß ich, daß die Symbiose, von der wir träumten, trotz aller hervorragender Beiträge der Juden in allen Lebensbereichen der deutschen Gesellschaft, nur in unseren Köpfen stattgefunden hatte. War also alles nur eine grandiose Lebenslüge, wie Gabriele Tergit es formulierte? Jawohl, das war es! Obwohl ich mir heute der Richtigkeit dieser Erkenntnis durchaus bewußt bin, so bleibe ich doch ein Deutscher, ob ich oder andere es wollen oder nicht. Allerdings bin ich ein deutsch-jüdischer Kosmopolit geworden, der sich fast überall auf der Welt zuhause fühlt.

Die Nazis haben uns als »andersartige Rasse« bezeichnet, um uns damit auszugrenzen und den Völkermord vorzubereiten. Sie träufelten den Menschen das Gift von der »Andersartigkeit der semitischen Rasse« und ihrer »Minderwertigkeit« gegenüber der »germanischen Rasse«, vom »reinen arischen« und dem »schlechten, faulen Blut« der Juden ein. Und sie haben es geschafft, diese Formel bis in die heutige Zeit nicht nur im deutschen Sprachgebrauch, sondern auch tief im Unterbewußtsein der Deutschen zu verankern: Bis auf den heutigen Tag benutzen auch durchaus wohlmeinende Menschen, ja sogar deutsche Behörden, den Terminus »Rasse« im Sinne der nazistischen Ideologie. So bin ich laut Ausweis ein »politisch-rassisch Verfolgter«, nicht etwa ein aus rassistischen Motiven Verfolgter.

Es wird höchste Zeit, daß Lehrer, Politiker und die Medien sich endlich der Absurdität dieser Wortwahl bewußt werden. Anderenfalls wird das nazistische Gift schleichend weiter wirken. Immer wieder fühle ich mich bei solch gedankenlosem Sprachgebrauch aufs neue ausgesondert und isoliert. Darum dieser knappe Exkurs in die Semantik.

Über Emotionen kann man schwer rechten, und natürlich kann ich die Abscheu und Verbitterung verstehen, die bei vielen allein schon das Wort »deutsch« auslöst. Ich habe aber kein Verständnis dafür, daß einige Deutschland, deutsche Kultur, deutsche Sprache ausschließlich mit den Nazis identifizieren. Die Nazis haben doch die deutsche Kultur und die deutsche Sprache verhunzt, wenn nicht vernichtet! Man schlage nach in Victor Klemperers »Lingua Tertii Imperii«.

Daß die übergroße Mehrheit der Deutschen damals tatkräftig mitgeholfen hat und sich der Terror nur dadurch bis in die kleinsten Verästelungen des Alltags durchsetzen konnte, darf nicht vergessen werden. Eine Einstellung aber, die die Deutschen bis in alle Ewigkeit als die alleinigen »Bösen« stigmatisiert, geht an den wirklichen Ursachen vorbei und läßt außer acht, daß Rassismus und Nationalismus auch anderswo geschürt wurden und werden.

Es gibt Menschen, Nachkommen verfolgter Juden, die in Deutschland geboren wurden und sagen: Wir sind hier nur auf Zeit, wir fühlen uns als Ausländer. Diese Haltung ist für mich nicht akzeptabel. Ich betone für mich, weil ich den Fehler nicht machen möchte, anderen das Recht auf ihre Meinung abzusprechen. Nur kann ich nicht begreifen, warum sie dann hier leben – sie müssen ja nicht. Wenn es für sie aber eine Existenzfrage ist, dann würde ich doch versuchen, aus dem selbstgeschaffenen Ghetto herauszukommen. Denn eine Sonderrolle wird einem oft genug schon von anderen aufgedrängt.

Dafür ein Beispiel: Anläßlich des 9. November 1988, des 50. Jahrestags des Pogroms, hatte ich an verschiedenen Podiumsdiskussionen teilgenommen, auch im Fernsehen. Einmal wurde ich gefragt, ob ich mich denn als Jude in Berlin und als Musiker im Orchester ausgegrenzt fühle. Ich sagte: »Ab und an empfinde ich das schon.« Am nächsten Morgen, als ich zur Probe ging, kam ein junger Kollege auf mich zu und sagte wütend: »Ich hab das Interview gestern gehört, du hast dem Orchester sehr geschadet. Wie kannst du behaupten, daß du von uns ausgegrenzt wirst?« Den Unterschied von »ausgegrenzt werden« und sich »ausgegrenzt fühlen« konnte er nicht nachvollziehen.

Die Geschichte hat Barrieren aufgebaut. Oftmals ist die »Normalität« dadurch gestört. Ich würde nie behaupten, die Kollegen würden mich als Fremdling betrachten, und doch empfinde ich manchmal einen Unterschied, der sehr schmerzlich für mich ist, ein Anderssein. Im November 1988 gab es eine Ausstellung mit dem Titel »Aus Nachbarn wurden Juden«. Dieser Titel trifft genau den Prozeß der Ausgrenzung, den die Nazis betrieben haben und der leider bis heute, lange nach dem Ende der Nazizeit, immer noch nachwirkt. Ich gehöre nun mal zu denen, die verfolgt wurden, eine Tatsache, die sich sowohl in meinem wie im Verhalten der Umwelt zu mir, oftmals vielleicht unbewußt, niederschlägt.

Auch dafür ein Beispiel: Ich war der Meinung, daß das Berliner Philharmonische Orchester zum 9. November 1988 einen Beitrag leisten sollte: zur Erinnerung an die jüdischen Orchestermitglieder, die aus dem Orchester verjagt worden waren, und besonders an die jüdische Konzertagentur Hermann und Louise Wolff, ohne deren Weitsicht und organisatorische Initiative die Gründung des Philharmonischen Orchesters vermutlich nicht zustande gekommen wäre, sowie daran, daß der treueste und größte Teil der Abonnenten unseres Orchesters aus Berliner Juden bestand. Es wäre gar nicht nötig gewesen, ein besonderes Programm einzustudieren und besondere Termine dafür zu planen – obwohl es vorkommt, daß das Orchester für wohltätige Zwecke besondere Konzerte gibt. Ich hatte vorgeschlagen, entweder ein Konzert, das wir ohnehin spielen, programmatisch so zu gestalten, daß wir es als Gedenkkonzert darbieten könnten. Oder, wenn das schon nicht realisierbar wäre, wenigstens im Programmheft der jüdischen Kollegen und der vielen Abonnenten zu gedenken. Es passierte nichts, gar nichts.

Meine Kollegen, die damals in den Gremien waren, zeigten sich zum Teil beschämt, entschuldigten sich mit Termin- und Zeitdruck und verwiesen auf die Zuständigkeit des Intendanten. Der damalige Intendant war unfähig, seinerseits zu handeln, obwohl ich ihn rechtzeitig auf den Termin hingewiesen hatte.

Die Passivität des Intendanten und meiner Kollegen in den Gremien drängte mich wieder in eine Sonderrolle. Eigentlich hätten sie auf den Gedanken kommen müssen, an diesem Tag der verfolgten Kollegen zu gedenken. Ich hatte den Vorschlag einfach als Hellmut Stern gemacht, als Berliner und als Philharmoniker. Die Reaktion meiner Kollegen machte mich aber plötzlich zum Sprecher oder Stellvertreter der Opfer, sozusagen zum »Juden vom Dienst«, eine Rolle, die ich gar nicht übernehmen wollte. Sollte da in mir nicht ein Gefühl der Ausgrenzung aufkommen?

Immer wieder ist mir aufgefallen, daß Juden nicht als Personen mit bestimmten individuellen Eigenschaften, sondern oft als Repräsentanten »der« Juden betrachtet werden – im Negativen wie im Positiven –, jedenfalls als etwas »anderes«, das mit anderen Maßstäben gemessen wird als die übrige Bevölkerung. Natürlich war ich immer Jude, aber die Auffassung, daß das etwas Besonderes sei, das alle sonstigen Eigenschaften unwichtig erscheinen läßt, ist mir vor allem in Deutschland begegnet.

Ich hörte manchmal, wenn ich z. B. über meine Erlebnisse während des Pogroms 1938 erzählte, daß Zuhörer überrascht ausriefen: »Ach, ich dachte, Sie seien ein Deutscher!« Kein Außenstehender kann nachvollziehen, welche Empfindungen solch eine Bemerkung bei mir auslöst. Ich bin in Deutschland geboren und meine Familie lebt seit vielen Generationen hier. Erst die Nazis waren es, die uns dieser selbstverständlichen nationalen Identität beraubten – und dann geschieht es einem, daß man mit solchen Äußerungen erneut »ausgebürgert« wird!

In diesem Zusammenhang ist mir auch aufgefallen, daß vielen Leuten das Wort »Jude« schwer über die Lippen kommt, so als ob mit diesem Begriff etwas Ansteckendes verbunden sei oder etwas, mit dem man unglaublich vorsichtig umgehen müsse. Das geht dann sogar soweit, daß selbst Repräsentanten der Jüdischen Gemeinde sich nicht als

»Juden« bezeichnen, sondern dies umschreiben, etwa mit »Menschen jüdischen Glaubens« oder »jüdische Mitbürger«. Selbst darin kann man noch die Nachwirkungen der Nazizeit erkennen, in der Juden zu etwas Besonderem gemacht, d.h. eben ausgesondert wurden. Es geschieht meist unreflektiert und oft sogar mit den besten Absichten.

Lange Zeit habe ich das nicht wahrgenommen. Aus heutiger Sicht muß ich bekennen, daß ich vieles verdrängt habe, wahrscheinlich weil ich es nicht wissen wollte. Das Verdrängen ist eine wichtige Überlebenstaktik für den Menschen, nicht nur für solche, die Böses begangen haben, die Täter, sondern auch oder gerade für ihre Opfer.

Meine Mutter war im Gegensatz zu meinem Vater gerne in Israel gewesen; sie arrangierte sich auch mit Amerika. Als ich nach Berlin übersiedelte und ihnen schrieb, daß sie nun wieder nach Deutschland kommen könnten, war sie deshalb nicht übermäßig begeistert. Aber für meinen Vater, der immer Schwierigkeiten mit Sprachen hatte, war die Rückkehr nach Berlin eine große Genugtuung, vor allem weil sein Sohn Mitglied des BPHO geworden war. Er blühte, trotz seiner 81 Jahre, richtig auf, unterrichtete wieder, wobei es ihm nicht so sehr ums Geld ging, er liebte seine Arbeit über alles. Nach den ärmlichen Umständen ihres bisherigen Lebens empfanden meine Eltern die jetzigen als luxuriös.

Natürlich genossen sie es auch, wieder in der Heimat zu sein, die Sprache zu sprechen, nahmen wieder Kontakt zu alten Bekannten auf, die überlebt hatten. Sie besuchten Veranstaltungen der Jüdischen Gemeinde, aber vor allem interessierten sie Konzerte und Theater. Mein Vater trat auch wieder in die SPD ein.

Ab 1967, er war nun schon 87 alt, ging es ihm gesundheitlich sehr schlecht, er mußte immer wieder im Krankenhaus behandelt werden. Die Lebenskraft, die ihn dazu befähigt hatte, trotz seines schwachen Herzens alles durchzustehen, war verbraucht. Als er kurz vor seinem Tod 1968 von der Okkupation der Tschechoslowakei erfuhr, meinte er deprimiert: »In einer Welt, die so etwas zuläßt, möchte ich nicht mehr leben.« Am 17. September 1968, vier Tage vor seinem 88. Geburtstag, starb er.

Für meine Mutter war sein Tod ein schwerer Schlag, obwohl seine Krankheit und sein zunehmend autoritäres Verhalten für uns nicht einfach zu ertragen waren. Das erste Mal in ihrem Leben war sie unabhängig. Doch schon zwei Jahre nach dem Tod meines Vaters starb auch sie, nur 69 Jahre alt. Ich empfand es als eine grausame Ungerechtigkeit, daß sie, die ein so schweres Leben hatte, ihren Lebensabend nicht voll genießen konnte, obwohl die äußeren Voraussetzungen jetzt gegeben waren.

Meine Eltern sind beide auf dem Jüdischen Friedhof an der Heerstraße beerdigt.

Anfangsjahre mit Karajan

Karajan war ein sehr umgänglicher Mann. Er arbeitete immer sehr ökonomisch, war kein Mann des überlangen Probens. Bis Mitte der siebziger Jahre war die Zusammenarbeit mit ihm außerordentlich gut, das änderte sich dann leider drastisch.

Ich kam aus Amerika, hatte die Allmacht der Dirigenten und die Ohnmacht der Orchestermusiker im Musikbetrieb kennengelernt. Die Lockerheit Karajans bei unserer gemeinsamen Arbeit war für mich beglückend. Ich hatte niemals ein belastendes Gefühl, wenn ich zur Probe ging. Wir spielten natürlich nicht nur mit Karajan, arbeiteten auch mit hervorragenden Gastdirigenten, waren aber immer froh, wenn Karajan wiederkam.

Wir hatten unglaubliche Höhepunkte zu verzeichnen, unsere Reisen waren Triumphe. Er überließ– was alle guten Musiker tun – vieles der Spontaneität der Aufführung. Er dirigierte sehr gut. Seine Stärke war die Ästhetik, die Schönheit im Klang, die er suchte. Bei Wagner und Strauss allerdings ging er in die Tiefe. Er sagte einmal zu mir: »Wissen Sie, irgendwann in meinem Leben werde ich dazu kommen, daß ich nur noch machen muß, was ich wirklich will, und das ist Wagner.« Klemperer soll über den damals noch jungen Karajan gesagt haben, ihm ginge Schönheit über Wahrheit. Dieser Satz hat sich als prophetisch erwiesen, denn es passierte oft, daß die Intentionen eines Komponisten mit Klangschönheit überdeckt, manchmal sogar in ihr Gegenteil verkehrt wurden. Das betraf so ganz gegensätzliche Komponisten wie Bach und Mahler. (Ich weiß, daß viele mit mir im Falle des letzteren nicht einverstanden sind.) Karajan hatte eine starke Beziehung zu den Romantikern. Zu den Klassikern, gerade den »Wienern«, hatte er kein so inniges Verhältnis, obwohl er aus Österreich stammte. Natürlich gehörte auch Beethoven zu seinem Repertoire (besonders gut dirigierte er die »Neunte« und die »Eroica«), Haydn oder Schubert jedoch kaum, von Mozart vor allem die späten Sinfonien, zwei Divertimenti und das »Requiem«. Aber sein Ideal von Klangschönheit wurde erst in dem Augenblick erfüllt, wenn es um Richard Strauss, um Debussy, Ravel und eben Wagner ging.

Als ich nach Berlin kam, wurde mir bewußt, daß ein hervorragendes Orchester, insbesondere was den Streicherapparat anbelangt, nicht unbedingt die allergrößten Virtuosen zu seinen Mitgliedern zählen muß. Die Streicher in den Orchestern in Amerika hatten damals zum Teil bessere technische Fähigkeiten als die Philharmoniker hier. Die Anforderungen an junge Menschen, die ins Orchester aufgenommen werden, sind seither allerdings so enorm gestiegen, daß dieser Unterschied nicht mehr besteht.

Probe mit Herbert v. Karajan im Berliner Philharmonischen Orchester, 1964

Die besondere Qualität unserer Musik wird aber nicht nur durch den hohen Grad des Zusammenspiels bestimmt. Die Identifikation mit dem Orchester spielt eine wichtige Rolle. Dieses Gefühl wird wiederum durch die Orchesterstrukturen mitgeprägt. Denn wenn die Musiker zu Proben oder Konzerten kommen wie Angestellte ins Büro, dann wirkt sich das auch auf die musikalische Qualität aus.

Herbert von Karajan akzeptierte grundsätzlich die gewachsenen Orchesterstrukturen. Allerdings gab es immer wieder Zeiten, wo er sich darauf besann, daß sein Vertrag ihm angeblich nicht die Position seines Vorgängers Furtwängler zuerkannte. Er war dann unzufrieden, traf sich mit dem jeweiligen Kultursenator und verlangte eine Abänderung seines Vertrages. Es ging dabei meistens um die Frage, wer die letzte Entscheidung bei der Einstellung eines neuen Orchestermitglieds haben sollte. In unserer Verwaltungsordnung war festgeschrieben, daß diese Entscheidung vom gesamten Orchester zu fällen sei und der Chefdirigent ebenso wie jeder von uns dabei eine Stimme habe. Jemand, der damit keine gute Absicht verband, muß Karajan gesteckt haben, daß Furtwängler mit seinem Vertrag die letzte Entscheidung zugebilligt worden sei. Das Gerücht, Furtwängler habe mehr Rechte gehabt, ließ Karajan nicht ruhen, besonders, wenn es auch anderweitig zu Spannungen kam. Einen anderen, viel wichtigeren Unterschied nahm Karajan dagegen gern in Kauf: daß nämlich Furtwängler im Gegensatz zu Karajan seinen Vertrag nicht auf Lebenszeit bekommen hatte!

In der Saison 1962/63 hatten wir einen schwedischen Ersten Hornisten, der nach der Probezeit vom Orchester abgelehnt wurde. Herr von Karajan wollte ihn aber gerne behalten. Es war praktisch dieselbe Affäre, die es Jahre später um die Person Sabine Meyer noch einmal geben sollte, nur wurde sie nicht in der Öffentlichkeit ausgetragen und lief deshalb vom Publikum unbemerkt ab. Karajan, nachdem er von unserer Entscheidung gehört hatte, grollte in Wien. Er war damals auch noch Chef der Wiener Oper. Er drohte damit, Konzerte bei uns abzusagen. Die damaligen Vorstände, Werner Thärichen und Heinrich Jürgens, pilgerten nach Wien, antichambrierten, ohne vorgelassen zu werden, ein oder zwei Tage, bis es ihnen schließlich gelang, den zürnenden Meister zu sprechen. Sie erklärten ihm, daß hier ein Orchesterbeschluß vorliege, daß er den betreffenden Hornisten ja immer nur bei seinen Konzerten gehört habe, das Orchester aber sein Urteil aufgrund der ganzjährigen Erfahrung mit dem Kollegen gefällt habe. Sie baten ihn, daran zu denken, daß das Orchester seine Qualität auch dem traditionellen Recht verdanke, seine Kollegen selbst auszusuchen. Karajan fügte sich letztlich, und wir präsentierten ihm später zwei Hornisten, Gert Seifert und Norbert Hauptmann, die dann über Jahrzehnte prominente Solohornisten unseres Orchesters waren. Karajan sagte mir Jahre später: »Ich muß zugeben, Ihr seid schon gut in Eurer Urteilsfähigkeit.« Diese Einsicht hielt lange Zeit, bis es dann doch zum Bruch kam – darüber später.

1962 wurde ich nach einem Wettbewerb zum Vorspieler der Ersten Geigen befördert. Im Ausland nennt man das »Assistent Concertmaster«. Die Berliner Philharmoniker hatten damals drei Erste Konzertmeister, einen Konzertmeister und den Vorspieler. Ich bekam die Stelle mit nur einer Stimme vor einem anderen Kandidaten. In diesem Orchester eine hervorgehobene Position zu bekommen, erfüllte mich mit Stolz.

Karajan bekam von der Stadt St. Moritz ein Grundstück geschenkt, auf dem er sich ein Haus baute, dort verlebte er stets seinen Urlaub. Es war ein sehr schönes Waldgrundstück, direkt am Hang gelegen, und ganz in der Nähe der Villa des Shahs von Persien. Er hatte die Idee, seinen Urlaub mit etwas Kreativem zu verbinden und in dieser Zeit Schallplattenaufnahmen mit Kammermusik zu machen. St. Moritz stellte ihm dafür eine kleine Kirche mit guter Akustik zur Verfügung. Er bat uns also, aus dem Orchester eine kleinere kammermusikalische Besetzung zusammenzustellen, und sagte: »Kommt doch her, hier könnt ihr Urlaub mit euren Familien machen und nebenbei Schallplatten.« Vielen von uns gefiel die Idee. In den sieben Jahren, die wir nach St. Moritz »in den Urlaub« fuhren, wechselte die Besetzung natürlich. Wenn das Wetter schön war, musizierten wir entweder sehr früh morgens oder am späten Nachmittag. Zwischendurch konnten wir mit unseren Familien oder mit Kollegen kleine Ausflüge unternehmen. Wir gaben auch jedes Jahr für die Stadt ein Konzert als Dank dafür, daß wir in der Kirche musizieren durften.

Viele der Schallplatten, die dort entstanden, sind gut gelungen. Man lebte relativ eng aufeinander, verbrachte manchen Abend zusammen. Höhepunkt war jedesmal der Kegelabend in der Chesa Viglia, zu dem Karajan uns Musiker einlud, ein »Herrenabend«. Damals spielten im Orchester ja noch keine Frauen. Als Gastgeberin fungierte Eliette von Karajan. Interessant war zu beobachten, mit welcher Entschlossenheit, fast schon Verbissenheit, Karajan dieses Spiel betrieb – wie übrigens jedes Spiel. Er mußte immer gewinnen! Er war gar nicht glücklich, wenn die Kollegen besser waren und er zuschauen mußte, wie seine Frau die Preise an andere übergab. Sein Ehrgeiz erstreckte sich auf alles, was er machte, ob es um ein Hobby ging oder um den Beruf.

Mein Vorstandskollege Rainer Zepperitz und ich wurden einmal zu ihm in St. Moritz zum Essen eingeladen. Voller Stolz zeigte er uns sein Schlafzimmer; es war eingerichtet wie eine Pilotenkanzel, und um das Kopfende des Bettes war eine Anlage allermodernster Technik mit Schallplatten-, Fernseh-, Tonbandgerät usw., ein »Schlafstudio«.

Wo immer Karajan auftrat, gab er den Ton an. Er konnte aber auch ein charmanter Gastgeber sein und bei privaten Treffen oder Gesprächen eine freundschaftliche, manchmal sogar kumpelhafte Atmosphäre schaffen. In solchen Situationen wuchsen bei mir wie bei anderen Kollegen aus dem Orchester Gefühle enger Verbundenheit und uneingeschränkten Vertrauens. Ebenso umgekehrt: Wer einmal Karajans Vertrauen gewonnen hatte, dem hörte er zu, und man konnte ihn dann durchaus bei Entscheidungen beeinflussen, wobei man ihm allerdings suggerieren mußte, daß es seine Entscheidungen waren. Karajan hatte immer einen kleinen Kreis von Beratern und Vertrauten um sich, die u.a. Termine koordinierten oder Verbindung zum Orchester oder zu Schallplattengesellschaften hielten. Vertraute waren in den ersten zwanzig Jahren seiner Berliner Zeit auch die gewählten Vertreter unseres Orchesters, und deswegen war es auch nicht ungewöhnlich, daß er uns in sein eben bezogenes Haus einlud.

Wie alle Dirigenten hörte er sich gerne Geschichten oder Witze über seine Kollegen oder Konkurrenten an, war dem üblichen Künstlertratsch durchaus zugeneigt und konnte bei solchen Gelegenheiten herzlich lachen. Es war aber ein ungeschriebenes Gesetz, daß bestimmte Dirigenten nicht namentlich genannt werden durften, so z.B. Leonard Bernstein. Andererseits äußerte er sich über Kollegen auch bewundernd, besonders, wenn es sich um junge Entdeckungen handelte. Auf einem der Kegelabende in St. Moritz Ende der sechziger Jahre sprach er von einem jungen Dirigenten, von dem er eine unglaublich gute Aufführung der 2. Sinfonie von Mahler gehört hatte: Es war ein junger Italiener namens Claudio Abbado.

Die Stücke, die wir in St. Moritz aufnahmen, waren teilweise schwerer als das gesamte symphonische Repertoire. Beispielsweise produzierten wir die zwei großen Divertimenti in D- und B-Dur von Mozart. Diese Werke sind, wenn man sie wie wir mit zehn Ersten Geigen spielt, schwerer zu spielen, als in der Originalfassung im Sextett. Um die bei Plattenaufnahmen erforderliche Perfektion zu erreichen, mußten wir in unserem »Urlaub« intensiv üben. Für unsere technischen und auch physischen Probleme mit solch schweren Stücken hatte Karajan wenig Verständnis, wie er überhaupt kaum Ahnung von unseren Instrumenten und deren Beherrschung hatte. Das hatte aber auch seine guten Seiten, denn im Gegensatz zu manch anderen Dirigenten, die am liebsten jeden Bogenstrich und jeden Fingersatz vorschreiben wollen, verließ er sich ganz auf unsere Professionalität. Er vermittelte uns seine Vorstellung von einer Phrase oder von einem Klang und erwartete dann, daß wir seine Vorstellung umsetzten – wie, das war dann unsere Sache. Von amerikanischen Orchestern war ich gewohnt, daß die Musiker ständig bevormundet wurden, und ich empfand diese Freiheit, die Karajan uns gab, als besonders stimulierend.

Gemeinsam mit Karajan riefen wir 1967 die Osterfestspiele in Salzburg ins Leben. Neben den Konzerten spielten wir auch Opern, was für unser Orchester eher außergewöhnlich war. Karajan war in erster Linie ein großer Operndirigent. Zur Eröffnung der ersten Festspiele spielten wir die »Walküre«, ein Erlebnis, das für mich zum absoluten Höhepunkt meiner Orchesterlaufbahn wurde, nur vergleichbar mit dem Verdi-Requiem, das wir mit Leontyne Price als Sopranistin in Luzern aufführten. Leontyne Price sang damals mit einem Können, einer Schönheit und Natürlichkeit, wie ich es vorher nur noch bei Marian Anderson erlebt hatte. Das gesamte Orchester und auch Karajan hatten beim »Libera me« Tränen in den Augen. Es war kein Singen mehr, es war eine vollkommene Loslösung von allem Irdischen.

Wir hatten die »Walküre« in Berlin geprobt und auf Schallplatte aufgenommen. Diese dadurch erreichte Perfektion kam uns in Salzburg zugute. Wir hatten, nicht zuletzt durch unsere kammermusikalischen Erfahrungen, »neue Töne« in die Oper hineingebracht, wie es später bewundernd hieß. Bei einem Opernorchester schleicht sich meist doch eine gewisse Routine ein. Jon Vickers sang den Siegmund, Gundula Janowitz die Sieglinde, Thomas Stewart den Wotan, Christa Ludwig die Fricka, und Regine Crespin war die Brunhilde. Zusammen mit dieser wunderbaren Bühnenbesetzung gelang es uns, das Publikum zu Begeisterungsstürmen hinzureißen. Karajan war so bewegt, daß er sagte: »Nun habe ich diese Oper mit so vielen Orchestern gespielt, aber so etwas habe ich mit noch keinem erlebt.« Diese Symbiose zwischen kammermusikalischem Spielen und der großen Oper war das Neue, das Besondere an unseren Salzburger Aufführungen.

Eine weitere Besonderheit muß im Zusammenhang mit Salzburg erwähnt werden. Der Senat von Berlin hatte Karajan zugestanden, daß das Berliner Philharmonische Orchester nach Salzburg fahren und dort auch Konzerte geben konnte.

Insofern war es ein normales Gastspiel, eine »Dienstreise«. Die Opernaufführungen, zu denen wir vertraglich nicht verpflichtet waren, gaben wir in unserer Freizeit nach und zwischen den Konzerttagen als »Berliner Philharmoniker«, also als private Gesellschaft. Die immensen Kosten unserer Reise hätten die Festspiele natürlich nicht tragen können, und insofern kann man sagen, daß die Osterfestspiele auch vom Berliner Senat mitfinanziert wurden – was ihm und uns dann später, als Karajan uns in der Zuspitzung des Konflikts 1989 demonstrativ »auslud«, wenig gedankt wurde.

Es war die Lieblingsidee Karajans, in seiner Heimatstadt diese Festspiele durchzuführen. Er hatte sich mit den Verantwortlichen des Wiener Musikbetriebes überworfen; er war ziemlich nachtragend, vergaß keine Kränkung, und abgesehen davon, daß er tatsächlich etwas Neues kreieren wollte, wollte er den Wienern das Wasser abgraben und nebenbei auch Bayreuth, auf das er ebenfalls nicht gut zu sprechen war, Konkurrenz machen. Er wollte in Salzburg die »Opera assoluta« zelebrieren.

Karajan inszenierte natürlich selbst. In der Fachwelt allerdings waren diese Inszenierungen nicht unumstritten. Ich bin kein großer Experte auf diesem Gebiet, aber wenn ich beispielsweise auf der Bühne nichts mehr sehen kann, drängt sich mir das Gefühl auf, die Inszenierung könnte zu dunkel sein. Anfangs dachte ich, es wären ein paar Lampen ausgefallen, nachdem das aber immer wieder vorkam, verdichtete sich bei mir der Eindruck, daß es Absicht war. Diesen Eindruck hatten andere auch, aber nur wenige wagten, etwas dazu zu sagen.

Erst nach einigen Jahren, als sich gewisse Erosionsprozesse einschlichen, begann es in der Fachwelt heftiger zu rumoren – dafür waren aber die Eintrittspreise gestiegen. Das Publikum konnte nun nicht mehr einfach eine Eintrittskarte kaufen, sondern mußte zusätzlich einen gewissen Fördererbeitrag leisten.

Das berechtigte zum Besuch einer Opernaufführung, einer »Fördererprobe« und dreier Konzertprogramme. Dies war notwendig geworden, weil die Ausgaben enorm gestiegen waren.

Mit den Fördererproben bot er dem Publikum ein »Schmankerl«. Wir spielten irgendein Stück, oder er stellte einen jungen Solisten auf die Bühne. Dann wandte er sich zum Publikum und erzählte mit seiner brüchigen Stimme irgend etwas Launiges über die Arbeit. Wenn er sich umdrehte, mit dem Mikrophon in der Hand, waren die Leute hingerissen. Es war ziemlich gleichgültig, was er sagte. Er gab den Leuten das Gefühl, »Insider« zu sein, plauderte ein bißchen darüber, was er im nächsten Jahr vorhätte. Das Ganze dauerte etwa eine Stunde. Dann entließ er sie mit großzügiger Geste zum Mittagessen in den »Goldenen Hirschen« oder in die »Blaue Gans«. Alle waren glücklich und zufrieden, der Meister hatte sie in seine Pläne einbezogen. Irgendwann sagte ich zu ihm: »Ich versteh gar nicht, wie die Leute das alles so hinnehmen.« Er zwinkerte mir zu: »Man muß ihnen doch irgend etwas bieten, die freuen sich, und uns kostet's nichts.«

Karajan war ein sehr schüchterner, wenn nicht scheuer Mensch und alles andere als ein brillanter Redner. Aber hier, in diesem von ihm selbst geschaffenen Rahmen, gab er sich locker und konnte plötzlich ganz der charmant plaudernde Österreicher sein – und das Publikum dankte es ihm mit absoluter Ergebenheit.

Opernarbeit war für uns natürlich eine neue Herausforderung. Wir sind als Konzertorchester gewohnt, auf der Bühne sitzend zusammen mit dem Dirigenten allein die Musik zu machen. In der Oper ist das Orchester ja nur ein Teil des Ganzen, man sitzt im Graben und hat vor allem die Sänger zu begleiten, also eine eher dienende Funktion. Karajans Idee war es nun, die besten Sänger mit dem für ihn schönsten Orchesterklang zu kombinieren und damit Sänger und Orchester ebenbürtig agieren zu lassen. Im Verlauf der Festspiele gab es dann nicht wenige Stimmen, die uns, d.h. das Orchester, zum eigentlichen Star der Opernaufführungen erklärten. Die mir eigene Bescheidenheit verbietet mir, dem zu widersprechen.

Den Sängerinnen und Sängern widmete sich Karajan besonders intensiv. Oft las ich Interviews, in denen sie seine einfühlsame Führung priesen. Ohne sie desavouieren zu wollen, möchte ich aber hinzufügen: diese Einfühlsamkeit hielt nur solange an, wie sich die Künstler seinem »väterlichen« Willen beugten. Es war nicht ratsam, diesem Willen eigene Gestaltungsintentionen entgegensetzen zu wollen. Wer das versuchte, fand sich schnell außerhalb Salzburgs wieder

Auch andere Dirigenten sind nicht immer einfach, und viele Sänger fühlen sich wohler, wenn sie mit starker Hand geführt werden. Dieser Führungsanspruch war bei Karajan ganz besonders ausgeprägt: Die Sänger, die sich fügten, konnten aber quasi als Gegenleistung einer Karriere sicher sein. Im Grunde hat Karajan von der Gesangstechnik wenig gewußt, hatte aber immer genaue Vorstellungen davon, welche Rolle eine Stimme in dem von ihm angestrebten Gesamtklang spielen sollte. Und diesen Vorstellungen hatte man sich anzupassen.

Ursprünglich hatte Karajan im Sinn, die Festspiele für das »Volk« einzurichten – er meinte damit vor allem sein Salzburger »Volk«. Die Eintrittspreise erreichten schließlich solche Höhen, daß das »Volk« sie nie hätte bezahlen können. Und so kam es, daß sich das Publikum, wie bei anderen Festspielen auch, neben wirklichen Musikliebhabern, aus »Kunstkennern« aus Industrie, Politik und Showbusiness zusammensetzte – das bekannte »Chinchilla-Publikum« – und das staunende Volk bei der Vorfahrt der Prominenz lediglich Spalier bildete. Der Verehrung der Salzburger für Karajan tat das aber keinen Abbruch. Schließlich florierten ihre Geschäfte durch seine Initiative nicht schlecht.

Seine An- und Abfahrten am Festspielhaus waren bestaunte Ereignisse, bei denen viele dankbar waren, nach langem Warten auch nur einen kurzen Blick auf den Meister werfen zu können. Und wir als Musiker hatten dann größte Schwierigkeiten, uns und unseren Instrumenten einen Weg durch die drängelnde Menge der Bewunderer zu bahnen.

Die Orchesterakademie

Einige Male gaben wir auch Konzerte in kleiner Besetzung für Sponsoren, die Karajan für bestimmte Projekte gewinnen wollte. So spielten wir beispielsweise auf dem Königstein im Taunus vor geladenen Gästen. Einer, der sich für Karajans Projekte besonders einsetzte, war Jürgen Ponto, der bekannte, später ermordete Bankier. Jürgen Ponto war ein äußerst musischer Mann und beeindruckte durch Esprit, Humor und profunde Bildung. Er, Karajan und einer der damaligen Direktoren der Metallgesellschaft in Frankfurt, Dr. Walther Casper, entwickelten die Idee, eine Einrichtung für den musikalischen Nachwuchs zu gründen. Karajan hatte ja eine starke Begabung, andere für seine Projekte zu begeistern und dafür auch Geld lockerzumachen.

Ein Motiv für die Idee einer Akademie war sicherlich auch, daß er der Hochschule für Musik in Berlin, von der er nicht viel hielt, etwas entgegensetzen wollte. In einem langen Gespräch, in dem er mir seine Pläne offenbarte, meinte er, die Hochschule würde dem Niveau, das man von Berlin als Kulturstadt erwarten müsse, nicht entsprechen und deswegen sei die Akademie so notwendig. Wegen irgendeines Vorfalls fühlte er sich von der Hochschule brüskiert, und so etwas verzieh er nie.

Schon von meinem Amt her – ich war damals im Orchestervorstand – war ich in der Gründungsphase stark beteiligt, fuhr oft nach Frankfurt, wo ich mit Mitarbeitern von Dr. Casper und Jürgen Ponto Satzungs- und Finanzierungsfragen besprach. Die Einrichtung einer solchen Institution kam auch unseren Bedürfnissen entgegen, denn sie bot die Möglichkeit, in eigener Regie Nachwuchs für das Orchester auszubilden. Aufgrund der damaligen Insellage Berlins konnten wir vakante Stellen oft nicht adäquat besetzen. Darüber hinaus braucht jedes Orchester Aushilfen, im Falle von Krankheit oder wenn Stellen nicht besetzt werden können.

Ich hatte damals noch ein sehr gutes Verhältnis zu Karajan und überzeugte ihn davon, diese Institution direkt an das Orchester anzubinden. Sie würde selbstverständlich trotzdem seinen Namen tragen. Die Akademie wurde 1972, vor nunmehr 28 Jahren, gegründet. Sie trägt den Namen »Orchester-Akademie des Berliner Philharmonischen Orchesters e.V. Ein Institut der Herbert-von-Karajan-Stiftung«. Als Startkapital stiftete die Dresdner Bank eine Million, und neben Spenden aus der Industrie trugen auch Zuschüsse des Senats von Berlin zum Unterhalt bei. Es werden Stipendien für ein bis zwei Jahre vergeben, die Studenten erhalten einen monatlichen Zuschuß. Als Gegenleistung sind die »Akademisten« verpflichtet, zwei Programme des Orchesters innerhalb von drei Monaten mitzuspielen, um so auch den notwendigen Bezug zur Praxis zu erhalten. Karajan ging davon aus, daß die pädagogische Tätigkeit nur von den Solisten des Orchesters ausgeübt werden dürfe. Ein erstklassiger Virtuose ist aber nicht unbedingt auch ein guter Pädagoge, und deswegen wurde der Kreis der Unterrichtenden mehr und mehr auch für andere Kollegen aus dem Orchester geöffnet, die für ihre pädagogischen Fähigkeiten bekannt sind.

Die Studienplätze in der Akademie werden nach einem Probespiel vergeben. Das Orchester, vertreten durch die jeweiligen Fachkollegen und den Vorstand, der auch automatisch im Vorstand der Akademie ist, befindet, wer von den jungen Leuten aufgenommen werden soll. Gleichzeitig konstituierte sich ein Beirat, zusammengesetzt aus Sponsoren und Vertretern des öffentlichen Lebens.

Als Karajan 1989 starb, ohne daß vorher eine Versöhnung zwischen ihm und dem Orchester herbeigeführt werden konnte, gab es viele, die uns prophezeiten, daß nun auch die Akademie verloren wäre, denn die Sponsoren wären letztlich nur so großzügig gewesen, um sich in der Ruhmessonne Karajans zu wärmen. Die Wirklichkeit hat diese Propheten Lügen gestraft. Die Sponsoren haben uns nicht nur die Treue gehalten, sondern ihre Zahl ist sogar gewachsen. Sie haben bewiesen, daß es nicht nur der große Name Karajan war, der sie mit uns verband, sondern die Sympathie für unser Orchester und dessen Nachwuchs. Zu nennen ist hier der leider viel zu früh verstorbene langjährige Vorsitzende Dr. Walther Casper, sowie Dr. Bernhard von Loeffelholz, die beide zu den Gründungsvätern gehören, der jetzige Vorsitzende Dr. Eberhard von Koerber, Dr. Horst Niemeyer, Michael Barz, Dr. Wolfgang Röller, Erhard Bouillon, Hilmar Kopper und last not least die außerordentlich fähige und umsichtige Geschäftsführerin der Akademie, Frau Hanne Fleck. Ohne den Einsatz der genannten, aber auch anderer, hier aus Platzmangel nicht angeführter Personen wäre der Fortbestand der Akademie in der Tat gefährdet gewesen.

Die Erwartungen an die Akademie haben sich in hohem Maße erfüllt. Eine ganze Reihe junger hochbegabter Musiker, die die Akademie absolvierten, sind als permanente Mitglieder in unser Orchester aufgenommen worden. Weitere Absolventen haben sich für andere führende Orchester qualifiziert. Das ist nicht verwunderlich, denn es werden bei der Aufnahme und während der Arbeit in der Akademie sehr hohe Ansprüche gestellt.

1969 bis 2000

Russland-Tournee 1969

Es war die erste Tournee des Berliner Philharmonischen Orchesters in die Sowjetunion. Am Moskauer Flughafen wurden wir in einer großen Halle von den sowjetischen Veranstaltern empfangen. Damals war es üblich, daß die Veranstalter in den sogenannten sozialistischen Ländern alles minuziös bis ins kleinste Detail festlegten. Da sie alles eigenmächtig bestimmten, kam es zwangsläufig zu Mißverständnissen und Ärgernissen. Karajan fragte – wir waren in Berlin schon vorgewarnt worden – nach unserem Hotel. Die Vertreter der Veranstalter erklärten, daß wir in Einzel-, meist aber in Doppelzimmern wohnen würden. Für uns war es selbstverständlich, daß wir auf unseren Reisen in Einzelzimmern untergebracht wurden – was ihnen auch rechtzeitig gesagt worden war. Wir akzeptierten diese Regelung nicht und beriefen uns auf die Absprachen, die aber leider nicht schriftlich festgelegt worden waren. Karajan drohte, die Konzerte platzen zu lassen. Er lehnte sich fast genüßlich in seinen Flughafensessel zurück, wies auf das draußen stehende Flugzeug und sagte: »Wir können ja wieder abfliegen, die Motoren sind noch warm.« Die Vertreter von Goskonzert rauften sich die Haare, sie konnten ja nicht selbständig entscheiden; einer von ihnen ging schließlich zum Telefon, kam zurück und erklärte, es würde alles nach unseren Wünschen geregelt werden. Vermutlich wollte er nur Zeit gewinnen. Wir, Karajan wohnte woanders, fuhren zum Hotel Rossija, einem riesigem Hotel in der Nähe des Kreml.

In barschem Ton wurde uns zu verstehen gegeben, daß wir jetzt erst einmal zu warten hätten. Dann wurden die Zimmer verteilt, entgegen der Absprache natürlich auch Doppelzimmer. Schließlich schritt ich ein – ich konnte als einziger Russisch – und sagte in demselben barschen Ton: »Liebe Frau, wenn Sie die Verantwortung dafür übernehmen, daß unsere Konzerte ausfallen und der Empfang im Kreml nicht stattfindet, dann machen Sie so weiter und verteilen Sie die Schlüssel nach Ihrem Gutdünken. Wir werden die Schlüssel nicht annehmen und sofort Kontakt mit dem Kulturministerium aufnehmen.« Sie stutzte einen Augenblick, schon deshalb, weil ich fließend Russisch sprach, gewann dann aber schnell wieder die Herrschaft über sich und sagte: »Das können Sie machen, wie Sie wollen.« Wir beauftragten den offiziellen Dolmetscher, Herrn von Karajan, die Kulturministerin und die Veranstalter zu informieren. Es dauerte nicht lange, und wir bekamen mit wenigen Ausnahmen unsere Doppelzimmer, aber als Einzelzimmer.

Am nächsten Morgen fand die erste Probe im Tschaikowski-Saal des Konservatoriums statt. Auf dem Weg dorthin fiel uns auf, daß, mit einer Ausnahme, nirgends Plakate für unser Konzert warben. In der Probenpause ging ich in den Hof und entdeckte dort eine Tafel mit einem Plakat. Ich schaute es mir an und stellte fest, daß wir nicht mit unserem korrekten Namen »Berliner Philharmonisches Orchester«, sondern nur als »Ein Philharmonisches Orchester« und darunter ganz klein »West-Berlin« angekündigt waren. Karajan wollte das anfangs nicht glauben und verlangte, daß ich ihm das Plakat Wort für Wort übersetzte.

Wir ließen den Genossen Golowin, den Verantwortlichen der staatlichen Konzertagentur, kommen. Der verstand zunächst überhaupt nicht, was sie falsch gemacht hätten, und meinte, wir seien doch völlig korrekt angekündigt. Wir machten ihm klar, daß unser Name »Berliner Philharmonisches Orchester« sei. Er versuchte, das zu bagatellisieren, aber darauf ließ Karajan sich nicht ein. Abermals drohte er –

und diesmal sehr ernsthaft –, die Konzerte platzen zu lassen, und forderte, die Kultusministerin, Frau Furtsewa, zu benachrichtigen. Nach langem Hin und Her erklärte man sich bereit, den Fehler vor dem Konzert in Form einer Ansage zu korrigieren, da die Plakate sich einen Tag vor dem Konzert nicht mehr ändern ließen. Es wurde verabredet, daß ich kontrollieren sollte, ob die Ansage so gehalten würde wie abgesprochen. Wenn das nicht der Fall wäre, sollte ich Karajan, der in der mir gegenüberliegenden Kulisse wartete, ein entsprechendes Zeichen geben. Wenn ich also den Kopf schütteln würde, würde er nicht auftreten.

Der Abend des ersten Konzertes kam. Vor dem Konservatorium war Miliz aufmarschiert. Hunderte von Menschen, vor allem Studenten, versuchten, in den Saal zu gelangen, der aber zu zwei Dritteln mit Funktionären gefüllt war.

Eine Dame erschien, und die Ansage wurde sehr schnell heruntergerasselt: »Verehrte Genossen, heute abend spielt für Sie das Berliner Philharmonische Orchester mit seinem Dirigenten Herbert von Karajan«, und dann las sie das vollständige Programm vor, was ohnehin jeder in den Händen hielt. Aber sie brauchten ja eine Legitimation für ihren Auftritt, sonst hätten sie bekennen müssen, daß sie einen Fehler begangen hätten. Das Publikum lachte laut, denn alle hatten verstanden, was hier vor sich ging.

Karajan kam auf die Bühne, nachdem ich ihm durch Kopfnicken signalisiert hatte, daß die Ansage korrekt war. Das Konzert wurde ein großer Erfolg.

Wir hatten Kollegen von den Moskauer Philharmonikern vorher bei ihrem Gastspiel in Berlin kennengelernt und uns teilweise mit ihnen angefreundet. Nun freuten sie sich darauf, sich in Moskau für unsere Gastfreundschaft revanchieren zu können. Aber es hieß: »Das Moskauer Philharmonische Orchester ist leider auf Gastspielreise.« Generell war man bemüht, Kontakte zwischen uns und Moskauer Musikern zu unterbinden. So kam es, daß sich unsere Cellisten mit einigen ihrer Moskauer Kollegen insgeheim nachts um zwölf Uhr irgendwo an der Kremlmauer trafen.

Wie überall gab es auch hier einen Empfang beim bundesrepublikanischen Botschafter. Nur, in Moskau waren die politischen Verhältnisse anders. West-Berlin wurde nicht als Teil der Bundesrepublik anerkannt. Der Empfang wurde also von den Russen boykottiert, das russische Personal in der Botschaft wurde abgezogen, die Busse, die uns hinfahren sollten, kamen nicht, das bestellte Essen wurde ebenfalls nicht geliefert. Das Botschaftspersonal holte uns in Privatautos grüppchenweise ab.

Der Botschafter, Herr Allardt, und seine Frau, plünderten ihren Vorratskeller, wo alles in Büchsen gelagert war: Brot, Sardinen, Würstchen, Butter, eben das Notwendigste. Wir amüsierten uns herrlich, die Atmosphäre war sehr gelöst, und wir alle erinnern uns noch heute mit Freude an diesen improvisierten und deshalb so köstlichen Empfang.

Wir spielten auch in Leningrad, wo die »weißen Nächte« uns nicht schlafen ließen. Ich spazierte mitten in der hellen Nacht durch diese herrliche Stadt.

In beiden Städten gaben wir unter anderem die 10. Sinfonie von Schostakowitsch. Der Komponist war anwesend und begeistert von unserem Spiel. Später traf ich ihn noch einmal in Berlin. Wir unterhielten uns über die Mahler-Renaissance, die zu dem damaligen Zeitpunkt gerade in der Sowjetunion einsetzte, nicht zuletzt durch seinen Einfluß. Er nannte sich selbst einen »Mahler-Epigonen«.

Erst im Dezember 1991, also 22 Jahre nach unserem ersten Auftritt, fand unsere zweite Konzertreise, diesmal nach Rußland, nicht in die Sowjetunion statt. Und diesmal fuhren wir nicht nach Leningrad, sondern nach St. Petersburg. Ich war wieder Vorstand und hatte zusammen mit der Berliner Konzertagentur Schlösser die Vertragsverhandlungen in Moskau geführt. Auch diesmal hieß der Veranstalter wieder Goskonzert. Aber was für ein Unterschied zu damals! Viele der Angestellten waren noch dabei, 1969 waren sie unsere ständigen Begleiter und Übersetzer gewesen. Damals hatten sie uns über die Vorteile des Sozialismus gegenüber dem Kapitalismus belehrt, unter dem wir im Westen zu leiden hätten. Unsere Mitbringsel wie Zigaretten und Nylonstrümpfe, Schokolade und Kaffee wurden mit einem etwas verächtlichen Lächeln angenommen. Man zeigte uns klar, das diese westlichen Luxusgegenstände für einen im blühenden Sozialismus lebenden Sowjetmenschen keinerlei wirklichen Wert darstellten. Das war wohl auch der Grund, warum es diese Dinge dort nicht gab. Man brauchte sie einfach nicht! Warum sie dann so hohe Preise auf dem schwarzen Markt erzielten, fragte ich damals eine unserer besonders eifrigen Begleiterinnen. Sie antwortete, erstens gäbe es keinen schwarzen Markt und zweitens immer ein paar unreife Menschen, die auf dem Weg vom Sozialismus zum Kommunismus nicht so schnell mitkämen. Aber man würde ihnen schon auf die Beine helfen. Davon war auch ich überzeugt.

Einige dieser Damen begleiteten uns nun, 1991, wieder. Diesmal liefen die Gespräche etwas anders. Ich fragte sie, ob sie wirklich all den Unsinn, den sie ihren ausländischen Gästen vorgeplappert hätten, selber geglaubt hätten. Nun, es war schließlich nicht alles schlecht in der Sowjetunion, war die Antwort. Natürlich könne man jetzt viel mehr sagen, man könne auch reisen, wenn man das nötige Kleingeld habe. Aber früher konnte eben eine Frau am Abend noch unbehelligt über die Straße gehen, und früher gab es Recht und Ordnung usw. Wo hatte ich das schon mal gehört?

Das russische Publikum aber war so enthusiastisch wie eh und je. Die Säle in Moskau und St. Petersburg waren voll, trotz der hohen Preise und der großen alltäglichen Probleme der Menschen. Unser Dirigent war diesmal Claudio Abbado, der für Rußland und die russische Musik eine große Affinität hat. Das russische Publikum weiß das und bringt ihm deshalb große Sympathie entgegen.

In Rußland ist die Lage der Musiker besonders prekär. Wenn sich auch nur die geringste Möglichkeit ergibt, versuchen sie, ins westliche Ausland zu gelangen, in erster Linie nach Deutschland, wo man sich Arbeit in Orchestern und Schulen erhofft. Dieser Umstand wird von manchen cleveren Veranstaltern benutzt, um die jungen begabten Menschen schamlos auszubeuten. Die Arbeitsbedingungen, für die ein Hungerlohn gezahlt wird, sind empörend. Das alles liegt natürlich im Trend der Zeit und gilt bekanntlich für fast schon alle Branchen.

Es gibt Einrichtungen, die versuchen, die Not soweit wie möglich zu lindern. Dazu gehört die Gartow-Stiftung mit Sitz in Hamburg. Unter der Geschäftsführung von Bettina Gräfin von Bernstorff bemüht sich diese Stiftung, dem im Jahre 1862 gegründeten berühmten Konservatorium von St. Petersburg, das sich in einer verzweifelten finanziellen Lage befindet, zu helfen. Besonders talentierte Musiker, die durch Wettbewerbe ermittelt werden, erhalten für russische Verhältnisse hohe Geldpreise und die Möglichkeit, in Deutschland bei den von der Stiftung veranstalteten Konzerten aufzutreten, womit ihrer weiteren Karriere geholfen werden soll.

Das Orchester, das unbekannte Wesen

Das Berliner Philharmonische Orchester wird oft als »Orchesterrepublik« bezeichnet. Ich möchte dem Leser einen Einblick in die Strukturen dieser Republik vermitteln, weil ich glaube, daß es einige Aspekte gibt, die nicht allgemein bekannt, aber für den Konzertbesucher von Interesse sind, und zum besseren Verständnis dieser »Einrichtung des öffentlichen Rechts« oder »Dienststelle des Senats von Berlin« beitragen könnten. Vorweg sei gesagt, daß der strukturelle Aufbau aller großen deutschen Orchester unter dem Dach der Deutschen Orchestervereinigung mehr oder weniger gleich ist. Das Berliner Philharmonische Orchester nimmt aber auf Grund seiner Tradition sowie wegen seiner Bedeutung in der Musikwelt eine Sonderstellung ein. Das Orchester hat drei Gremien: den Vorstand, den Fünferrat und den Personalrat.

Der Vorstand des Berliner Philharmonischen Orchesters besteht aus zwei Musikern, die vom Orchester in geheimer Wahl bestimmt werden. Ihm zur Seite steht der ebenfalls vom Orchester gewählte Fünferrat. Außerdem gibt es, wie überall im öffentlichen Dienst, den gesetzlich vorgeschriebenen Personalrat, bestehend aus fünf Orchestermitgliedern, die auch den Vorsitzenden stellen, sowie zwei Angestellten bzw. Beamten aus der Verwaltung und einem Vertreter der Arbeiter des Hauses, entsprechend der numerischen Stärke der drei Gruppen.

Der Vorstand hat zahlreiche Pflichten, Rechte und Aufgaben. Er hat die Orchesterversammlungen einzuberufen, Kontakt zu den Dienststellen der Kulturverwaltung zu halten und das Orchester nach außen zu repräsentieren. Mit dem Intendanten und dem Dirigenten wird die Anzahl der Proben für die geplanten Konzerte bestimmt und der Probenablauf gesichert. Bei Tarifverhandlungen ist er neben dem Personalrat und dem Geschäftsführer der Deutschen Orchester Vereinigung der Vertreter des Orchesters, überprüft Anordnungen bzw. Vorschläge der Verwaltung und ist zudem bei Tourneen mit der Reiseleitung befaßt.

Aus dieser, nicht einmal vollständigen Auflistung ist zu ersehen, mit wieviel Arbeit und Ärger dieses Amt verbunden ist, zumal es dafür nicht eine einzige Stunde der Befreiung vom normalen Orchesterdienst und nur eine relativ geringe Aufwandsentschädigung gibt. Bei der Antwort auf die Frage, warum man sich dieser Aufgabe »opfert«, schwankt man bei der Antwort zwischen »Idealismus« und »Dummheit«. Natürlich hat man als Vorstand des Orchesters auch einen Prestigegewinn – »man ist wer« und trifft mit vielen Berühmtheiten des künstlerischen und politischen Lebens zusammen. Aber dieser schmeichelhafte Aspekt nutzt sich bei dem täglichen Wust von Arbeit schnell ab, zumal man bald feststellt, wie klein die »Großen« manchmal sein können.

Zum ersten Mal wurde ich zu meiner Überraschung 1969 in den Vorstand gewählt. Zu meiner Überraschung deswegen, weil ich in Orchesterversammlungen nicht nur positive Reaktionen zu hören bekam, wenn ich bestimmte Formen des Musikbetriebs angriff und mehr Mitsprache forderte. Außerdem war ich noch keine zehn Jahre Orchestermitglied, wie es für dieses Amt eigentlich Vorschrift war.

Mehr als in anderen Bereichen gelten im Musikbetrieb Traditionen, die teilweise bewahrenswert sind, teilweise aber auch zu einem nicht mehr zeitgemäßen Konservatismus erstarren. Diesem Umstand ist es zu verdanken, daß Veränderungen, die von Außenstehenden als selbstverständlich angesehen werden, im Musikbetrieb gleich als revolutionär gelten. Deshalb finden sich diejenigen, die solche Veränderungen einfordern, plötzlich in der Rolle des »Umstürzlers« oder »Unruhestifters« wieder – eine Ehre, die auch mir zuteil wurde.

Das Harmoniebedürfnis – im doppelten Wortsinn – ist bei Musikern besonders stark ausgeprägt. Das ist verständlich, wenn man bedenkt, daß Musiker schon von Kindheit an mehr als andere Anpassung lernen, indem sie sich während der vielstündigen täglichen Beschäftigung mit Unterricht und Üben einem rigorosen Regime – sei es der Eltern, sei es der Lehrer – zu beugen haben. Dadurch vollzieht sich ihre Sozialisation anders als bei anderen Kindern, die mehr Zeit und Möglichkeiten haben – auch in der Auseinandersetzung mit anderen Kindern –, ihre eigenen Interessen auszuleben. Schon von früh an wird bei Musikern ein starker Individualismus gefördert, was ja auch eine Voraussetzung für künftige künstlerische Tätigkeiten ist. Vor diesem Hintergrund, den ich hier nur skizziere, ist es auch erklärlich, warum es so schwer ist, in (musik-)betrieblichen Konflikten zwischen Musikern eine gemeinsame Linie herzustellen. Musiker gelten als extrem unpolitische Wesen. Und sie empfinden diese Wertung keineswegs als negativ.

Obwohl ich als Kind den genannten Zwängen genauso ausgesetzt war, ist die Politik in mein Leben so vehement eingebrochen, daß ich gar nicht anders konnte, als schon früh die Frage nach politischen Zusammenhängen zu stellen – gehörte ich doch zu einer durch Diktatur verfolgten Gemeinschaft. Diese Erfahrungen haben wohl auch mein Verhältnis zum Musikbetrieb und meine Abneigung gegen jede Form von autokratischen Strukturen geprägt, ohne die man – angeblich – im Musikbetrieb nicht auskommen kann.

Was ich nie akzeptieren konnte und wollte, war, daß die musikalisch bedingte Unterordnung eines Orchesters auf dem Podium ihre Fortsetzung hinter der Bühne findet. Vieles, was ich in Berlin in meiner ersten Euphorie als Selbstverwaltung feierte, sah bei näherer Betrachtung doch etwas anders aus, und manche Rechte, die wir nun wirklich hatten, wurden uns dann noch streitig gemacht.

Zum Zeitpunkt meines Amtsantritts 1969 herrschte allerdings noch tiefster Friede. Karajan respektierte unsere Rechte, die Zusammenarbeit war harmonisch und entsprach dem auch von ihm beschworenen Teamgeist. Was mich aber auf »umstürzlerischen« Pfaden wandern ließ, war die Tatsache, daß zwar einerseits vom Team geredet wurde, andererseits aber im Orchester krasse Unterschiede in der Besoldung herrschten, die meiner Meinung nach im Widerspruch zu den erforderlichen gemeinsamen Leistungen standen.

Also ging ich daran, in Gesprächen auszuloten, wie diese Ungerechtigkeit beseitigt werden könnte. Heraus kam ein Vorschlag, nach dem die unteren beiden Besoldungsgruppen der Zweiten Bläser und des Tutti wegfielen, also in die bisherige dritte Stufe angehoben werden sollten. Gleichzeitig sollten aber die Stufen 1 und 2 und die bisherigen Mitglieder der Gruppe 3 besser besoldet werden. Es sollte also nur noch drei Abstufungen geben, die ihre Berechtigung in den herausgehobenen Funktionen hatten. Allerdings enthielt der Vorschlag auch die Abschaffung einiger Titel, darunter auch meinen.

Mein Vorstandskollege Rainer Zepperitz und ich sprachen mit Karajan, der sofort positiv reagierte und meinte, eigentlich sollten wir alle gleich bezahlt werden, weil wir »alle ohne Unterschied Virtuosen« seien. Unser Vorschlag wurde akzeptiert und als »Berliner Modell« bekannt. Doch was ich als Erfolg empfand, sahen viele Kollegen, vor allem die, die ihren Titel genau wie ich verloren hatten, ganz anders. Und diejenigen, die von der Änderung profitiert hatten, ließen mich in dieser nachträglichen Auseinandersetzung allein.

Enttäuscht stellte ich die Vertrauensfrage (was es bis dahin noch nie gegeben hatte) – und wurde prompt abgewählt. Manche Kollegen waren über diese Reform so verbittert, daß sie nie wieder ein Wort mit mir wechselten. Ich habe daraus gelernt, daß man Veränderung nicht nur durchsetzen, sondern gleichzeitig auch »verkaufen« können muß – und daß im deutschen Musikleben ein Titel äußerst wichtig ist, ob er nun »Generalmusikdirektor« oder »Vorspieler« heißt. Rückblickend kann ich sagen, daß diese Reform in jedem Fall hätte kommen müssen; denn sonst wäre durch die inzwischen erfolgten Tariferhöhungen die Schere zwischen den höchsten und den niedrigsten Gehaltsstufen so groß geworden, daß man im Orchester schon von Klassenunterschieden hätte sprechen müssen – und das wäre sicherlich auch das Ende des »philharmonischen Geistes« gewesen.

Rückkehr nach Harbin 1979

Dreißig Jahre vergingen, bevor ich China wiedersah. Während dieser langen Zeit gab es keinen Kontakt zu unseren früheren Bekannten und Freunden. Hin und wieder ging ich in chinesische Restaurants und sprach chinesisch mit den Kellnern. Aber das beschränkte sich auf die Speisekarte und allgemeine Höflichkeitsfloskeln. Ich hatte diese Sprache fast vergessen.

1979 sollte das Orchester, von Japan kommend, mehrere Konzerte in Peking geben. Die Planung für diese Reise war eineinhalb Jahre vorher abgeschlossen worden, die Kulturrevolution war vorbei, China öffnete sich dem Westen, und es lag im Interesse des Auswärtigen Amtes, daß wir nach China fuhren. Schon während dieser Planung überlegte ich mir gemeinsam mit zwei Kollegen, dem Bratscher Helmut Nicolai und dem Cellisten Jan Diesselhorst, von Peking aus Harbin zu besuchen und dort als Streichtrio aufzutreten.

Ich wandte mich an den Kulturattaché der chinesischen Botschaft in Bonn. Er war zwar nicht gerade Feuer und Flamme, traf sich aber dann mit mir in Berlin und versprach, sich um unser Anliegen zu kümmern. Damals durfte man in China nicht überall frei reisen, die drei Nordostprovinzen, die die Mandschurei umfassen, gehörten immer noch zu den Zonen, die für Touristen nur bedingt offen waren.

Monatelang passierte nichts. Eines Tages kam die Aufforderung, ich solle mitteilen, welche Stücke wir spielen wollten.

Wir hatten ja nicht nur vor, Trios zu spielen, sondern auch den Wunsch, mit den Orchestern dort solistisch aufzutreten. Wieder folgte Funkstille. Wir fanden uns schließlich damit ab, daß unsere Reise nach Harbin nicht stattfinden würde.

Abends um acht Uhr landeten wir in Peking. Die Türen öffneten sich. Wir blieben sitzen und warteten, bis die Kollegen vorne ausstiegen. Es ging aber nicht weiter. Wir wurden schon ungeduldig, als sich die Nachricht herumsprach, daß ein Unglück geschehen sei. Wir sahen, daß Krankenwagen an das Flugzeug heranfuhren. Schließlich hieß es, einer unserer Orchesterwarte habe während der Landung einen Herzanfall erlitten. Dann kam die Nachricht, mehrere Kollegen seien verunglückt.

Über Bordlautsprecher wurde ich aufgefordert, das Flugzeug zu verlassen, um draußen zu dolmetschen. Während ich mich nach vorne kämpfte, bestätigten sich auch die Gerüchte. Der Orchesterwart hatte tatsächlich einen Herzanfall gehabt. Außerdem aber war die Plattform der Gangway nicht richtig verankert worden. Einige der Kollegen waren dabei, das Flugzeug zu verlassen, als die Plattform nachgab und unseren Ersten Oboisten, Lothar Koch, und den Cellisten Alexander Wedow in die Tiefe riß. Die beiden waren schwer verletzt.

Ich verließ via Rutsche das Flugzeug. Auf dem Rollfeld herrschte größtes Durcheinander. Die Krankenwagen waren bereits abgefahren, ich aber stand da und wurde gar nicht mehr gebraucht. Ins Flugzeug zurück konnte ich nicht. Von Frau Dr. Hannelore Theodor, damals Kulturattaché unserer Botschaft in Peking und später Generalkonsulin in Shanghai, erfuhr ich noch auf dem Rollfeld, daß in der Empfangshalle viele Leute auf uns warteten.

Natürlich hatten die offiziellen Stellen, wie bei solchen Anlässen üblich, einen bombastischen Empfang vorbereitet; Menschen standen Spalier mit Fähnchen in der Hand, mit denen sie uns begrüßen sollten. Jetzt war wegen des Unglücks aber alles durcheinandergeraten und niemand wußte, was nun geschehen sollte – ein Unfall war in den Vorschriften nicht vorgesehen. Sie standen also buchstäblich da wie bestellt und nicht abgeholt. Meine Kollegen waren sofort vom Flugzeug in die Hotels gefahren worden. Vor lauter Schreck hatte man noch nicht einmal die Pässe kontrolliert. Und auch mich hatten sie in der Eile vergessen.

Jetzt trat ich ganz allein in die Empfangshalle. Hunderte von Menschen, die dort warteten, starrten mich an. Plötzlich hörte ich jemanden »Hellmut! Hellmut!« rufen. Ein älterer Herr mit Glatze begrüßte mich auf englisch: »Weißt du nicht mehr, wer ich bin?« Es war Yang Mu Yün, mein ehemaliger Mitschüler bei Trachtenberg. Ich hätte ihn nicht wiedererkannt. Neben ihm stand Wang Yi Ding, der Lieblingsschüler meines Vaters, ein Sänger. Auch einige andere, die ich von Harbin her kannte, waren erschienen.

Die Chinesen waren sehr bedrückt, denn der offizielle Empfang konnte nun nicht stattfinden. Ein protokollarisches Desaster! Auch im Hotel herrschte ziemliche Aufregung. Die Chinesen hatten sich zwar größte Mühe gegeben, aber es war nicht alles so perfekt organisiert, wie wir es gewohnt waren. Bei einem ging die Dusche nicht, dem anderen war das Bett zu kurz usw. Ich mußte nun mit dem Personal die Probleme besprechen, und es war erstaunlich, wie mir die chinesischen Worte plötzlich wieder einfielen. Unsere verletzten Kollegen und der Orchesterwart wurden bis zu ihrem vorzeitigen Abflug nach Deutschland von der deutschen Botschaft versorgt.

Am nächsten Tag begann die übliche Tourneeroutine: Proben, Konzerte, Empfänge, Besuch der verschiedenen Sehenswürdigkeiten: das Peking-Hotel, die Einkaufsstraßen, die verbotene Stadt, der Himmelstempel. Für mich war es das Wiedersehen mit der Stadt, in der ich 1941/42 gelebt hatte, als ich mit meiner Mutter hier zur Operation war. Es war die Rückkehr in die Vergangenheit, in die Jugend und die Zeit des Exils.

Die Konzerte fanden in einer Sporthalle statt, die vorhandenen Säle waren zu klein. Es mußten Stellwände aus Holz gebaut werden, um eine gute Akustik herzustellen. Gespielt wurden natürlich Beethoven und Brahms.

Schon die Proben waren aufregend und anstrengend. Die Chinesen hatten größtes Interesse, gerade dabei zuzuhören. Natürlich verursachte das Lärm. Chinesen sind nun mal in der Masse fröhlich und vor allem laut. Karajan schimpfte, sie sollten Ruhe geben, oder er runzelte nur die Stirn, und seine Adlaten herrschten die Chinesen an. Auch sonst erinnerte das Verhalten dieser Begleitpersonen an die Mentalität früherer Kolonialherren, wie mir später von meinen chinesischen Freunden diskret gesagt wurde. Mich berührte dieses kolonialistische Gehabe natürlich besonders unangenehm, weil ich es mit chinesischen Augen sah und mich in die Mentalität der Chinesen besser hineinversetzen konnte. Aber auch andere Kollegen beschwerten sich darüber. Höhepunkt war ein gemeinsames Konzert mit dem Zentralen Philharmonischen Orchester Peking, in dem einige meiner Harbiner Bekannten mitspielten. Ich hatte mich sehr darauf gefreut, konnte aber wegen einer starken Grippe nicht dabeisein.

Am fünften Tag unseres Peking-Aufenthaltes fand in der großen Halle des Peking-Hotels ein Bankett mit ungefähr zweitausend Leuten statt. Eine ältere Dame mit der obligatorischen Plastikaktentasche unterm Arm kam auf mich zu und fragte, ob ich Herr Stern sei. Sie sagte völlig unvermittelt: »Ihr Trio fliegt am 1. November nach Harbin« und zählte mir dann ein komplettes Arbeitsprogramm auf, mit genauen Terminen und den Namen der Stücke. Ich hörte mir das alles etwas verblüfft an und fragte: »Entschuldigen Sie, wer sind Sie bitte?« Sie sah mich kurz und erstaunt an und stellte sich dann als Funktionärin der Konzertagentur beim Kulturministerium vor, die die Reise unseres Trios nach Harbin organisieren sollte. Ich holte schnell meine beiden Kollegen, die es kaum fassen konnten, daß unsere Reise nach Harbin so urplötzlich doch noch stattfinden sollte. Für sie war es natürlich ein Abenteuer: Wer kennt schon Harbin, und wann spielt man schon fast am Ende der Welt?

Das Orchester flog zurück nach Berlin, wir drei aber gen Nordost, nach Harbin. In Peking hatten wir uns die typischen blauen Einheitsanzüge gekauft – fälschlicherweise werden sie als Mao-Jacken bezeichnet, in Wirklichkeit war es eine schon lange vor Mao eingeführte Beamtenuniform, die es übrigens auch in Rußland gab. Die mitreisenden Chinesen betrachteten uns halb belustigt, halb erstaunt. Viele flogen offenbar zum ersten Mal und saßen ganz steif und ängstlich in ihren Sitzen. In der Gepäckablage gackerten Hühner, und die Stewardessen beschränkten sich darauf, Bonbons zu verteilen. Sicherheitsgurte sollten zwar angelegt werden, aber niemand kümmerte sich darum.

Wieder in Harbin, 1979

Es war Anfang November, in Peking war es noch sehr mild. Ich wußte, in Harbin wird es kühl sein. Wir verließen als letzte das Flugzeug und wurden von einem großen Empfangskomitee begrüßt. Einige darunter kannten mich von früher. Auch ein ehemaliger Schüler von mir war da. Mit dem Bus wurden wir direkt vom Flugzeug ins Gästehaus der Regierung gebracht. Die lange Fahrt dorthin führte durch die altvertraute Gegend – die Lehmhüttendörfer, die Leute in ihrer Winterkluft, auf dem Kopf die Pelzmützen. Sie hockten am Straßenrand, warteten geduldig auf den Bus, der immer total überfüllt war. Es hatte sich nichts verändert, als ob die Zeit seit dreißig Jahren stehengeblieben wäre.

Im Gästehaus bekamen wir schöne, große Zimmer. Vor dem Haus stand ein riesiges Mao-Denkmal mit einem in die Zukunft weisenden, ausgestreckten Arm. Es hatte sich herumgesprochen, daß ich ein »alter Harbiner« sei. Für Fernsehen und Rundfunk mußte ich Interviews geben. Es kamen auch ältere Menschen, mit denen ich wieder russisch sprechen konnte. Die Stadt hatte sich zu ihrem Nachteil verändert, vieles war ungepflegt, verfallen, dreißig Jahre lang war offenbar nichts repariert worden. Ich sah im Geiste meine Eltern, unsere Emigrantenschar, die versunkene Jüdische Gemeinde.

Harbin war keine anziehende Stadt, es war nur noch eine große, graue Industriestadt. Sie schien mir genauso isoliert zu sein wie zu meiner Zeit. Das kulturelle Leben, wie ich es teilweise noch erlebt hatte, war mit den Emigranten verschwunden. Viele der Chinesen, die künstlerisch tätig gewesen waren, hatten Harbin verlassen und lebten nun in »offenen« Städten wie Peking oder Shanghai.

Die Harbiner empfingen uns wie Boten aus einer unbekannten, herrlichen Welt und mich natürlich als heimgekehrten Sohn, der es zu etwas gebracht hatte. Der Empfang rührte mich und bestärkte mich in dem Entschluß, den Harbinern zu helfen und den Kontakt nicht mehr abreißen zu lassen. Die einladende Institution hieß »Freundschaftsgesellschaft des chinesischen Volkes zum Austausch mit dem Ausland«. Vorsitzende des zuständigen Regionalvorstands war die Gouverneurin der Provinz Heilungjiang (übersetzt: Schwarzer Drachenfluß). Man bat mich in das Harbiner Büro der Gesellschaft, holte mich mit einem Wagen ab und fuhr mit mir durch Straßen, die mir sehr vertraut waren.

Der Wagen hielt vor einem großen Gebäude, man führte mich in einen geräumigen Saal, der, wie in China üblich, mit großen, mit weißen Spitzendeckchen bedeckten Sesseln und Seitentischchen eingerichtet war, auf denen Teekannen und Becher standen. Als ich während des Gesprächs sagte, ich wolle kurz die Toilette aufsuchen, sprang sofort jemand auf, um mir den Weg zu zeigen. Sie waren völlig verblüfft, als ich ihnen sagte, daß ich den Weg sehr gut kennen würde – das Gebäude war nämlich mein früheres Konservatorium!

Die Gespräche konzentrierten sich auf die mangelhaften Arbeitsbedingungen der Orchester. Es gab ein Opern- und ein kleines Sinfonieorchester. Die Instrumente, die sie besaßen, waren in einem schrecklichen Zustand, es fehlte an Ersatzteilen, an Noten, sie hatten nicht einmal die Möglichkeit, Noten zu fotokopieren, und mußten sie mit der Hand abschreiben. In der ganzen Stadt war nicht ein einziger halbwegs guter Flügel zu finden. Ich versprach, ihnen zu helfen, und schrieb alles auf, was sie benötigten.

Meine beiden Kollegen und ich mußten auch Unterricht geben, die Dolmetscher nannten es »Unterweisung«. Das wird von allen westlichen Musikern erwartet, man hofft auf goldene Worte, wenn nicht auf Wunder. Wir wurden in eine Schule, ganz in der Nähe eines meiner früheren Wohnorte, gebracht. Zu mir kamen die meisten Schüler, weil Geige und Klavier die beiden Instrumente mit der längsten Tradition in China waren. Alle anderen Instrumente wurden vernachlässigt. Bratsche und Cello wurden nur als Begleitinstrumente angesehen, Blasinstrumente gab es kaum, sie hatten auch keine guten Lehrer dafür.

Ich besuchte meine alten Wohnorte. Das kleine Haus im Hof war meine erste Station. Ich ging sehr langsam in den Hof hinein, gefolgt von einem Fernsehteam und einem großen Troß Menschen. Chinesen sind auf eine sehr freundliche und naive Art unglaublich neugierig, sie interessieren sich für alles. Europäern, die Wert auf Distanz legen und ihre Neugierde diskreter zu befriedigen pflegen, erscheint das mitunter penetrant und lästig.

Die Leute, die jetzt dort wohnten, kamen heraus. Sie luden uns in ihre Wohnung ein – es war drinnen genauso kalt wie früher. Nur wohnte jetzt eine Familie im Wohnzimmer, eine im umgebauten Badezimmer, eine in der umgebauten Küche. Mein früheres Zimmerchen wurde als Hühnerstall genutzt. Im Schlafzimmer meiner Eltern wohnte auch eine Familie, und in dem Zimmer, das früher von der japanischen Familie bewohnt worden war, eine weitere. Die Toilette war in einem fürchterlichen Zustand, es gab keine Tür mehr, und auf der Toilettenschüssel thronte stolz ein Huhn.

Ich mußte in jedes Zimmer gehen, die Menschen zogen mich förmlich hinein, sie waren sehr herzlich. Und dann, nach 35 Jahren, sah ich an einem Fenster noch die Reste eines Vorhanges, den meine Mutter damals aus Berlin mitgebracht hatte. Das war zuviel, mir kamen die Tränen.

Weiter ging es zum Hotel Modern. Das helle Gelb war mit einem düsteren Grau überstrichen worden. Es war gespenstisch. Früher war es ein sehr belebtes Hotel gewesen, die reichen Leute logierten oder aßen hier, im großen Saal gab es Theater oder Musik, Oper oder Kino. Tempi passati ... Die Räume waren leer, die Spiegel blind geworden. Im großen Saal fanden immer noch Kinovorstellungen statt, aber die Leute mußten durch einen Seiteneingang gehen. Ich dachte an den stolzen Herrn Pevsner, damals der Geschäftsführer, wie er mich manchmal streng angesehen hatte wegen meiner »Luftgeschäfte«. Ich sah auch meine Mutter mit Wizenberg und den alten Stern, dem Geiger aus Wien, spielen. Alles war versunken, nur das Haus stand noch.

Ich wurde von meinen Erinnerungen förmlich überfallen, aber ich konnte sie mit niemandem teilen. Wie denn auch. Nur das gemeinsam Erlebte kann man wirklich teilen. Mit meinen Kollegen beschloß ich, unseren Gastgebern einen Empfang im Hotel Modern zu geben. Er fand im zweiten Stock statt, im Allerheiligsten des Herrn Pevsner! Darin hatte er alle seine wichtigen Gäste empfangen.

Die Stadt, vor allem aber die Luft war sehr schmutzig. Auf Ökologie wurde kein Wert gelegt, trotz der hohen Industrialisierung. Zum Heizen wurde hauptsächlich Kohle sehr schlechter Qualität benutzt. Die alten Häuser, viele davon im schönen russischen Jugendstil gebaut, waren ungepflegt, aber auch die neuen, sehr häßlichen Häuser, die vier, fünf und mehr Stockwerke hatten, sahen schon nach wenigen Jahren vollkommen heruntergekommen aus. Die Wüteriche der Kulturrevolution hatten die russischen Kathedralen, die früher das Stadtbild beherrschten, bis auf eine abgerissen. Auch die zentrale Kathedrale, der Dom, der auf einem Hügel in der Mitte der Stadt stand, war dem Erdboden gleichgemacht worden. Die zwei ansehnlichen Synagogen waren inzwischen in viele kleine Büroräume umgebaut worden, die ihrerseits auch schon verkommen aussahen. Hier hatte ich meine Bar-Mitzva, die jüdische Einsegnung, gefeiert.

Von den Hunderttausenden von Europäern, vor allem Russen, die zu unserer Zeit in Harbin lebten, waren sage und schreibe 44 übriggeblieben, und auch sie, alles alte Menschen, waren bloß geduldet. Zwei von ihnen besuchte ich.

Anatoli Jeliesniakow, einen Pianisten, kannte ich noch aus unserer Jugendzeit, sein Vater war der Klavierstimmer in Harbin gewesen. Nun lebte er mit seiner über achtzigjährigen

Mutter in einer halbverfallenen Wohnung. Die Ikone mit einem Lichtlein davor erinnerte an eine Welt, die es nicht mehr gab. Sie lebten von einem Gnadenbrot, d.h. einer kleinen Rente, die ihnen die chinesischen Behörden zugestanden. Ich ließ ihnen etwas Geld da und fragte Anatoli, was ich ihm von Deutschland aus schicken solle. Er bat um einige Noten, aber das Wichtigste für ihn waren – Modezeitschriften! Das war der Luxus, den sie sich für das Ende ihrer Tage wünschten …

Die zweite Begegnung war noch gespenstischer: Ich traf die einzige Jüdin, die noch zurückgeblieben war. Sie lebte mit einigen anderen alten Russen in dem Haus, in dem die Jüdische Gemeinde früher die Bedürftigen, zu denen auch wir anfangs gehörten, verköstigt hatte. Sie fragte mich, als ich ihr kümmerliches Zimmer betrat: »Kommen Sie von der Jüdischen Gemeinde?«, und als ich verneinte: »Ja, wo sind sie denn alle hingegangen? Man trifft ja niemanden mehr«, – und nannte verschiedene Namen ehemaliger Harbiner. Sie war völlig verwirrt. Einige Jahre später schickte mir meine Schwester aus den USA eine Zeitung, in der ein Bericht über diese Frau stand: Sie war nach den langen Jahrzehnten der Einsamkeit von Verwandten nach Australien geholt worden – als letzte dieser einst blühenden jüdischen Gemeinde.

Zum Abschluß unseres Aufenthaltes in Harbin wurde uns zu Ehren ein großes Bankett gegeben, wobei das Gesang- und Tanzensemble der Stadt auftrat. Die Gouverneurin der Provinz, der Bürgermeister und der Parteisekretär der Stadt und alles, was Rang und Namen hatte, war anwesend. Jeder von uns bekam ein traditionelles chinesisches Instrument geschenkt, und es gab ein besonders prächtiges Essen.

Wir kamen zurück nach Peking, gaben noch ein Konzert, das von der deutschen Botschaft organisiert wurde. Damals war es noch so, daß die wenigen Touristen in China, begleitet von einem Dolmetscher, ein bis ins kleinste Detail geplantes Besuchsprogramm absolvieren mußten: die üblichen Sehenswürdigkeiten, eine Vorzeige-Kommune, ein »Kinderpalast«, wo die Kinder Lieder singen mußten, die meist von den großen sozialistischen Errungenschaften, vor allem aber vom großen Steuermann und weisen Führer Mao handelten. Wir empfanden es als sehr unangenehm, daß diese Kleinen wie aufgezogene Puppen agieren mußten. Die chinesischen Kinder gucken immer mit großen, staunenden Augen, wenn sie Europäer sehen. Man zieht ihnen auch heute noch Höschen an, die hinten geschlitzt sind, damit sie jederzeit schnell auf den Topf können, und beim Laufen blitzt dann immer so ein kleiner Popo durch den Stoff hindurch.

Damals wagte noch niemand, in puncto Kleidung aus der Reihe zu tanzen. Frauen, abgesehen von Schauspielerinnen, durften sich nicht schminken, alle Erwachsenen liefen in der gleichen grauen oder blauen Uniform herum. Aber bei den Kindern konnten sie ihren Farbvorstellungen freien Lauf lassen, sie waren alle bunt gekleidet und individuell zurechtgemacht.

Fan Shen Kuan, ein alter Freund, ebenfalls Mitschüler bei Trachtenberg, bat mich, seinen 17jährigen Sohn, einen Geiger, anzuhören. Er spielte uns ein Stück aus dem Sibelius-Konzert und eine Bach-Sonate, schien sehr begabt und auch technisch relativ weit. Aber man merkte, daß die jahrelange Isolierung durch die Kulturrevolution die musikalische Weiterentwicklung verhindert hatte. Das galt übrigens für fast alle chinesischen Musiker, die durch diese Hölle gegangen waren. Meine Kollegen und ich waren uns einig, daß wir den Jungen nach Europa holen sollten. Ich konnte ihm ein Jahr darauf ein Stipendium des Kulturkreises im BDI vermitteln. Ein Jahr später kam er nach Berlin und erhielt Unterricht bei Professor Gawriloff. Dann spielte er im Tonhalle-Orchester in Zürich. Jetzt lebt er in Los Angeles, wohin auch sein Vater emigrierte.

Unser Aufenthalt in Peking war beendet. Meine beiden Kollegen flogen zurück nach Berlin. Ich hatte noch Zeit und wollte mir Hongkong ansehen, das ich nur von der damaligen Reise als Kind in Erinnerung hatte, und ich wollte auch einmal das andere, nicht so ärmliche, nichtsozialistische China erleben. Außerdem gab es dort einen chinesischen Geigensammler. Ihn wollte ich besuchen, um seine berühmten Geigen zu sehen. Ich reiste über Guangzhou (Kanton) und wurde dort von Vertretern der lokalen Kulturbehörde abgeholt; man hatte sie über meine Ankunft informiert. Ich erklärte ihnen, daß ich die Stadt gern auf eigene Faust entdecken wollte. Nach den ewigen Banketten und Hotelessen hatte ich Sehnsucht nach einer einfachen Garküche, wie ich sie noch aus meiner Kindheit kannte. Welch ein Unterschied zu Harbin! Es war viel mehr Leben auf den Straßen als oben im kalten Norden. Und es gab sie, die vielen Garküchen. Das Essen ist anders als in den Nordprovinzen. Teilweise wußte ich gar nicht, was ich aß, und manchmal wollte ich es auch gar nicht wissen. Aber es war köstlich.

Abends schlenderte ich zurück in mein Hotel und entdeckte in der Halle einen Hinweis, daß das örtliche Gesang- und Tanzensemble ein Konzert geben würde. Ich erwartete zwar nicht allzuviel davon, aber etwas anderes konnte man in China abends als Tourist kaum unternehmen. Ich kam in einen großen Saal, auf der Bühne saß ein kleines Orchester, das munter drauflos spielte – es klang ziemlich schaurig. Ich bereitete mich darauf vor, sanft auf meinem Sessel zu entschlummern. Es wurde ein Klavier hereingeschoben, und der Pianist spielte die 6. Rhapsodie von Liszt – und zwar hervorragend, trotz des schlechten Instruments. Ich horchte auf. Dann spielte das Ensemble wieder irgendeine Schnulze. Als nächstes betrat ein chinesischer Beau im weißem Smoking die Bühne und preßte »O sole mio« aus sich heraus. Ich hatte meine Augen wieder halb geschlossen, da hörte ich die

»Rosina-Arie« aus dem »Barbier von Sevilla« von Rossini. Das Mädchen, das da sang, machte mich nun vollends wach. Ich war beeindruckt, nicht nur von ihrer äußeren Erscheinung, wie sie dastand im weißen Kleid, sondern von ihren stimmlichen und technischen Fähigkeiten. Ihre Jugend und ihre natürliche Art, diese Arie zu singen, bestachen so sehr, daß ich, nachdem das Konzert zu Ende war, zum Bühnenausgang ging und auf die Musiker wartete. Als erster kam der Dirigent. Ich stellte mich vor. Er fiel fast in Ohnmacht. Daß hier ein Europäer mit ihm sprach, dazu noch ein Musiker und dann noch ein Musiker von den Berliner Philharmonikern, vom »Kalajan«! Er rief sogleich all die anderen. Sie umringten mich und zogen mich mit in die Kantine, wo sie ihr Essen bekamen. Ich wollte das Mädchen kennenlernen. Er rief: »Rao Lan, komm mal her.« Wir unterhielten uns, ich fragte sie ein bißchen aus. Denn ich hatte mir überlegt, wenn ich schon den Jungen nach Deutschland zu holen versuche, dann sollte ich auch diesem begabten Mädchen helfen.

Auch mit dem Pianisten sprach ich. Er erzählte mir, daß er während der Kulturrevolution zehn Jahre nicht hatte spielen dürfen. Wie viele andere seiner Generation war er damit hoffnungslos zurückgeworfen. Wie sollte man zehn Jahre fehlender Spielpraxis wieder aufholen? Er war jetzt vierzig Jahre alt – und bei dem überall im Musikbetrieb herrschenden Jugendfetischismus gab es keine Chance, ihm zu helfen.

Ich flog weiter nach Hongkong und blieb dort einige Tage. In der »Volksrepublik« waren die Menschen, bei aller Armut, immer lustig, immer freundlich geblieben. Und in Hongkong, wo so viel Geld ist und jeder dem Dollar hinterherrennt, sah ich kaum jemanden lachen. Sie waren oft sehr unfreundlich und abweisend. Ich sehnte mich schnell in mein anderes, altes China zurück.

Mit der festen Absicht, chinesischen Musikern zu helfen, kehrte ich nach Deutschland zurück. Ich nahm sofort Kontakt zu mir bekannten Institutionen auf, erzählte von meinen zwei Entdeckungen und sagte gleich dazu; daß es nicht ausreichen würde, Musiker mit Stipendien nach Deutschland zu holen, man müßte auch in China selbst helfen, indem man Noten, Saiten, Zubehör und Instrumente zur Verfügung stellte. Bei einem Treffen im Hause des Musikrats in Bonn versprachen u.a. der Kulturkreis im Bund Deutscher Industrieller (BDI), Inter Nationes, der Deutsche Musikrat und die Deutsche Orchestervereinigung Unterstützung.

Nun hatte ich die Idee, die Übergabe der Spenden mit einer Konzertreise zu verbinden. Ich wollte mit einer größeren Gruppe nach China fahren: vier Streicher aus dem Berliner Philharmonischen Orchester, eine Geige, Bratsche, Cello, Kontrabaß und fünf Bläser vom »Consortium Classicum« aus Freiburg. Unser neuer Intendant, Dr. Girth, vermittelte den Kontakt zum Zweiten Deutschen Fernsehen, ich fuhr nach Mainz, wir einigten uns sehr rasch. Damit war die Finanzierung der Reise gesichert. Wir hatten schon vorher die chinesische Botschaft in Bonn informiert und die Konzerte und Aufführungsorte abgesprochen.

Ferner half mir die »Leibniz-Gesellschaft für kulturellen Austausch«. Ihr Initiator, Heinz-Wilhelm Spreitz, verfügte über exzellente Kontakte zum chinesischen Kulturministerium und sorgte für Begegnungen mit chinesischen Politikern und Künstlern in einer Zeit, wo die offiziellen Kontakte noch gar nicht geknüpft waren. Große Hilfe wurde mir außerdem von meinem Freund Henning Dohm zuteil, der persönlich Stipendien für chinesische Musikstudenten zur Verfügung stellte. Er hat vielen Studenten mit Rat und Tat geholfen, ohne seine großzügige Hilfe jemals an die große Glocke zu hängen.

Im Sommer 1980 reiste ich gemeinsam mit dem vom ZDF bestimmten Regisseur eine Woche, bevor die Konzerttournee beginnen sollte, nach China, um mich um technische Unterstützung der chinesischen Rundfunkanstalten zu kümmern.

Diese verlangten in ihrem Devisenhunger die horrende Summe von 80000 Dollar nur dafür, daß sie einige Hilfskräfte in den jeweiligen Städten zur Verfügung stellen und sich um Beleuchtung u.ä. kümmern sollten. Das war dreimal soviel, wie ich für unsere gesamte Reise kalkuliert hatte. Wir drohten, die Tournee unter diesen Umständen platzen zu lassen. Schnell einigten wir uns auf 5000 Dollar. Von Inter Nationes waren Koffer voller Noten zur Verfügung gestellt worden, die Deutsche Orchestervereinigung stiftete für circa 10000 Mark Saiten für Streichinstrumente, Sponsoren aus der Industrie drei vollständige Geigenbauausrüstungen und Stipendien.

In Harbin war man glücklich, daß ich meine Versprechungen wahrgemacht hatte. Wir besprachen weitere Kooperationsmöglichkeiten. Von chinesischer Seite wurde ich ständig mit organisatorischen Fragen beschäftigt, so daß ich kaum zum üben kam. Ich fürchte, meinen Kollegen blieb das bei unseren Konzerten nicht verborgen.

Aber die Reise war trotzdem ein Erfolg. Wir entdeckten weitere chinesische Musiker, denen wir ein Stipendium beschaffen wollten. Von der Firma Steinway hatte ich die Zusage, drei Leuten die Möglichkeit zu geben, Klavierbau zu lernen. Auch hier fanden wir junge Menschen in Harbin, die sich dafür begeisterten. Mit uns reiste ein Geigenbauer aus Bad Reichenhall, Leo Mayr, meines Erachtens einer der besten in Deutschland. Er war ständig umringt von einer Traube Wißbegieriger. Diesmal konnte ich auch meiner Frau, die mitgefahren war, meine verschiedenen Wohnstätten zeigen.

Von nun an reiste ich fast jedes Jahr nach China, zu Konzerten, die uns oft in entlegene Gegenden führten, wo noch nie westliche Kammermusik gehört worden war. Dabei begleiteten mich zwei Berliner Kollegen, der Cellist Markus Nyikos und der Pianist Lothar Broddack. Die Ereignisse am Tienanmen-Platz im Sommer 1989 dämpften allerdings meine Reiselust nach China für eine lange Zeit.

Der 16. Dezember 1973 war ein Sonntag. Wir hatten Generalprobe für das Konzert am Abend mit Daniel Barenboim, der sowohl dirigierte als auch das 1. Klavierkonzert von Beethoven spielte. Ich saß am ersten Pult neben dem Konzertmeister, direkt hinter Barenboim. Nichts deutete darauf hin, daß sich an diesem Tage mein Leben drastisch verändern würde.

Ungefähr 15 Minuten vor der Pause fühlte ich einen leichten Stoß links, ein klein wenig Schwindel, aber vor allem der Flügel klang plötzlich so eigenartig, daß ich meinem Kollegen zuraunte, daß es eine Schande wäre, dem Pianisten ein so schlecht gestimmtes Instrument zuzumuten. Der sah mich etwas komisch an und spielte weiter. Dann wurde mir etwas übel, ich fühlte einen starken Druck im Kopf und ein lautes Zischgeräusch setzte ein, das mich besonders irritierte. Jetzt konnte ich nicht mehr weiterspielen, stand auf und ging hinter die Bühne. Dann kam die Pause. Mein Kollege Zepperitz fragte, was mit mir los sei, und riet mir, mich sofort ins Krankenhaus zu begeben, dort gebe es einen bekannten Chefarzt, der mir bestimmt helfen würde.

Er telefonierte gleich mit ihm, und der Professor empfing mich, obwohl es Sonntag war. Nach einem Audiogramm sagte er, daß ich einen Hörsturz links hätte, der unverzüglich behandelt werden müsse. Der Begriff »Hörsturz« war mir vollkommen unbekannt, ich hörte ihn zum ersten Mal.

Zwei Wochen lag ich danach am Tropf und bekam außerdem Stellatumblockaden, etwas, was ich nur meinen ärgsten Feinden empfehlen würde: Eine große Nadel wird an einer Stelle im Hals eingeführt, und eine betäubende Substanz wie Novocain o.a. wird langsam in den Ganglion cervicothoracicum, einen Halsnervenknoten, gespritzt. Wenn die richtige Stelle getroffen wird, was sich gleich mit einem Schmerz im

Rücken bemerkbar macht, folgt danach ein starkes Hitzegefühl und eine Benommenheit, die circa 20 Minuten anhält. Sinn der ganzen Sache ist, eine stark erhöhte Blutzufuhr im Kopf zu erzeugen, was vielleicht heilend wirken könnte. Ich sagte, wenn die richtige Stelle getroffen wird. Nun, das war leider nicht immer der Fall, und wie der Berliner so schön sagt: »Dicht daneben is och vorbei!« Schon beim Einstechen merkte ich, wenn es nicht »saß«. Dann ging die Substanz halt daneben und betäubt wurde alles andere, nur nicht das, was betäubt werden sollte. Das Schlimmste war, daß ich es nicht sagen durfte, denn Chefärzte irren sich nie. Darum war ich immer glücklich, wenn der Oberarzt die Spritze verabreichte. Da er das viel öfter als sein Chef tat, ging es bei ihm auch nicht so oft daneben.

In der Tat, mein Gehör schien regeneriert. Allerdings blieb es sehr empfindlich und ich hörte alles »hallig«, so als ob ich in einem überakustischen Raum wäre. Das wurde unter anderem mit der winterlichen Feuchtigkeit erklärt, und man riet mir, zur Erholung in ein Klima mit trockener Wärme zu fahren. Da meine Schwester Irma in San Diego lebte, fuhr ich in Begleitung meiner Frau nach Palm Springs, das nicht allzu weit von San Diego entfernt ist und genau das Klima hat, das die Ärzte empfohlen hatten. Es bekam mir in der Tat recht gut, und ich erholte mich physisch und psychisch von dem Schock. Die Gefahr, mit 45 Jahren nicht mehr spielen zu können und meine Arbeit und damit meine Existenzgrundlage zu verlieren, hatte mich in große Angst und Depression versetzt.

Ich fing wieder an zu üben und kehrte »dienstbereit« nach Berlin zurück. Zu Hause wurde ich mit vielen guten Ratschlägen versehen, vor allem aber sollte ich jeden Streß meiden, was bei meinem Beruf fast schon wie Hohn klingt. Das Leben ging also mehr oder weniger normal weiter. Da mein Ohr aber immer noch sehr empfindlich war, empfahlen mir gute Freunde einen bekannten Ohrenarzt in einer unserer großen Kliniken, einen indischen Professor, zu konsultieren.

Ich wurde also meinem guten alten Professor untreu und ging zum neuen indischen Professor. Der meinte, ich müsse jetzt prophylaktisch behandelt werden, damit kein weiterer Hörsturz erfolge. Am besten sei neben anderen Maßnahmen eine Reihe von weiteren Stellatumblockaden.

Leute im weißen Kittel hatten mir schon immer große Achtung und vor allem einen unerschütterlichen Glauben in ihr Wissen und Können eingeflößt, so daß ich auch diesmal wieder, ohne viel nachzudenken, in die Behandlung einwilligte. So pilgerte ich zwei Mal die Woche ins Krankenhaus und empfing die Injektionen in den Hals. Manchmal traf er sogar die richtige Stelle. Oft jedoch ging es daneben, und dann passierte es, daß beispielsweise mein Kehlkopf für eine gute halbe Stunde total betäubt war, so daß ich ihm noch nicht einmal sagen konnte, daß es daneben gegangen war. Mir blieb buchstäblich die Sprache weg. Mit dem milden Lächeln des Wissenden beschied er mir später, daß alles seine Richtigkeit hätte, und ich möge ihm doch bitte vertrauen.

Mein grenzenloses Vertrauen war trotz einer sich anbahnenden vorsichtigen Skepsis noch immer ungebrochen, selbst als mir eröffnet wurde, daß ich mich jetzt einem leichten operativen Eingriff unterziehen solle. Was da operiert werden sollte, haben weder ich noch sonst jemand je erfahren. Ich bekam eine Vollnarkose, und als ich aus ihr erwachte, hatte ich einen Kreislaufkollaps. Das war so ziemlich das einzige Resultat dieser Operation. Kurz danach fuhr der Herr Professor zu einem Kongreß, hinterließ mir aber auf meine Bitte die Telefonnummer seines Hotels. Nach allen beschriebenen »vorbeugenden« Maßnahmen erlitt ich kurze Zeit später den zweiten Hörsturz. In Panik rief ich den Professor an seinem Kongreßort an. Er antwortete, daß er jetzt leider gar nichts tun könne, ich mich im übrigen aber ruhig verhalten solle. In ein paar Tagen, wenn er zurück in Berlin sei, möge ich zu ihm kommen.

Nun wußte ich aus Erfahrung, daß man einen Hörsturz sofort behandeln muß, auf keinen Fall aber später als nach 48 Stunden. Da ich meinem ersten Professor untreu geworden war, hatte ich Hemmungen, wieder zu ihm zu gehen und beschloß, auf die Rückkehr meines indischen Professors zu warten. Das war ein fataler Fehler, denn ich wartete drei Tage ohne jede Behandlung, um nachher dennoch reumütig zu meinem ersten Professor zurückzukehren, ihm zu beichten und ihn um Hilfe zu bitten. Es war zu spät.

Wieder lag ich im Krankenhaus, wieder bekam ich Infusionen, aber nichts half mehr. Der dritte Hörsturz folgte Anfang Mai und mit ihm die Gewißheit, daß ich auf dem linken Ohr, unter dem die Geige gehalten wird, nie wieder richtig hören und daß ich das fürchterliche Zischen und Rauschen und den Druck im Ohr nicht mehr loswerden würde. Das bedeutete aber auch, daß ich meinen Beruf und meine Existenzgrundlage verlieren würde, denn in diesem Zustand schien es absolut unmöglich, daß ich jemals wieder Geige spielen könnte. Ich war 47 Jahre alt und hatte eine Familie zu ernähren.

Genau so schlimm war der Gedanke, nicht mehr meinem Orchester angehören zu können, das mein Lebensinhalt geworden war. Ich war so hoffnungslos wie nie zuvor, selbst in den schlimmsten Zeiten der Emigration. Zum ersten Mal trug ich mich ernsthaft mit Selbstmordgedanken, vor deren Ausführung mich nur mein starker Lebenswille oder, genauer gesagt, meine Feigheit schützte. Zum Glück ging mein Gehalt vorläufig weiter, ich war ja im öffentlichen Dienst – Gott segne und beschütze ihn! –, hatte Anrecht auf 26 Wochen bezahlten Krankheitsurlaub und vor allem auf Beihilfe. Das ermöglichte mir, weitere Heilungsversuche zu unternehmen, obwohl ich wußte, daß ich so gut wie keine Chancen mehr hatte.

Nach dem Eingeständnis, nichts mehr für mich tun zu können, empfahl mir mein Professor, nach Tübingen zu fahren, wo ein berühmter Arzt, eine große Kapazität für Innenohr-Erkrankungen, säße. Ich begab mich nach Tübingen, wurde untersucht, der Professor applizierte höchstpersönlich eine Stellatum-Blockade, die prompt daneben ging, was aber weder von mir noch von den ehrfürchtig um uns herumstehenden Ober- und Assistenzärzten kommentiert wurde, und empfahl nach weiteren Untersuchungen eine Innenohr-Operation. Zu deutsch: Kopf aufmachen und hineinschauen.

Als es soweit war, wurde ich auf einer engen Trage angeschnallt in den OP-Saal gebracht. Nach einer gewissen Wartezeit setzte man direkt neben meinem Ohr ein Gerät in Bewegung, das wie eine Kreissäge dröhnte und jaulte. Mein präoperatives Beruhigungsmittel hatte schon längst nachgelassen, mein Mund war ausgetrocknet wie ein Waadi in der Wüste Sinai, meine Nerven am Zerreißpunkt angelangt. Das Teufelsgerät aber lief ununterbrochen weiter, bis ich endlich um eine Erklärung bat, die mir auch bereitwillig gegeben wurde: Es handelte sich leider um ein defektes Instrument. Man würde ein neues besorgen müssen. Bis dahin möge ich mich bitte gedulden und ruhig ein Nickerchen machen. Na klar, nichts leichter als das, mit der Vorstellung, daß einem in Kürze der Kopf aufgemacht wird, fest angeschnallt auf der Bahre und nahe am Verdursten.

Endlich kam die neue Knochensäge. Aber auch sie mußte erst ausprobiert werden. Diesmal war das Heulen und Jaulen noch lauter, noch intensiver, so daß es einem durch Mark und Bein ging. Aber dafür war sie ja auch neu, und so fiel die Überprüfung zur allgemeinen Zufriedenheit aus und fröhlich wurde mir mitgeteilt, daß man nunmehr anfangen könne. Genau so fröhlich und entspannt fiel ich, wie man sich denken kann, in meinen Narkoseschlaf.

Ich wachte von einem ungeheuren Donnerschlag auf. Es war stockdunkel, nur grell erleuchtet von ununterbrochen zuckenden Blitzen, und ich glaubte in meiner Benommenheit, nun endlich dort angelangt zu sein, wohin mich schon einige meiner besten Feinde gewünscht hatten, nämlich in der Hölle. Zumal ich bemerkte, daß aus meinem Kopf ein Schlauch ragte, der in einer Flasche voller Blut endete. Jetzt verstand ich Hieronymus Bosch, dessen Werke ich sehr liebe, besser als je zuvor. Es gab aber auch positives in dieser Nacht zu verzeichnen: Mein schreckliches Ohrengeräusch war kaum hörbar, und ich wollte vor Freude über diesen großen Erfolg der Operation schon zu tanzen anfangen, als ich gegen Morgen bemerkte, daß es der Donner und die krachenden Blitze waren, die in der Nacht meine Ohrengeräusche übertönt hatten. Denn als das Gewitter nachließ, kamen sie natürlich zurück, womit wir wieder beim status quo ante angelangt waren.

Der Professor erschien am Morgen und teilte mir freudestrahlend mit, daß man »keinerlei pathologische Veränderungen des inneren Gehörganges« gefunden hätte. Eine Enthüllung, die mich weder überraschte noch besonders begeisterte. Dafür aber war ich um ein Erlebnis reicher, denn schließlich hat man nicht jeden Tag das Vergnügen, daß einem der Kopf aufgemeißelt wird.

Das Ende des Arztberichts der berühmten Kapazität lautete wörtlich: »Irgendwelche Möglichkeiten einer medikamentösen oder einer operativen Therapie bestehen m. E. bei Herrn Stern nicht mehr.« Das stimmte wohl. Mehr noch, mir wurde bedeutet, daß es erfahrungsgemäß im Laufe der Zeit immer schlechter werden würde und durchaus zu Taubheit führen könne. Wohlmeinende Ratgeber meinten, daß ich nun wohl das Geigespielen aufgeben und mein Leben umstellen müßte, und daß ich mit meinen 48 Jahren doch noch sooooo viel machen könnte.

Die Ratschläge hörte ich mir alle höflich an, dann nahm ich meine Geige und begann, ganz langsam und sehr leise, ein Finger nach dem anderen, zu üben. Schon das Stimmen der Saiten verursachte Schmerz und Unbehagen im kranken Ohr, und was ich hörte, war ein scheppernder Ton der noch dazu um circa einen viertel Ton höher war, als im rechten Ohr. Man nennt das Doppelhörigkeit. Dieser zusätzliche Störfaktor machte mir das Hören noch schwerer. Aber ich war entschlossen, gegen alle Widrigkeiten zu kämpfen, und das hieß in meinem Falle, weiter zu üben. Wenn ich den Kopf beim Geigen etwas mehr als üblich nach links drehte, so konnte ich mit meinem rechten Ohr kompensieren. Das hatte natürlich zur Folge, daß meine Halswirbelsäule übermäßig belastet wurde, aber auch das mußte ich in Kauf nehmen.

Allmählich erlangte ich meine Fingerfertigkeit wieder und eines schönen Tages meldete ich mich wieder einsatzbereit zum Dienst. Meine Kollegen wußten nur wenig über das, was ich durchgemacht hatte. Was mich aber psychisch weit mehr belastete war, daß ich auch nicht allzu viel darüber reden durfte, denn so ein Orchester ist eine Hochleistungsgesellschaft, und wer da nicht mitkommt, muß raus.

Der Anfang war sehr schwer. Bei lauten Akkorden der Bläser wie beispielsweise bei Bruckner, Wagner oder Strauß, konnte ich meine Geige überhaupt nicht hören. Noch schlimmer aber war es bei Haydn, Mozart oder Schubert, wo es auf genaueste Intonation und Zusammenspiel ankommt. Ängstlich sah ich mich immer bei meinen Kollegen um, ob sie vielleicht schräg in meine Richtung blicken würden. Manchmal fragte ich auch meinen Pultkollegen, ob alles in Ordnung wäre. Meistens gab es keine Beanstandungen. Aber die ewige Angst aufzufallen, daneben zu greifen, den Anforderungen nicht mehr zu genügen, führte zu einer kaum zu ertragenden psychischen Belastung. Und doch mußte ich mich mit aller Gewalt an diesen Zustand gewöhnen. Die Hoffnung es zu schaffen, die mir Kraft gab, weiterzumachen, wurde immer wieder abgelöst von Ängsten und Depressionen, vor allem dann, wenn der Dienst besonders anstrengend war.

Obwohl mir klar war, daß meine Innenohr-Erkrankung unheilbar sei, war ich emotional nicht bereit, aufzugeben. Immer wieder hörte ich von Spezialisten und Kliniken irgendwo in der Welt und von verschiedenen Heilmethoden »die ganz sicher helfen würden«, wie Akupunktur, Homöopathie, Alexander- und Feldenkrais-Methode, Tai-Chi, Qi-Gong, Akupressur, Yoga, Autogenes Training und natürlich psychiatrische Behandlung … Ich überlasse dem Leser die Fortsetzung der Liste, ich habe so gut wie alles ausprobiert: »große Koryphäen« und »berühmte Spezialisten« in Zürich, London und Los Angeles.

Schließlich suchte ich die in Deutschland gerade berühmt gewordene Heilpraxis des Dr. K., der bereits den Ruf eines Wunderheilers genoß, auf. Da ich nunmehr nur noch auf Wunder angewiesen war, schien mir das die richtige Adresse zu sein. Voller Ehrfurcht und Erwartung betrat ich, selbstverständlich nach langer Voranmeldung, die sagenumwobene Praxis.

Zum Glück gab es diesmal keine große Voruntersuchung. Hier kam man ohne solchen unnötigen Schnickschnack aus und kam gleich zur Sache. Ich hatte gerade noch Zeit schnell etwas von Hörsturz und Tinnitus zu murmeln, als ich schon meinen ersten Stich weg hatte und der große Mann bereits beim nächsten Patienten war. Hier wurden die Kranken am Fließband geheilt. War ja auch kein Wunder bei der allgemeinen Erwartung an Wunder.

Wie ich so hinter meinen Vorhängen lag und auf mein persönliches Wunder wartete, kam der Wunderdoktor wieder vorbei und verpaßte mir die nächsten Stiche. Er hatte sogar noch Zeit zu fragen, ob es mir schon besser ginge.

Die Antwort konnte er leider nicht mehr abwarten. Verständlich, bei dem Betrieb. Bevor ich ging, wurde ich noch schnell zur Kasse gebeten. Auch das selbstverständlich.

Ein weiterer Spezialist für Akupunktur wurde mir von einem Kollegen genannt. Der saß in Freiburg und stand in dem Ruf, besonders vielen Musikern geholfen zu haben. Also nichts wie hin. Hier wurde ich sehr fürsorglich und intensiv mit den berühmten Nadeln behandelt. An meinen Beschwerden änderte das leider nichts.

Er erzählte mir aber von einem berühmten Akupunkteur in Shanghai und von einem bevorstehenden Weltkongreß der Akupunkteure in Taiwan, zu dem er fahren würde.

Vielleicht ist das die Lösung, dachte ich. Da man mich in Shanghai von meinen früheren Visiten her gut kannte, lud mich das dortige Konservatorium ein, während der Akupunkturbehandlungen auf dem Campus im Gästehaus zu wohnen. Das bedeutete natürlich eine wesentliche Reduzierung der Reisekosten, und so startete ich meine nächste Hoffnungsreise.

Der Arzt, Vizepräsident der chinesischen Akupunktur-Gesellschaft, empfing mich sehr freundlich und empfahl tägliche Behandlungen. Er wohnte nicht weit vom Konservatorium, so daß ich zu ihm zu Fuß gehen konnte, was ein wahrer Segen war. (Wer schon einmal in Shanghai war, weiß wovon ich rede). Und so wurde ich also täglich in die verschiedensten Körperteile gestochen, wobei mir der liebe Doktor versicherte, das sich bestimmt etwas ändern würde. Das tat es auch.

Ich fuhr nach Taiwan, wohin ich schon lange vorher von der Schwiegertochter des Staatspräsidenten, Nancy Chang, eingeladen worden war, um sie bei der Gründung eines Nationalen Orchesters zu beraten. Und da zu dieser Zeit gerade der schon erwähnte Weltkongreß der Akupunkteure stattfinden sollte, folgte ich dieser Einladung sehr gerne, zumal die Reisekosten, inklusive Hotel und Rückreise nach Berlin von der taiwanesischen Regierung bezahlt wurden. In Taipeh angekommen, wurde ich sehr freundlich empfangen und in einem sehr großen und schönen Hotel untergebracht. Für den nächsten Morgen war ich mit meinem Freiburger Arzt verabredet, der mich dem Vorsitzenden des Kongresses vorstellen wollte.

Am Abend, ich hatte kaum ausgepackt, bekam ich einen Schwindelanfall, der mich buchstäblich umschmiß. Dazu kam ein eiskalter Schweißausbruch, und ich mußte mich übergeben. Es dauerte circa 10 Minuten und ich war danach vollkommen erschöpft und natürlich erschrocken. Der nächste Anfall kam nach ungefähr einer halben Stunde. Er war noch stärker und dauerte noch länger. Die Anfälle kamen immer schneller, und gegen Morgen gingen sie fast ineinander über. Das Schwindelgefühl wurde so stark, daß ich mich im Bett festhalten mußte, denn es warf mich fast hinaus. Natürlich war ich in Panik, und als mein Arzt dann endlich am Morgen erschien, bedeutete es für mich die Erlösung aus der Not. So hatte ich jedenfalls gehofft. Doch der Arzt sagte mir, nachdem ich ihm meinen Zustand geschildert hatte und er ja auch sah, was mit mir los war, daß er jetzt zum Kongreß müsse und mir leider gar nicht helfen könne. Er versprach, später noch einmal nach mir zu sehen und ging, nicht ohne mir gute Besserung gewünscht zu haben.

Zum Glück hatte mir Frau Chang eine Begleiterin geschickt, die mich zur ersten Besprechung abholen sollte. Statt dessen ging sie mit mir in die Universitätsklinik zu einem HNO Arzt. Nachdem ich ihm meine ganze Krankengeschichte erzählt hatte, sagte er, auf Dauer würde mir nur eine Shunt-Operation helfen und er empfahl mir, diese in der House-Klinik in Los Angeles machen zu lassen. (Die Shunt-Operation bezweckt die Herstellung einer künstlichen Verbindung zwischen den Blutgefäßen im Innenohr durch

Transplantation eines winzigen Röhrchens). Diese Operation wurde von den Brüdern House entwickelt und wird heute überall angewandt.

Pünktlich nach drei Tagen waren die Anfälle vorbei. Ich konnte wieder normal leben, nur einmal noch, ich saß im Hotelrestaurant mit ein paar Leuten beim Mittagessen, fing es wieder an. Ich sprang auf, um in mein Zimmer zu gehen und mich schnell hinzulegen, als zu meiner Verwunderung alle anderen auch aufsprangen und eine große Panik ausbrach, bis ich merkte, daß diesmal nicht ich schwankte, sondern die Erde. Es war ein heftiges Erdbeben, dessen Epizentrum zum Glück über 100 km entfernt von Taipeh lag.

Es war Sommer 1986, als ich, statt Urlaub zu machen, mit meiner Frau nach Los Angeles fuhr, um mich in der House-Klinik vorzustellen. Dr. Brackmann bestätigte sofort die Diagnose des chinesischen Arztes in Taipeh und schlug vor, die Operation unverzüglich vorzunehmen, nicht ohne mich zu warnen: Die Möglichkeit, durch diese Operation das Gehör ganz zu verlieren, sei ziemlich groß.

Nach der Operation hatte ich noch mehrere schwere Anfälle, erholte mich dann aber schnell im schönen Kalifornien und bei Freunden in den Bergen von Colorado und begann nach Ende des Urlaubs wieder meinen Orchesterdienst.

Im Herbst desselben Jahres fuhren wir auf eine Konzertreise in die USA, die uns von New York bis Pasadena führte. Wieder war es ein Sonntagvormittag, an dem die übliche Generalprobe vor dem Konzert stattfand. Neben mir saß unsere »first lady« Madeleine Carruzzo. Wir nannten sie so, weil sie die erste Frau in unserem Orchester war. Plötzlich spürte ich so etwas wie einen Schlag im Kopf. Danach hörte ich im linken Ohr keinen Ton mehr, dafür aber wurde das immer vorhandene Geräusch doppelt so laut. Ich wußte sofort was passiert war: Die Prophezeiung von Dr. Brackmann war eingetroffen, das Ohr war taub!

Der Schock war so groß, daß ich in Tränen ausbrach. Die Kollegin sah mich verständlicherweise etwas seltsam an und spielte natürlich weiter. Es war mir ja nicht anzusehen, was soeben passiert war. Mehr noch, auch ich mußte weiter spielen, denn ich konnte, ja ich durfte doch kein Aufsehen erregen. Es waren mit die qualvollsten Momente meines Lebens.

In Los Angeles angekommen, ging ich sofort zu meinem Arzt. Das Audiogramm bestätigte den Abfall des Gehörs bis auf kleine Reste. Dr. Brackmann bedauerte, konnte mir aber keinerlei Hoffnung auf eine Besserung meines Zustands machen. Ab jetzt wurde der Kampf um die Ausübung meines Berufes noch schwerer. Es würde zu weit führen, wenn ich alle mit diesem Leiden verbundenen kleinen und großen Probleme aufzählen sollte. Wenn ich aber auf irgend etwas stolz bin in meinem Leben, so darauf, daß ich diesen täglichen Kampf bis zu meiner Pensionierung im Jahre 1994 und außerdem noch das schwere Amt des Orchestervorstands durchgehalten habe.

Zehn Jahre nach der Ohrenoperation, besuchte ich Dr. Brackmann wieder, um ihn nach den neuesten Forschungsergebnissen zu fragen. Leider, so sagte er mir, habe man nicht den geringsten Fortschritt gemacht. Es bestünde nach wie vor keine Möglichkeit, wenigstens die Ohrengeräusche zu lindern. Ob ich in den nächsten zehn Jahren wieder einmal vorbeikommen wolle?

Zu diesem Kapitel möchte ich noch folgendes anmerken: Es ist weltweit statistisch erwiesen, daß neben anderen Berufskrankheiten sehr viele Orchestermusiker mehr oder weniger schwer hörgeschädigt sind. Außer mit ihren Ärzten reden die meisten nur selten darüber. Es ist, als schämten sie sich für ihr Leiden und außerdem haben sie Angst, daß sie beruflich für nicht ganz »vollwertig« von den Kollegen, besonders den jüngeren, betrachtet werden.

Übrigens gibt es oder zumindest gab es namhafte Dirigenten, die auf beiden Ohren so gut wie taub waren, aber immer weiter dirigierten. Außer uns Musikern merkte es niemand, schon gar nicht das Publikum. Das klingt sehr böse, ist aber die reine Wahrheit!

Donnergrollen oder das Ende der Ära Karajan

Als Dr. Stresemann, der fast zwanzig Jahre (wie wir später merkten: zwanzig friedliche Jahre) unser Intendant war, 1978 in Pension ging, mußten wir einen Nachfolger suchen. Wir wurden auf den Geschäftsführer der Deutschen Orchestervereinigung in Hamburg, Dr. Peter Girth, aufmerksam. Ein Mann voller Dynamik, sehr musikbegeistert und -bewandert, der durch seine Tätigkeit bei der Deutschen Orchestervereinigung auch die Details des Orchesterbetriebs gut kannte. Außerdem war er Jurist, was uns als Vorteil erschien.

Es gehörte zu den Rechten und zur Tradition des Orchesters, daß es bei der Intendantensuche maßgeblich beteiligt wurde. Der damalige Orchestervorstand, zu dessen Aufgaben es gehörte, sich gemeinsam mit der Kulturverwaltung um die Wahl eines neuen Intendanten zu kümmern, schwärmte in höchsten Tönen von ihm.

Dr. Girth stellte sich dem Orchester vor, und auch wir waren von ihm angetan. Wir erwarteten von ihm, daß er eine neue interessante Programmkonzeption entwickeln würde, was schon seit langem fällig war. Vor allem hofften wir, daß er mit Unbefangenheit und ohne Servilität die inzwischen schwieriger gewordenen Beziehungen zwischen dem Orchester und Herrn von Karajan auf eine neue, offene und vertrauensvolle Basis stellen könnte. Für die Öffentlichkeit unbemerkt hatten sich doch immer wieder Störungen eingestellt, die vor allem den philharmonischen Alltag betrafen, und die wir über die Vermittlung des Intendanten bereinigen wollten.

Die Kulturverwaltung akzeptierte unseren Vorschlag, und er wurde ernannt. Herr von Karajan war anfänglich gegen ihn eingestellt, wohl weil er von uns vorgeschlagen worden war. Nach einigen Gesprächen mit ihm konnte er aber umgestimmt werden. Es ist selbstverständlich, daß ein Intendant nicht gegen den Willen des künstlerischen Leiters oder Chefdirigenten berufen werden kann.

Es sah zu Anfang so aus, als würde Dr. Girth einseitig Stellung beziehen, und zwar für das Orchester, was auch Karajan nicht verborgen blieb. Dann aber folgte eine überraschende Wandlung. Erste Irritationen entstanden dadurch, daß Girth seine Autorität als Intendant durch einige Mitglieder des Orchesters verletzt sah, vor allem im Bereich der sogenannten genehmigungspflichtigen Nebentätigkeiten.

Laut Tarifvertrag bedürfen Nebentätigkeiten der Genehmigung des Intendanten. Die Genehmigung ist aber nicht zu verweigern, wenn der Dienst in der entsprechenden Gruppe des jeweiligen Musikers geregelt ist, d.h. der normale Orchesterbetrieb dadurch nicht gefährdet wird. Einige Musiker, die dem Orchester schon sehr lange angehörten, gerieten darüber in Streit mit ihm, weil sie sich, wie Girth meinte, über sein Genehmigungsrecht hinwegsetzten. Das kränkte ihn sehr und führte dazu, daß er dem »Stern« ein Interview gab, in dem er das Vorurteil der Öffentlichkeit bestätigte, wir wollten immer nur »abkassieren«.

Er geriet so zunehmend in Gegnerschaft zum Orchester, das seinen Sinneswandel nicht nachvollziehen konnte, und gleichzeitig immer mehr auf die Seite Karajans. Girth behauptete, die Nebentätigkeiten würden der gesamten Orchesterarbeit schaden. Ein Beispiel: Es gab ein Kammerensemble, das sowohl aus Philharmonikern als auch aus Musikern anderer Berliner Orchester bestand. Girth suggerierte Herrn von Karajan, daß dieses Orchester in der Programmgestaltung in Konkurrenz zum Philharmonischen Orchester stünde, eine doch wohl recht lächerliche Behauptung. Da der Leiter des Ensembles zugleich einer der Vorstände des Orchesters war, stellte Karajan durch Girths Einflüsterungen einen Bezug zum gesamten Orchester her. Plötzlich erschienen ihm, der sich früher um diese Dinge wenig gekümmert hatte, alle kammermusikalischen Aktivitäten der Kollegen suspekt. Und da wir uns unsere verbrieften Rechte nicht nehmen lassen wollten, sah er uns in seinem zunehmenden Mißtrauen als eine gegen ihn verschworene Gemeinschaft. Dr. Girth und Karajan einigten sich auf eine härtere Gangart gegenüber dem Orchester. Das Ganze gipfelte dann in der sogenannten Meyer-Affäre.

Daß es im Musikbetrieb oft konservativer zugeht als anderswo, habe ich schon gesagt. Aber als Frau Meyer in unser Orchester kam, hatten wir den alten Zopf, Frauen im Orchester nicht zuzulassen, schon lange abgeschnitten. Bereits vorher hatten wir Frauen zu Probespielen eingeladen. Von Amerika und Israel war ich es gewohnt, Frauen als Kolleginnen im Orchester zu haben – die normalste Sache der Welt. Wir haben übrigens inzwischen elf fest angestellte Frauen im Orchester, dazu noch Akademistinnen und weibliche Aushilfen, die regelmäßig mit uns auftreten. Seltsamerweise wird unser Orchester gelegentlich immer noch als frauenfeindlich eingestuft, obwohl ein kurzer Blick aufs Podium das Gegenteil beweist, während die Wiener Philharmoniker ihre starre Haltung bis heute nicht aufgegeben haben. Allerdings haben sie inzwischen – ein offenkundiges Alibi – eine Harfenistin eingestellt.

Frau Meyer kam zunächst als Aushilfe für einen erkrankten Ersten Klarinettisten ins Orchester. Sie spielte ein sehr schönes Konzert. Sie kam noch einige Male, machte auch eine Reise mit. Schließlich bewarb sie sich um die freigewordene Stelle einer Ersten Klarinette und bot ein sehr gutes Probespiel. Sie erhielt die erforderliche Majorität der Stimmen. Nach dem Probespiel wurden allerdings die ersten Bedenken seitens der Gruppe der Klarinettisten laut, und zwar nicht wegen ihrer Fähigkeiten als Klarinettistin. Die Kollegen zweifelten damals schon daran, daß sie sich mit ihrem Ton der Gruppe anpassen könne. Das ist ein Problem, besonders bei den Holzbläsern, das für Außenstehende nicht einfach nachvollziehbar ist.

Nun folgte ihre offizielle Probezeit. Sie hatte viel zu spielen, war auch mit auf Reisen, und wir nahmen sie wie alle, die ihre Probezeit zu absolvieren haben, genau unter die Lupe. Dabei verdichtete sich bei vielen Kollegen der Eindruck, daß die Klarinettisten mit ihren Bedenken nicht ganz unrecht hatten. Auch Karajan hatte sie natürlich zu beurteilen. Das Problem war nur, daß er sie nur nach den Konzerten beurteilen konnte, die sie mit ihm gespielt hatte. Wir hörten sie aber auch bei den vielen Konzerten mit anderen Dirigenten.

Die Probezeit von Sabine Meyer fiel nun genau in die Zeit, in der sich Karajan dem Orchester entfremdete. Andererseits hatten wir 1982 gerade unser hundertjähriges Jubiläum mit viel Pomp gefeiert und eine sehr erfolgreiche Amerika-Tournee hinter uns gebracht. Wir wußten zwar, daß die kommende Zeit nicht völlig problemlos werden würde, daß wir aber in eine solche Krise geraten würden, das traf uns völlig unvorbereitet, vor allem deshalb, weil Karajan nach dem großen USA-Erfolg einigermaßen versöhnt schien.

Die Entscheidung zur festen Aufnahme ins Orchester macht sich niemand leicht, denn jeder mußte selber einmal durch diese schwere Zeit der Prüfung gehen. Jede Instrumentalgruppe gibt eine Bewertung ab. Natürlich hat die Meinung der Gruppe, in der die oder der Einzustellende spielen wird, das größte Gewicht. Wenn die überwiegende Zahl der Kollegen dieser Gruppe eine positive Meinung vertritt, kann man davon ausgehen, daß der Rest des Orchesters ihnen folgt. Eine längere Diskussion findet immer dann statt, wenn die Mehrheit der zuständigen Instrumentengruppe ein negatives oder gemischtes Votum abgibt. Im Gegensatz zum ersten Probespiel, bei dem eine einfache Mehrheit zur Aufnahme in die Probezeit genügt, muß der Kandidat oder die Kandidatin eine Zweidrittelmehrheit der Stimmen erreichen, um endgültig eingestellt zu werden.

Die geheime Abstimmung über Sabine Meyer fiel negativ aus. Sie erreichte nicht die erforderliche Mehrheit, obwohl viele, darunter auch ich, für sie stimmten. Einige Kollegen wußten natürlich, daß Karajan Frau Meyer favorisierte – aber das hatte keinen Einfluß auf die Entscheidung des Orchesters.

Herrn von Karajan wurde das Resultat mitgeteilt. Das löste die Explosion aus. Ohne jede Vorwarnung erhielten wir Anfang Dezember 1982 den berühmt gewordenen Brief, dessen letzter und entscheidender Absatz so lautete: »Es ist Ihr gutes Recht – laut Ihrem Vertrag –, eine Empfehlung oder Ablehnung eines Kandidaten zu beschließen. Andererseits aber haben Sie mir bewiesen, daß das Orchester und ich in der Beurteilung künstlerischer Maßstäbe sich in diametral entgegengesetzten Positionen befinden. Ich werde vertragsgemäß meinen Berliner Verpflichtungen nachkommen, aber: Die Orchester-Tourneen, Salzburger und Luzerner Festspiele, die Aufzeichnungen von Oper und Konzerten für Television und Film und der ganze Komplex audiovisueller Produktionen sind als Folge der gegebenen Situation mit dem heutigen Tag sistiert.«

Das einzige, was er nicht »sistiert« hatte, waren die Salzburger Osterfestspiele – die hätte er damit tatsächlich gefährdet, was für ihn sehr viel unangenehmer gewesen wäre als für uns. Der Brief rief eine Solidarität im Orchester hervor, wie ich sie vorher noch nie erlebt hatte. Wir waren uns alle einig, daß diese Pressionen einen noch nie dagewesenen Angriff auf die demokratische Struktur des Orchesters bedeuteten.

Der Fall kam in die Öffentlichkeit, lanciert durch Karajans Adlatus. Da gab es erstmal einen bösen »Spiegel«-Artikel, in dem wir stark unter Beschuß gerieten: Das Orchester sei äußerst renitent, gegenüber dem Dirigenten wäre es undankbar, obwohl es doch nur ihm seine Berühmtheit zu verdanken habe, darüber hinaus wäre das Orchester frauenfeindlich. Die Presse stellte die Situation vollkommen verzerrt dar, als ob das Orchester die Rechte gar nicht habe, von denen dauernd gesprochen wurde.

Es brach nun eine wahre Lawine von Vorwürfen und Anschuldigungen über uns herein, die von Sachkenntnis selten getrübt waren. Selbstverständlich wurden im Orchester unterschiedliche Meinungen über den taktischen Umgang mit der Situation geäußert. Es blieb auch nicht aus, daß einzelne Kollegen ihre Meinung privat oder im Alleingang kundtaten. Einige Kollegen, die unter dem Konflikt genauso litten, glaubten in falsch verstandener Loyalität und um des lieben Friedens willen, die Seite Karajans einnehmen zu müssen. Sie sahen nicht die Gefahr, daß, wenn dem Dirigenten noch mehr Macht zugesprochen würde, das Wort von der Orchesterrepublik eine leere Worthülse geworden wäre. Mehr noch: uns würde im Falle eines Nachgebens sogar die Berechtigung der demokratischen Wahl unserer Mitglieder genommen, die das Orchester seit seiner Gründung im Jahre 1882 hat und heute fast jedem Kulturorchester in Deutschland zusteht. Es gab natürlich auch Kollegen, die meinten, wir sollten doch am besten gar nichts tun. Die Mehrheit war sich aber einig, daß wir uns gegen die Angriffe, angefangen von völlig übertriebenen Behauptungen über unsere Einkünfte bis zu unserer angeblichen Undankbarkeit gegenüber Karajan, wehren müßten. Während wir gewohnt waren, über uns auf den vornehmen Feuilletonseiten zu lesen, fanden wir uns nun auf den ersten Seiten der Boulevardblätter oder in den Klatschspalten wieder. Und ein Teil des Publikums, das uns bislang als »sein« Spitzenorchester liebte, glaubte nun einen Haufen größenwahnsinniger Aufrührer vor sich zu haben, der mit Hauen und Stechen und schrillen Tönen seine »vermeintlichen« Privilegien verteidigte. Es war klar, daß auch wir in die Offensive gehen mußten.

Wir baten Herrn Umbach vom »Spiegel«, von dem der schon erwähnte Artikel stammte, nach Berlin. Er kam und war völlig überzeugt von der Richtigkeit seiner Behauptungen. Im Verlauf des Gesprächs merkte er aber nach und nach, daß er seine Meinung vielleicht doch revidieren müsse. Wir schafften es schließlich, auch unter Vorlage von Dokumenten, ihn sehr nachdenklich zu stimmen. Er versprach, die Sache noch einmal genauestens zu recherchieren, und nach kurzer Zeit erschien ein weiterer Artikel von ihm. Dieser Artikel fiel dann ganz anders, vor allem sehr viel objektiver aus.

Uns war klargeworden, daß wir auch Kontakt zu Politikern aufnehmen mußten. Wir hatten unzählige Gespräche mit Vertretern aller Fraktionen – mit dem Erfolg, daß die Politiker den Konflikt nun auch von unserer Seite zu begreifen begannen. Der Streit eskalierte nach einem verblüffenden Winkelzug des Intendanten. Er konstruierte nämlich mit einer unhaltbaren Fehlinterpretation unserer Satzung, daß er völlig unabhängig vom Votum des Orchesters einen Vertrag geben könne, und damit stellte er Frau Meyer ein. Das war natürlich die gröbste Verletzung unserer künstlerischen Autonomie. Hätten wir das durchgehen lassen, wären wir eines wesentlichen Teils unserer Selbstverwaltung beraubt gewesen.

Der damalige Senator, der auch keine beneidenswerte Aufgabe hatte, respektierte durchaus die Rechte des Orchesters. Aber er war geplagt von dem Gedanken, Karajan würde im Skandal die Stadt verlassen. Dabei hatte man immer noch nicht begriffen: Herr von Karajan konnte und wollte gar nicht gehen. Während einer Probe in dieser Zeit rief uns Karajan kurzfristig zu einer Orchesterversammlung im großen Stimmzimmer zusammen. Er sagte nur wenige Sätze, wobei der entscheidende war: »Meine Herren, geben Sie sich keinen Illusionen hin, mich werden Sie nicht los!« Und dann entließ er uns mit liebenswürdiger Geste und entschwand. Aber die Kulturverwaltung war gelähmt vor Angst, Karajan könnte gehen. Jedesmal, wenn etwas nicht so lief, wie er wollte, sagte er nur die drei magischen Worte: »Dann gehe ich!« Sie verstanden gar nicht, daß er zu diesem Zeitpunkt gar nicht woanders hätte hingehen können. Er wäre dann ja ohne Orchester gewesen. Er pokerte also.

In der Zwischenzeit trat Frau Meyer von dem Vertrag zurück. Sie konnte und wollte die nervliche Belastung nicht länger ertragen. Der Intendant war für uns untragbar geworden. Zur Unterstützung seiner von uns geforderten Entlassung brachten wir einige Tatsachen vor, die uns erst im Verlauf der Affäre bekannt wurden. Es stellte sich heraus, daß er mit Herrn von Karajan ohne Wissen des Orchesters oder des Senats einen Plan geschmiedet hatte, wonach Karajan sich aus seinen Verpflichtungen, die Abonnement-Konzerte zu dirigieren, stillschweigend entziehen wollte.

Darüber hinaus verabredeten die beiden, daß Karajan einige Dirigenten mit dem Titel »Principal Guest Conductor« zur Seite gestellt werden sollten. Vorgesehen waren die Dirigenten Muti, Ozawa und Maazel. Offenbar war schon Kontakt zu ihnen aufgenommen worden, ohne daß sie über die Motive

Karajans oder Girths informiert wurden. Wir hätten natürlich nichts dagegen gehabt, wenn diese oder andere namhafte Dirigenten, die uns ohnehin sehr verbunden waren, öfter in Berlin dirigiert hätten. Aber daß man uns über diese Pläne nicht informierte, war ein weiterer Affront.

Außerdem war vorgesehen, einen Orchesterinspektor einzustellen, der im Auftrag des Intendanten Funktionen übernehmen sollte, die im Rahmen unserer verbrieften Selbstverwaltung der von uns gewählte Vorstand wahrnahm. Noch ein Schritt zur Disziplinierung und Reglementierung des Orchesters.

Jetzt hatten wir keine andere Wahl mehr, als massiv gegen den Intendanten vorzugehen. Auch die Politiker konnten dies auf Dauer nicht mehr hinnehmen. Schließlich hatten sie ja auch eine Fürsorgepflicht gegenüber dem Orchester. So kam es, daß sowohl Opposition als auch Koalition – wenn auch spät – begriffen, daß zumindest der Intendant nicht mehr zu halten war.

Karajan insistierte immer wieder: Wenn der Intendant entlassen wird, gehe ich. Girth bezog daraus seine starke Stellung. Ich warnte ihn noch, daß Karajan ihn im Stich lassen würde, wenn er ihn nicht mehr brauchte. Darüber lachte er nur und sagte, daß Karajan ihn nie fallenlassen würde.

Tatsächlich hatte Karajan dem zuständigen Senator aber schon im Februar 1983, also fast noch zu Anfang des Konflikts, einen Brief geschrieben, in dem er zwar sein Vertrauen für Dr. Girth und sein Interesse an einer längerfristigen Zusammenarbeit betonte, gleichzeitig aber deutlich machte, daß er die Nichtverlängerung des Vertrages mit Dr. Girth bedauern, aber respektieren würde. In vornehmer Ausdrucksweise war damit nichts anderes gesagt, als daß Karajan Girth fallen ließ. Girth ging dann allerdings erst im Sommer 1984 nach weiteren Querelen. An seine Stelle trat unser ehemaliger Intendant Dr. Stresemann, der kommissarisch noch einmal die

Position übernahm, die er vorher schon zwanzig Jahre bekleidet hatte. Während des ganzen Konflikts wurden wir vom Vorsitzenden des Gesamtpersonalrats, Manfred Bock, beraten. Seine Unterstützung half uns viel, vor allem im Umgang mit den politischen Kräften.

Die Auseinandersetzungen und die von ihm nicht erwartete Solidarität im Orchester hatten Karajan sehr mitgenommen. Wir hofften, er würde jetzt Ruhe geben und waren bereit, unabhängig von allem Streit wieder freundschaftlich mit ihm weiterzuarbeiten. Er kam zurück, und es wurden auch wieder gemeinsame Aufnahmen verabredet. Er wollte doch endlich die begonnenen Filmaufnahmen aller neun Beethoven-Sinfonien zu Ende bringen, die seine Firma »Telemondial« viel Geld kosteten.

Auf dem Höhepunkt des Konflikts hatten wir den Exklusiv-Vertrag zwischen der »Telemondial« und den Berliner Philharmonikern gekündigt. Wir hatten mit diesem Schritt Karajan sowie der Öffentlichkeit signalisiert, daß wir bereit waren, auch materielle Nachteile in Kauf zu nehmen, wenn es um essentielle Rechte ging, die unser Orchester schon seit über hundert Jahren besaß. Nicht zuletzt auf Drängen von Politikern, die sich vorher noch über unsere Nebentätigkeiten erregt zeigten, erklärten wir uns bereit, die von uns »sistierten« Filmaufnahmen weiterzuführen – allerdings nicht mehr im Rahmen eines Exklusiv-Vertrages.

Das Publikum glaubte, aus dieser gemeinsamen Arbeit ersehen zu können, daß der Streit beigelegt sei. Aber im Gegenteil: Kaum waren wir von einer erfolgreichen Reise zurückgekehrt, kaum war ein schönes Konzert beendet, gab es einen Blitze schleudernden Brief aus Anif bei Salzburg oder eine weitere schikanöse Maßnahme. Mal sagte Karajan ein Konzert ab, mal schloß er uns wieder von Salzburg aus und holte statt dessen die Wiener Philharmoniker, mal legte er sich mit unserem Vorstand an, weil ihm dessen Besetzungsplan nicht paßte; es gab ständige Querelen, die dazu führten, daß wir uns immer häufiger zu Krisensitzungen, auch mit Politikern, treffen mußten und wir uns langsam mehr als Politiker denn als Musiker fühlten.

Unser Problem ist: Egal, was hinter der Bühne passiert, egal, ob ein unfähiger Intendant im Amt ist oder ein nicht so guter Dirigent auf dem Podium steht, müssen wir immer ein Produkt liefern, das unserem künstlerischen Niveau entspricht. Und das Publikum hat ja auch ein Recht darauf. Die Qualität unseres musikalischen Produkts verdeckt also die Schwierigkeiten, die wir mit einzelnen Dirigenten oder Intendanten haben. Das Publikum merkt es nicht, aber wir haben darunter zu leiden. Und wenn das Wort von einer Orchesterrepublik Sinn haben soll, dann haben wir die Verpflichtung, diese Probleme von uns aus so zu regeln, daß der »Betrieb« reibungslos läuft. Tut er das nicht, müssen wir uns entsprechend verhalten und uns gegebenenfalls auch deutlich wehren. Dafür hat dann das Publikum nicht immer das notwendige Verständnis, weil es die Zusammenhänge einfach nicht kennt. Und nur deshalb bin ich in dieser Ausführlichkeit auf die Konflikte der Jahre 1983/84 eingegangen.

Noch ein Wort zu Herbert von Karajan. Als er im Juli 1989 starb, war ich in Chicago. Ich dachte an unsere Tourneen mit ihm, die gerade in Amerika triumphalen Erfolg hatten. Ich dachte aber ebenso daran, wie dramatisch sich das Verhältnis zu seinem Orchester in den vergangenen zehn Jahren geändert hatte. Meiner Auffassung nach waren dafür drei Gründe ausschlaggebend: Auf der einen Seite sein zunehmendes Mißtrauen, seine sprunghaften Entscheidungen und Veränderungen in seinem Wesen, die mit fortschreitendem Alter und den quälenden Krankheiten einhergingen. Zum anderen war es der zunehmende Einfluß seiner Berater, die ihn gezielt in den Konflikt mit dem Orchester hineintrieben und ihn jeden Kompromiß ablehnen ließen. Und drittens war es das meiner

Ansicht nach falsche taktische Verhalten der verantwortlichen Politiker. Natürlich war Karajan für Berlin ein Glücksfall. Er war zusammen mit unserem Orchester der weltweit bekannteste Repräsentant deutscher Musikkultur. Die Politiker hatten allen Grund, besonders nach dem Mauerbau und den damit verbundenen existentiellen Schwierigkeiten für die Stadt, Herbert von Karajan dankbar zu sein und ihm entgegenzukommen. Die ständigen Krisen und die unfruchtbaren Querelen in den letzten Jahren hätten aber vermieden werden können, wenn die Politiker weniger laviert hätten. Vor lauter Angst, daß Karajan Berlin im Krach verlassen würde, haben sie immer wieder nachgegeben und ihm und seinen Beratern den Eindruck vermittelt, daß er mit dem Orchester schalten und walten könne, wie er wolle. Und dadurch haben die Politiker genau die Situation heraufbeschworen, die sie vermeiden wollten.

Für das Orchester möchte ich festhalten, daß wir von unserer Seite aus nie den Konflikt gesucht haben – warum auch? Mit Karajan hatten wir in den ersten zwanzig Jahren wunderbar zusammengearbeitet und große gemeinsame Erfolge feiern können. Wir hatten uns während der letzten zehn Karajan-Jahre immer nur gewehrt, anfangs noch sehr verhalten, später dann sehr viel deutlicher. Nach jedem Konflikt haben wir uns, zum Schluß auch gemeinsam mit dem kommissarischen Intendanten Dr. Stresemann, manchmal bis zur Selbstverleugnung darum bemüht, das alte Vertrauens- und Arbeitsverhältnis wiederherzustellen. Das wurde übrigens auch in den Konzerten deutlich, die wir in den letzten Jahren mit ihm gaben: Wir haben die gesundheitlich bedingten Schwierigkeiten, die Karajan auch in der musikalischen Arbeit behinderten, durch verstärkten Einsatz überspielt.

Karajan konnte offenbar nicht begreifen, daß sein starrsinniges Streben nach mehr Macht und die daraus resultierende Entfremdung vom Orchester einer sinnlosen Amputation gleichkam, die besonders für ihn schmerzliche Folgen haben mußte. Noch heute bin ich verbittert darüber, daß Karajan sich immer wieder in ausweglose Situationen hineinmanövrierte bzw. hineinmanövrieren ließ und sich dadurch den harmonischen Abschied verbaute, den er verdient hatte und den wir ihm gern gegeben hätten.

Karajan war geradezu rastlos darum bemüht, sich Denkmäler zu setzen. Viele seiner Aktivitäten, ob es um Filme, Festspiele, Akademien oder Wettbewerbe ging, waren diesem Ziel untergeordnet. Noch bis ins hohe Alter hinein war er bemüht, sich der jeweils modernsten Medientechnik zu bedienen und damit etwas für die »Ewigkeit« zu produzieren.

Wenn er als Organisator und Anreger auf diesen Gebieten fast schon genial war, so muß man seine Musikerpersönlichkeit in einem etwas anderen Licht sehen. Seine Vorgänger, von Bülow, Nikisch und Furtwängler, hatten sich für zeitgenössische Komponisten eingesetzt (von Tschaikowski, Brahms über Hindemith bis zu Schönberg) und damit Entscheidendes zur Bereicherung des Musiklebens getan.

Karajan dagegen beschränkte sich auf Komponisten, die längst etabliert waren (vereinzelte Ausnahmen bestätigen hier nur die Regel). Im Unterschied zu anderen Dirigenten komponierte er nicht, trat nicht als Solist auf und pflegte auch nicht den kreativen Kontakt mit Komponisten. Er war »nur« Dirigent – das allerdings brillant.

Ich vermute, daß vieles, was oberflächlich als »Eifersüchtelei« bezeichnet wurde, mit diesen unterbewußt selbsterkannten Grenzen seiner Bedeutung zu tun hatte – etwa seine Angst, schlechter behandelt zu werden als sein Vorgänger Furtwängler, oder seine manische Abneigung gegen Leonard Bernstein. So verschieden diese beiden waren, so stehen sie doch für Musikerpersönlichkeiten, die vielfältigere und tiefergehende Fähigkeiten zeigten, als Karajan. Um so mehr mußte er seine Einzigartigkeit und Autorität im Medienbereich und im Organisatorischen beweisen.

Deswegen sein ausgeprägtes Machtbewußtsein, deswegen seine panischen Reaktionen, wenn er das Gefühl hatte, seine Autorität würde angegriffen oder eingeschränkt, und deswegen auch seine tragische Unfähigkeit, im richtigen Moment einzulenken oder – zum Schluß – rechtzeitig zurückzutreten.

Ein langer Weg nach Israel

Im Juni 1967, nach dem Sechs-Tage-Krieg, als fast die ganze Welt fürchtete, Israel könnte geschlagen werden und dann mit Staunen und Begeisterung erlebte, wie dieses kleine Land sich der vielfachen Übermacht der arabischen Armeen erfolgreich erwehrte, war, wie ich glaubte, die Zeit gekommen, eine Reise der Berliner Philharmoniker nach Israel ins Auge zu fassen. Wir waren wie jedes Jahr in St. Moritz. Karajan und seine Frau waren glücklich über den Ausgang des Krieges, und mein Vorschlag, so bald wie möglich nach Israel zu fahren, fand positive Aufnahme. Ich muß bekennen, daß ich bis dahin über Karajans Vergangenheit nur wenig wußte. Nach dem Gespräch mit Karajan hatte ich noch eine Unterredung mit seinem Sekretär, Emil Jucker. Herr Jucker, der aus einer zum Teil jüdischen Familie stammte, und seine Frau, eine geborene Israelin und Karajans Vermögensverwalterin, befragte ich nach dessen Vergangenheit. Jucker sagte zu mir: »Lieber Herr Stern, glauben Sie allen Ernstes, daß ich zwanzig Jahre lang in den Diensten Karajans sein könnte, wenn er ein wirklicher Nazi gewesen wäre? Das hätte ich nicht ausgehalten.« Als ich ihm dann sagte, daß ich schnell nach Israel fahren möchte, um dort für eine Reise des Orchesters mit Karajan zu werben, sagte er: »Sicher, tun Sie das. Herr von Karajan ist unfairerweise im Ausland, besonders in Amerika und Israel, als Nazi hingestellt worden. Das muß korrigiert werden, er selber ist viel zu vornehm, um das zu tun.«

Für mich war das ein zusätzlicher Ansporn. Ich fuhr nach Israel und nahm sofort Gespräche mit dem Israel Philharmonic Orchestra auf. Dieses fungierte damals auch als Veranstalter für Konzerte anderer Orchester in Israel. Ich setzte mich mit dem Vorstand des Orchesters zusammen und erklärte unsere Absichten. Die Kollegen vom IPO reagierten viel zurückhaltender als ich in meiner Euphorie. Sie sagten: »Euer Orchester ist selbstverständlich willkommen. Wir haben nichts gegen die Berliner Philharmoniker, wir hätten sie gerne hier. Aber nicht mit Herrn von Karajan.« Darauf ich ganz unschuldig: »Ja, warum denn?« »Das solltest du doch eigentlich wissen. Die Vergangenheit des Herrn von Karajan ist nicht gerade makellos.« Ich setzte mich für Karajan ein: »Zunächst einmal sind diese Anschuldigungen von sensationslüsternen Journalisten in Amerika aufgebauscht. Man hat ihn, ohne profundes Wissen, was er in der Vergangenheit wirklich gemacht hat, in Bausch und Bogen verdammt. Ich finde das unfair. Und gerade wir, die wir unter Intoleranz am meisten gelitten haben, sollten unsererseits toleranter sein. Außerdem ist er ein großer Künstler, ein großer Musiker. Ich bin der Meinung, daß man durch die Blockade einer solchen Begegnung nichts zur Versöhnung beiträgt. Es ist an der Zeit, aufeinander zuzugehen.« Man blieb unbeeindruckt und meinte: »Alles schöne Worte, aber was Karajan betrifft, ob er nun ein großer oder ein kleinerer Nazi war, ob er seiner Karriere wegen mitgemacht hat oder aus anderen Motiven, eigentlich interessiert uns das nicht so sehr. Wir können durchaus ohne Herrn von Karajan leben. Aber was die Hauptsache ist, selbst wenn wir einverstanden wären – hier in Israel gibt es viele Menschen, die unsagbar Schlimmes in den Konzentrationslagern erlebt haben. Der Name Herbert von Karajan weckt nun mal starke Emotionen und Ressentiments.« Diese seltsam inkonsequente Haltung, Volkswagen zu akzeptieren und auf der anderen Seite Karajan als das Symbol des Nazismus zu verdammen, befremdete mich damals sehr. Aber sie antworteten: »Ach weißt du, die Volkswagen brauchen wir halt, Herrn von Karajan nicht.«

Ich bin abgezogen wie ein begossener Pudel. Ich hatte eine solch vehemente Reaktion nicht erwartet. Ich kam nach Hause und überlegte mir, wie ich das Karajan erklären solle. In dieser Form jedenfalls nicht. Die Sache beschönigen und lügen wollte ich aber auch nicht. Ich beschloß also – gar nichts zu tun. Nie wieder wurde dieses Thema mit Herbert von Karajan erörtert.

Später, nachdem Herr Jucker gestorben war, erfuhr ich etwas mehr über Karajans Vergangenheit. Wie viele andere hatte er sich angepaßt, sogar mehr, als nötig gewesen wäre. Er war schon 1933 nicht nur einmal, sondern sicherheitshalber gleich zweimal der NSDAP beigetreten und hatte danach mehrfach bei Propagandaveranstaltungen mitgewirkt.

Es ist durchaus möglich, daß ich etwaige Hinweise vorher verdrängt hatte, denn diesen Mann, der mein Chef war und mit dem ich in verschiedenen Funktionen sehr eng zusammenarbeiten mußte und es auch gerne tat, hätte ich sonst vielleicht nicht so akzeptieren können. Was mich bis heute bestürzt, ist die Tatsache, daß Karajan niemals auch nur ein einziges Wort des Bedauerns fand – weder über seinen Opportunismus noch über die Verfolgung vieler seiner Kollegen, die genau wie er musikalische Karriere machen wollten und von den Nazis ermordet oder vertrieben wurden. Im Gegenteil: Als er einmal in einem Interview gefragt wurde, was er in einem zweiten Leben anders machen würde, antwortete er mit fester Stimme: »Nichts!«

Es war mir in Israel gesagt worden, die Philharmoniker als

Orchester wären willkommen. Ich versuchte also auf einer anderen Ebene, meinen Plan durchzuführen – ohne Karajan. Zwar hatte das Orchester die Verpflichtung, mit seinem Chefdirigenten zu reisen. In diesem speziellen Fall aber dachte ich mir, daß die Kulturpolitiker der Stadt und der Regierende Bürgermeister an ihn herantreten und ihn um Verständnis bitten müßten, daß die Stadt ihre renommierteste Kulturinstitution als Botschafter einzusetzen habe. Und wenn es in Israel Vorbehalte gegen ihn gäbe, so wären in diesem einen Punkt die Interessen der Stadt den Interessen des Herrn von Karajan vorzuziehen. Ich konnte mir nicht vorstellen, daß er, mit diesem Tatbestand konfrontiert, nein sagen würde. Er hätte sich ja auch einen Eklat deswegen nicht leisten können. Ich glaube übrigens heute noch, daß er nicht nein gesagt hätte.

Weder vom Senat noch von den Parteien oder dem damaligen Intendanten wurde jemals der Versuch gemacht, Herrn von Karajan direkt auf diese Möglichkeit anzusprechen. Unter keinen Umständen wollte man eine eventuelle Verärgerung riskieren. Das war noch in der Zeit, als es zwischen ihm und dem Orchester eine sehr enge Zusammenarbeit gab. Die Trübungen, Störungen und Brüche kamen erst später.

So zogen die Jahre ins Land. Das Israel Philharmonic Orchestra gastierte inzwischen schon dreimal bei uns in West-Berlin. Als es das erste Mal kam, bereitete ihm das Berliner Philharmonische Orchester einen herrlichen Empfang. Dirigent war Zubin Mehta, Solist Barenboim. Karajan und die Reise wurden gar nicht mehr erwähnt. Mein Traum einer Konzertreise nach Israel schwand immer mehr.

Und doch kam wieder eine Gelegenheit, als der Regierende Bürgermeister Diepgen im Jahre 1984 zu einer einwöchigen Visite nach Israel fahren wollte. Er hatte die Idee, gleichzeitig Konzerte des Orchesters als »Gastgeschenk« stattfinden zu lassen. Um zu sondieren, ob dieser Plan überhaupt durchführbar sei und von israelischer Seite unterstützt würde, wurde ich von der Senatskanzlei gebeten, meine Kontakte spielen zu lassen und vorsichtig vorzufühlen. Es war klar, daß die Reise nur ohne Karajan stattfinden könnte. Die damit verbundenen Schwierigkeiten wollte man aber erst angehen, wenn alle übrigen Fragen geklärt waren. In Absprache mit unserem Vorstand und nach einem Telefonat mit Mehta, dem langjährigen Chefdirigenten des IPO, versuchte ich zunächst, Bernstein für die Reise nach Israel zu gewinnen.

Bernsteins Agent und engster Vertrauter, Harry Kraut, winkte ab. Ich versuchte ihn zu überzeugen, daß dies doch eine außergewöhnliche Aufgabe sei. Er aber sagte: »Bernstein ist oft genug in Israel, und er will gar nicht so viel dirigieren, und schon gar nicht so viele verschiedene Orchester, er hat die Wiener, manchmal dirigiert er auch hier in New York, das reicht ihm. Und wissen Sie, Ihren Konflikt mit Herrn von Karajan, den müssen Sie schon selbst bereinigen, wir wollen uns da nicht einmischen.« Ich platzte vor Entrüstung, denn Bernstein hatte keinerlei Grund, auf Karajans Gefühle Rücksicht zu nehmen, der ihn immer so herablassend behandelt hatte.

Darauf telefonierte ich noch einmal mit Mehta, er war gerade auf Konzertreise in Hongkong. Wir entwarfen sofort Pläne. Das war im Sommer. Im Herbst sollte die Reise stattfinden, d.h. alles war sehr kurzfristig zu planen. Er sagte, in Israel sei man ganz euphorisch, und bot jede Hilfe an. Im Einvernehmen mit ihm traten wir auch mit Daniel Barenboim in Verbindung und baten ihn, als Solist aufzutreten. Auch er war äußerst kooperativ und bereit, geplante Auftritte in New York zu verschieben.

Dr. Stresemann, der erst kurze Zeit wieder als (kommissarischer) Intendant amtierte, war von der Senatskanzlei in unsere Pläne nicht eingeweiht worden. Man wollte ihn wohl kurz nach seinem Amtsantritt nicht gleich in einen Konflikt mit Karajan manövrieren (die großen Krisen der Jahre 1983/84 waren ja gerade erst mühevoll beigelegt worden).

Als Mehta, dem die Ahnungslosigkeit Dr. Stresemanns in Sachen Israel-Reise nicht bekannt war, nun den Intendanten anrief, um sicher zu sein, daß meine Angaben stimmen, war der nicht nur überrascht, sondern empört. Er sprach mir jedwede Legitimation ab – er konnte ja nicht wissen, daß ich im offiziellen Auftrag handelte. Mehta seinerseits war natürlich konsterniert. Zwar wurde ihm in einem Telefongespräch mit der Senatskanzlei bestätigt, daß ich in ihrem Auftrag die Reise »sondieren« sollte, aber Mehta blieb dabei, gegen den Intendanten nichts unternehmen zu wollen.

In dem Moment, wo der Reiseplan dem Intendanten bekannt wurde, wurde er natürlich zum Politikum, und plötzlich stand die Frage, wie Karajan darauf reagieren würde, im Vordergrund. Stresemann wollte den scheinbar wiedergewonnenen Frieden nicht durch diese Reise – die er prinzipiell auch für wichtig hielt – gefährden. Der Regierende Bürgermeister wurde anscheinend davon überzeugt, daß ein neuerlicher Konflikt mit Karajan dessen Demission zur Folge hätte, was für den Senat katastrophal gewesen wäre. Die geplante Reise des Orchesters fand nicht statt.

Für mich war das die allergrößte Enttäuschung. Ich war vollkommen verbittert über die kleinkarierte Art, in der eine so wichtige Sache behandelt wurde, über die Ängstlichkeit, die man an den Tag legte. Hier wurde keine Kulturpolitik, sondern Kultpolitik mit Karajan betrieben – zum Nachteil des Orchesters und letztlich auch zum Nachteil Berlins.

Je mehr sich der Konflikt um Karajan zuspitzte, um so enger wurde auch der Kontakt zu den Politikern und zu den Parteien – auch den Oppositionsparteien. Von der bis dahin geheimgehaltenen, geplatzten Reise des Philharmonischen Orchesters erfuhren sie erst aus dem Artikel des »Spiegel« im März 1988. Sie sahen durchaus die Brisanz der Sache.

Auch in den Regierungsparteien gab es nun viele Befürworter der Reise.

Die Oppositionsparteien nahmen sich allerdings der Angelegenheit etwas genauer an. Das kulminierte in einer großen Anfrage im Sommer 1988 im Abgeordnetenhaus. Der damalige Kultursenator hatte die virtuose Gabe, unangenehme Dinge so zu umgehen, daß er sie in ihr Gegenteil verkehrte. Beispielsweise sagte er, man könne doch den Israelis nicht zumuten, Herrn von Karajan kommen zu lassen. Aber davon war ja gar nicht die Rede – Tatsache war doch, daß man eben nicht mit Karajan fahren wollte. Und außerdem sagte er, es gebe gar keine schriftliche Einladung an das Orchester. Das war eine rabulistische Wendung. Es gibt in den seltensten Fällen förmliche Einladungen. Außerdem – was er vielleicht sogar selbst vergessen hatte: Die Einladung lag seit 1967 vor, nicht schriftlich, aber mündlich. Ein weiteres Argument des Senators war eine angebliche Aussage Heinz Galinskis, des einflußreichen damaligen Vorsitzenden der Jüdischen Gemeinde. Galinski soll sich dahingehend geäußert haben, daß er es falsch fände, mit dieser Reise den Keil zwischen Orchester und Herrn von Karajan noch tiefer zu treiben. Ich konnte mir nicht vorstellen, daß ausgerechnet Heinz Galinski, der sich doch sonst so stark für alle Belange Israels einsetzte, damit ein weiteres, willkommenes Argument gegen die Israel-Reise des Orchesters geliefert hätte.

Nun kamen aber die großen politischen Veränderungen in Berlin. Die Wahlen im Januar 1989 brachten einen neuen Senat. Die Oppositionsparteien bildeten eine Regierungskoalition. Führende SPD- bzw. AL-Politiker hatten erkannt, daß eine Israel-Reise des Orchesters eine lang vernachlässigte, wichtige kulturpolitische Aufgabe sei, so wichtig, daß sie diese Reise sogar in die Koalitionsabsprachen aufnahmen und der neue Regierende Bürgermeister Walter Momper den Plan dieser Reise in seiner Regierungserklärung verkündete.

Zu diesem Zeitpunkt hatte der Konflikt mit Karajan längst seinen Höhepunkt erreicht – er hatte des öfteren mit seinem Rücktritt gedroht. Die Diskussionen um die Israel-Reise waren aber nicht der Grund seines beabsichtigten Rücktritts, ich glaube sogar, er wußte nicht einmal, daß dieser Punkt in das Koalitionspapier des neuen Senats aufgenommen wurde.

Israel-Tournee 1990

1989 wurden wir für 1990 von unseren langjährigen gemeinsamen Osterfestspielen in Salzburg von Karajan ausgeladen. Es war ein Affront dem Orchester gegenüber und von Karajan als Bestrafung gedacht. Mir kam sofort der Gedanke, daß das aber auch die Chance sein könnte, die längst fällige Israel-Reise durchzusetzen, und suchte den neuen Intendanten, Herrn Schäfer auf.

Noch funktionierte der vorauseilende Gehorsam, der jahrelang Karajan gegenüber praktiziert worden war: Der Intendant wollte jetzt lieber eine Tournee nach Spanien arrangieren. Inzwischen hatten sich aber die Konstellationen geändert: Das Orchester sah keinen Anlaß mehr, auf Karajan Rücksicht zu nehmen, er hatte das Orchester oft genug brüskiert, und von seiten des Senats bekam die politische Bedeutung einer Reise des Berliner Philharmonischen Orchesters nach Israel absoluten Vorrang. Nach längeren Verhandlungen und Gesprächen mit dem Vorstand und den Gremien des Orchesters wurde beschlossen, im April 1990 nach Israel zu fahren.

In der Zwischenzeit verließ uns auch Herr Schäfer, und kommissarischer Intendant wurde Dr. Ulrich Eckhardt, langjähriger Intendant der Berliner Festspiele GmbH. Der hatte nichts gegen diese Reise einzuwenden, im Gegenteil.

Es war schon immer mein Wunsch, daß die Kollegen bei dieser Tournee ausreichend Gelegenheit hätten, sich mit Land und Leuten vertraut zu machen, es sollte mehr als nur eine der üblichen Konzertreisen werden. Geplant war, die Tournee mit Konzerten in Kairo zu verbinden. Wir sollten nach Jerusalem fahren, dann nach Kairo und zurück nach Tel Aviv, wo wir neben unseren eigenen Konzerten ein gemeinsames Konzert mit dem Israel Philharmonic Orchestra geben sollten. Leider mußten die Termine in Kairo aus finanziellen Gründen abgesagt und die Ägypter auf einen späteren Zeitpunkt vertröstet werden.

Die Dirigentensuche war unkompliziert, nachdem sich Daniel Barenboim sofort bereiterklärt hatte, die Konzerte zu übernehmen. Zubin Mehta wollte als Chefdirigent des IPO und damit als »Hausherr« von sich aus nur ein Konzert, das gemeinsame, dirigieren. Jetzt konnten wir mit der detaillierten Reiseplanung beginnen. Politisch aufgewertet wurde die Tournee dadurch, daß der Regierende Bürgermeister von Berlin und damalige Bundesratspräsident Walter Momper uns begleiten wollte.

Nachdem ich im Januar 1990 wieder in den Vorstand gewählt worden war, wurde meine Mitarbeit bei der Vorbereitung der Israel-Tournee natürlich intensiver und verantwortlicher. Unterstützt wurde ich dabei von meinen Kollegen Rudolf Watzel und Paul Hümpel, die mit bewunderswürdiger Energie und zeitlich eigentlich unzumutbarem Aufwand sich gerade für diese Reise einsetzten. Für mich war es natürlich eine besondere Herausforderung. Zum einen hatte ich schon seit zwanzig Jahren auf dieses Ereignis hingearbeitet, zum anderen fühlte ich mich sowohl gegenüber meinen Berliner als auch gegenüber meinen ehemaligen Kollegen im IPO verpflichtet, daß die Tournee ein großer Erfolg werden müsse.

Ungefähr eine Woche vor der Abreise nach Israel drohte

Mit Daniel Barenboim auf der Reise nach Israel, 1990

der irakische Präsident, Israel mit Raketen anzugreifen; gleichzeitig gab es eine Meldung, in Israel würden Gasmasken verteilt und Übungen für den Notstand durchgeführt. Das sorgte für große Aufregung unter den Kollegen. Drohungen gerade aus dem Irak waren ja nicht auf die leichte Schulter zu nehmen. Ich sprach mit dem Auswärtigen Amt und der deutschen Botschaft in Israel. Ich konnte meine Kollegen beruhigen und ihre Ängste zum großen Teil ausräumen.

Sofort nach unserer Ankunft in Tel Aviv fand eine Pressekonferenz statt. Ich war mir nicht sicher, wie man uns begegnen, ob es Animositäten geben würde. Barenboim beantwortete Fragen, die sich vor allem auf Musik bezogen, beispielsweise auf unser Orchester als Repräsentanten deutscher Musik. Ich wurde über das Verhältnis zu Karajan befragt, berichtete über die Vorgeschichte der Israel-Tournee, warum sie erst jetzt stattfinde. Ich war vorher gewarnt worden: Die israelischen Journalisten würden härtere Fragen stellen als die deutschen. Aber im großen und ganzen verlief die Pressekonferenz relativ harmlos. Was hier schon angesprochen wurde, vertiefte sich bei den folgenden Pressekonferenzen: Die Rolle des Orchesters in der Nazizeit, seine Beziehung zu Karajan. Ich antwortete darauf, daß das Orchester als Institution natürlich von den Nazis propagandistisch benutzt worden war, inzwischen aber ein Generationswechsel stattgefunden habe und die Musiker von heute damals fast alle noch nicht geboren waren.

Barenboim hatte ein Programm vorgeschlagen, das ich eher skeptisch beurteilte: die vier Brahms-Sinfonien, Schubert, Bruckner und die 3. von Beethoven, also Stücke, die zum Reise-Repertoire fast jedes Orchesters gehören. Doch offenbar wurde gerade von uns erwartet, daß wir, die wir als Garanten einer authentischen Wiedergabe dieser Musik gelten, diese Werke spielten. Barenboim hatte recht behalten ...

Bei unserem ersten Konzert in Tel Aviv gab es zunächst einen eher zurückhaltenden Auftrittsapplaus. Dann erklangen die ersten Töne der Schubert-Sinfonie. Die Spannung im Orchester war immens und wirkte sich intensiv auf das Konzert aus. Am Ende der Sinfonie war der Beifall zwar nicht enthusiastisch, aber doch schon bemerkenswert. Dann spielten wir die »Eroica«. Uns allen war klar, daß wir das Publikum musikalisch erobern müßten. Der Ruf, der uns vorausgeeilt war, hatte die Erwartungen hochgeschraubt. Als wir das Konzert beendet hatten, erhoben sich die Zuhörer von ihren Sitzen und brachten uns Ovationen dar. Nun war das Eis gebrochen – durch die Macht der Musik.

Als Zugabe spielten wir die »Hatikva«, die israelische Nationalhymne, in einer besonders schönen Orchestrierung von Molinari, dem berühmten italienischen Dirigenten, der zu seinen Lebzeiten oft in Israel gastiert hatte. Das war ein Signal und wurde auch so verstanden – nicht nur mir, auch vielen meiner Kollegen und dem Publikum kamen die Tränen.

Während der Empfänge in Israel mußte ich auch Reden halten, unter anderem bei einem Empfang in Tel Aviv. Als ich geendet hatte, kam eine Frau auf mich zu und forderte mich sehr energisch auf, auch ein paar Worte auf Hebräisch zu sagen. Ich überwand meine Zurückhaltung – denn meine Hebräischkenntnisse schienen mir für offizielle Reden nicht

In Yad Vashem mit Walter Momper, Rudolf Watzel, Rainer Zepperitz und Teddy Kollek, 1990

auszureichen –, trat noch einmal ans Mikrofon und sprach ein paar Worte. Diese Geste wurde von den Anwesenden mit großer Freude aufgenommen.

Als wir Bäume pflanzten in Yad Vashem, sagte Teddy Kollek, der damalige Bürgermeister von Jerusalem: »Herzlichen Dank, daß Sie hier so viele Bäume gepflanzt haben. Wir würden es aber genau so schön finden, wenn Sie bald wiederkämen, um sie auch zu begießen.«

In Israel traf ich auch meine Tochter wieder. Sie hatte das Land schon als Kind kennen gelernt, und wahrscheinlich gefiel ihr die Freundlichkeit der Menschen gerade Kindern gegenüber. Später, als sie 16, 17 Jahre alt war, verlebte sie ihre Ferien in einem Kibbuz in Israel. Sie war so begeistert, daß sie in den folgenden Jahren immer wieder hinfuhr und es sogar schaffte, einigen ihrer Schulfreundinnen diese Begeisterung für Israel zu vermitteln. Als sie schon studierte, faßte sie den Entschluß, endgültig nach Israel zu gehen. Jetzt studiert und arbeitet sie am Institut für Deutsche Geschichte an der Universität in Tel Aviv. Sie hat eine eigene Familie gegründet und

Mit Tochter und Schwiegersohn, Tel Aviv 1993

hat eine kleine Tochter mit Namen Julia. Ihr Mann ist Journalist und arbeitet bei der größten israelischen Zeitung, der »Jedioth Achronoth«.

Auch viele ehemalige Kollegen und Bekannte traf ich. Dieses Wiedersehen war freudig, aber auch ein wenig wehmütig. Ihr Schicksal ist ein Beispiel für das, was uns geschehen ist: daß Menschen entwurzelt wurden, sich dann in einer völlig fremden Umwelt zurechtfinden mußten und dort wieder Wurzeln schlagen konnten. Daraus ist das entstanden, was Israel ausmacht und was man im Ausland oft nicht richtig verstehen kann. Hier hat keine normale, ruhige Evolution stattgefunden, sondern eine Revolution in jedem einzelnen Menschen. Dadurch wird natürlich auch das geprägt, was diesen Staat ausmacht, unter anderem auch die Angst, ihn wieder zu verlieren. Das Trauma von Verfolgung und Verlust durch die Ermordung der vielen Familienmitglieder, auch das gehört zu den geistigen Fundamenten Israels. Man kann dies vielleicht intellektuell nachvollziehen, aber emotional wohl kaum, wenn man nicht selber betroffen ist.

Höhepunkt unserer Reise war das gemeinsame Konzert mit dem Israel Philharmonic Orchestra. Obwohl auch im IPO längst ein Generationswechsel stattgefunden hatte, gab es doch noch eine Reihe von Kollegen, mit denen ich früher zusammengespielt hatte. Während ich auf dem Podium saß und mich umblickte, dachte ich aber auch an die, die inzwischen pensioniert oder gestorben waren und mit denen ich viele Erlebnisse geteilt hatte.

Zubin Mehta dirigierte dieses Konzert. Er sah mich manchmal mit wissendem Lächeln an. Jahrzehntelang hatten wir immer wieder über die Möglichkeit dieser Reise und dieses Konzerts gesprochen. Besser als die meisten anderen wußte er, wie sehr mein Herz an diesem Projekt hing und wie oft ich enttäuscht hatte zurückstecken müssen. Die Israel-Reise und besonders dieses Konzert waren ein Ereignis, das mich so aufwühlte wie kaum etwas in meinem Leben.

Als Jude war ich von Berlin mit meinen Eltern nach China geflohen. Gemeinsam waren wir von China nach Israel gekommen und dann über Amerika nach Berlin zurückgekehrt. Jetzt war ich mit den Berliner Philharmonikern in Israel, wo viele der Juden lebten und leben, die wie wir fliehen mußten. Wie viele Kreise schlossen sich in diesem Moment, persönliche wie politische!

Die zweite Reise nach Israel fand 1993 statt, so wie ich es gehofft hatte. Diesmal war der Dirigent Claudio Abbado, der nun unser künstlerischer Leiter war. Wir hatten einen neuen Intendanten, Herrn Meyer-Schoellkopf, der diese Reise mit Begeisterung und großem persönlichem Einsatz vorbereitete. Diese Reise lief bereits wie jede normale Konzertreise ab, Orchester und Publikum waren schon vertraut miteinander. Die nächste Reise sollte 1998 zur Fünfzigjahrfeier der Gründung des Staates Israel stattfinden. Doch sie kam nie zustande. Es gibt dafür bestimmt schwerwiegende Gründe.

Das letzte Kapitel

Mein Leben veränderte sich grundlegend, als ich im Oktober 1994 wie jeder Angestellte des öffentlichen Dienstes wegen Erreichung der Altersgrenze pensioniert wurde. Schon lange vorher war mir dieser Gedanke unerträglich. Wie sollte, wie konnte ich ohne das Orchester leben, in dem ich 34 Jahre gearbeitet hatte. Es schien undenkbar, und ich hatte richtige Alpträume. Im letzten Dienstjahr allerdings begann so etwas wie eine mentale Abnabelung. Erstens schied ich aus dem Vorstand aus, da ich wegen der bevorstehenden Pensionierung bei den anstehenden Wahlen nicht mehr kandidieren konnte. Das bedeutete, daß ich »nichts mehr zu sagen« hatte, was mir sehr schwerfiel. Zweitens setzte ich mich im letzten Dienstjahr an das letzte Pult der Ersten Geigengruppe, woran ich mich nur schwer gewöhnen konnte, nachdem ich über dreißig Jahre »vorne« gespielt hatte. Das hatte nichts mit Eitelkeit zu tun, denn bei uns sitzen hervorragende Geiger an allen Pulten. Für die jungen und meist neuen Kollegen ist das gar kein Problem; sie hören und sehen von überall gut. Ich jedoch bekam Schwierigkeiten mit den Augen, und mein Tinnitus, eine sehr schmerzhafte Folge der Hörstürze, störte mich dort hinten mehr als an den ersten zwei Pulten. Zum Schluß geschah das, was ich nie erwartet hätte: Ich war erleichtert, eine neue Lebensphase beginnen zu können.

Man spricht immer vom »wohlverdienten Ruhestand«. Aktive Menschen lassen sich nicht in den »Ruhestand« versetzen, sie bleiben so lange »unruhig«, d.h. aktiv, wie ihr physischer und vor allem ihr geistiger Zustand es zuläßt. Sie suchen und finden andere Aktivitäten, vor allem solche, für die sie früher nie Zeit hatten. Für mich begann eine vorher nicht geahnte »Unruhezeit«. Eigentlich hatte ich vor, jetzt erst richtig mit dem so vernachlässigten Üben und der Kammermusik anzufangen. Es kam aber anders, denn bevor ich mich versah, war ich in so viele Aktivitäten eingebunden, daß ich bald weniger Zeit hatte als während meines Dienstes im Orchester.

Dann ist da die gute alte SPD. Warum überhaupt Partei, warum SPD? Was hat ein jüdischer Musikant mit Politik zu tun? Geige üben soll er oder wenigstens beten oder beides! Aber Politik? Nun, es ist ganz einfach: Die Politik hat sich so intensiv mit mir beschäftigt, daß ich glaube, mich auch ein wenig um sie kümmern zu müssen. Das konnte in meinem Falle nur innerhalb der SPD sein, weil sie u.a. zur väterlichen Tradition gehört, d.h. ich bin mit ihr aufgewachsen. Ich will auch nicht vergessen, daß es die SPD war, die als einzige 1933 dem Ermächtigungsgesetz nicht zugestimmt hatte. Es gab aber einen zeitweisen Bruch. 1973 trat ich aus, als Israel in höchster Gefahr schwebte und die Bundesregierung den Amerikanern nicht erlaubte, die so dringend benötigten Waffen über Bremerhaven nach Israel zu befördern. Der Bundeskanzler hieß damals Willy Brandt. Alle sogenannten guten Gründe für dieses Verhalten sind mir bekannt. Ich konnte und kann bis heute keinen davon akzeptieren – trotz aller Bewunderung für die sonstigen Leistungen Brandts.

Nachtragen möchte ich, daß ich dann doch wieder in den Schoß der Partei zurückkehrte, und daß es Walter Momper war, der mich anscheinend dringend brauchte, um 1989 die Wahlen zu gewinnen, was ihm ja dann auch prompt gelang – zusammen mit dem Koalitionspartner AL, den heutigen »Grünen«.

Solist bin ich nicht in dieser Partei, ich spiele weder die Erste noch die Zweite Geige. Und das will ich auch nicht. Es gibt schon genug Dilettanten in der Politik. Aber mitreden und vor allem mitmeckern, das will ich schon.

Sehr ernst nehme ich meine Mitgliedschaft beim »Zentrum für Antisemitismus-Forschung an der TU Berlin«, das von dem exzellenten Professor Wolfgang Benz und seinen hervorragenden Mitarbeitern geführt wird. Dieses Institut hat nicht nur Weltniveau, es ist einzigartig in der Welt. Daß die Arbeit dieser Einrichtung im Bewußtsein der breiteren Öffentlichkeit dennoch nicht den Bekanntheitsgrad hat, den sie verdient, ist bedauerlich. Was es aber mit seiner Forschung bewirkt, hat für die, die bereit sind, zuzuhören und die Publikationen des Zentrums zu lesen, große Bedeutung. Für dieses Institut rühre ich die Werbetrommel, nicht »um etwas für die Juden zu tun«, wie leider nicht wenige Mitbürger, darunter auch namhafte Politiker und Wirtschaftler die Tätigkeit des Zentrums bewerten. Diese merkwürdige Interpretation ist bereits ein Symptom für die Krankheit, mit der sich dieses Zentrum befaßt, und damit ein schlagender Beweis seiner Notwendigkeit.

Für die Taschenbuchausgabe der »Saitensprünge« habe ich mir den Text noch einmal vorgenommen, manches aktualisiert und versucht, einige Fragen, die mir in Lesungen immer wieder gestellt wurden, zu beantworten. Beim Zurückblättern ist man erstaunt, was sich in den letzten Jahren alles verändert hat; zum Teil bin ich darauf bereits eingegangen. Aber es gibt doch noch einiges mehr, worüber ich kurz berichten möchte.

Da wäre zunächst China, das ich zuletzt im Sommer 1995 besuchte. Ich war wieder in Harbin, danach in Djalantun, dann in Peking. Die Veränderungen im Stadtbild und im sozialen, wirtschaftlichen und kulturellen Bereich kann man nur als dramatisch bezeichnen. Überall in China, besonders in den Großstädten, entstehen Hochhäuser, die in ihrem Aussehen mit denen anderer Länder und Städte austauschbar sind. Unter dem alten Banner des Sozialismus entsteht eine neokapitalistische Gesellschaft, die dem Manchester-Kapitalismus mit all seinen sozialen Auswirkungen bedenklich ähnelt. Das moderne China hat zwar noch nicht alle Traditionen über Bord geworfen, ist aber dabei, dem Wettlauf mit dem Westen alle Prioritäten einzuräumen. Ich glaube, China ist dabei, diesen Wettlauf zu gewinnen. Der Westen hilft dabei kräftig mit, und die Investoren geben sich die Klinken in die Hand. Die chinesische Regierung und die Partei haben die Zügel immens gelockert, besonders im Bereich der Wirtschaft. Aber wer versucht, die von der »kommunistischen« Führung gesteckten Grenzen zu überschreiten, wird gnadenlos bekämpft.

Harbin rief die größte Enttäuschung in mir hervor. Die Stadt hatte zur Zeit unserer Ankunft 1938 zwischen eineinhalb und zwei Millionen Einwohner. Heute hat sie vier Millionen, und sie wächst immer weiter. Hochhäuser entstehen, wie man sie in Hongkong, Tokio oder Bangkok sieht, die man sich hier nie vorgestellt hätte. Daneben die üblichen häßlichen Wohnsilos, aber auch große Warenhäuser und Hotels. Nur hat alles das nichts mehr mit unserem alten Harbin, ja kaum noch etwas mit dem China, wie wir es kannten, zu tun. Der stürmische wirtschaftliche Aufschwung bringt die üblichen gesellschaftlichen Veränderungen mit sich: Wohlstand und Verarmung zugleich. Für den kulturellen Bereich gilt die Formel: Je höher die Häuser, desto weniger Geld für Kultur. Es sei denn, man bezieht Diskos, Karaoke und Spielhallen in den Kulturbegriff mit ein.

Nach genau fünfzig Jahren konnte ich bei meiner letzten Reise auch wieder Djalantun in der Inneren Mongolei besuchen, was früher nicht möglich war. Die im Kleinen Xingang-Gebirge gelegene Stadt ist ebenfalls gewachsen, hat aber ihren ländlichen Charakter nicht wesentlich verändert. Die Luft ist auch heute noch relativ sauber, denn es gibt wenig Industrie. Der Ya-Lu-Fluß führt so schönes klares Wasser wie eh und je. Aus meinem Eisenbahner-Club ist ein Altersheim für Männer geworden. Mein Erscheinen erregte einiges Aufsehen und Erstaunen, als ich erzählte, daß ich hier vor fünfzig Jahren gearbeitet habe. Ich ging langsam durch die immer noch nicht asphaltierten Straßen und suchte unter den vielen kleinen Häusern und Höfen den Hof, auf dem unsere Kate stand. Ich habe ihn nicht gefunden.

Als ich 1996 im Februar in Israel war, herrschte eine Aufbruchstimmung, die mich an die Anfangszeiten des Staates erinnerte. Der Frieden war schon greifbar, ehemalige Todfeinde verkehrten miteinander, als wäre es schon immer so gewesen. Der damit verbundene wirtschaftliche Aufschwung war unverkennbar, Israel boomte. Jetzt konnte ich endlich meinen alten Traum wahr machen und nach Petra, der alten Stadt der Nabbathäer in Jordanien, fahren.

Damals, als ich nach Israel einwanderte, träumten viele davon, diese geheimnisvolle Stadt einmal zu sehen. Schließlich gilt Archäologie in Israel als eine Art Volkssport. Aber der Weg dahin war durch eine undurchlässige und todbringende Grenze versperrt. Im Laufe der Jahrzehnte versuchten einige Desperados unter den jungen Israelis immer wieder diese Grenze zu überwinden, nur um Petra zu besuchen. Sie wurden als Spione entweder verhaftet oder vorher schon erschossen. Und nun, 1996, war die Reise dorthin nicht weniger normal als eine Fahrt von Berlin nach Neuruppin (die vor nicht allzu langer Zeit wenigstens für die damaligen West-Berliner auch nicht ganz so normal war).

Nach einer Reihe fremdenfeindlicher Übergriffe wurde ich im Sommer 1998 zu einer Tagung des Rates der Brandenburgischen Stadt Königs-Wusterhausen zum Thema Rechtsextremismus eingeladen. Einige namhafte Experten wie Prof. Dr. Rainer Erb und der bekannte Kriminologe Bernd Wagner referierten über den traurigen Stand der Dinge in dieser Stadt und in anderen Städten Brandenburgs. Die Eskalation der Gewalttaten sogenannter rechtsextremistischer Jugendlicher gegen Ausländer, sowie ihr militanter Antisemitismus, so sagten sie, fordere die Öffentlichkeit, den demokratischen Staat und vor allem die Politiker zu verstärktem Handeln heraus. Über die richtigen Methoden der Bekämpfung dieses Angriffs auf Demokratie, Menschenrechte und Menschlichkeit besteht bis heute kein Konsens. Es bleibt daher bei wenig mehr als verbaler Entrüstung, öffentlichen Protestritualen und Aufrufen zu Wachsamkeit, denen kaum durchgreifende Taten folgen.

Ich bin der Auffassung, daß man diese jungen Menschen nicht sich allein und ihren Verführern überlassen darf, sondern daß die Politiker und die Parteien, vor allem aber die Schulen die Pflicht hätten, sich sehr viel mehr um diese irregeleiteten Kinder und ihre versagenden Eltern zu kümmern. Obwohl der Antisemitismus ein Problem der Antisemiten und nicht der Juden ist, sollten auch wir uns mehr an seiner Bekämpfung beteiligen. Wir sollten, quasi in Form eines »Anschauungsunterrichts«, mit ihnen, die noch nie einen Juden gesehen oder gesprochen haben, über das Judentum, die nazistische Gewaltherrschaft und die Shoa direkt reden. All das sagte ich auf der Tagung.

Während einer Kaffeepause trat ein junger, untersetzter, aber sehr stämmiger glatzköpfiger Mann an mich heran. Ich hatte ihn schon vorher gesehen und war etwas erstaunt über seine Anwesenheit in dieser Runde. Er sprach mich an: »Ick fand det jut, wat Se jesacht ham. Ick seh' zwar aus wie'n Skinhead, bin aba keener. Ick arbeete mit die Jungs in een Jugendklub. Et wäre jut, wenn die mal'n richtigen Juden sehen könnten und mit ihm sprechen. Wenn Sie keene Angst ham, würden Sie mal zu uns kommen?«

Ich nahm die Einladung sofort an. Die Leiterin des Klubs freute sich sehr über meine Zusage. Sie machte mich darauf aufmerksam, daß wir es mit wirklich problematischen Jugendlichen zu tun hätten, die aus einem zerrütteten sozialen Milieu stammten, denen keine Perspektiven gegeben seien und die sich nur in ihrer Gruppe stark und mutig fühlten. Sie verfielen den Parolen der rechten Verführer besonders leicht, die ihren Haß auf Ausländer, die sie «Fidjis, Kanaken, Itaker« usw. nennen, bis zum Fanatismus schürten. Selbstverständlich seien sie »überzeugte« Antisemiten, obwohl sie noch nie einen Juden gesehen hätten. Viele von ihnen hätten schon einmal wegen Gewalttaten in Gefängnissen gesessen, einige sogar mehrmals. Sie müsse mir das sagen, und sie habe volles Verständnis, wenn ich mir diesen Besuch noch einmal überlegen wollte. Ich dankte ihr für die Warnung und sagte, daß ich es nun um so mehr für meine Pflicht hielte zu kommen. Könnte ich auch nur einen einzigen dieser Jungs wenigstens zum Nachdenken bringen, hätte sich schon alles gelohnt.

Im September 1998 begleiteten mich die Jugendpsychologin Dr. Ute Benz, die großes Interesse an diesem Projekt hatte, und mein Schwiegersohn Eran, ein geborener Israeli, nach Königs-Wusterhausen.

Das Klubhaus war eine langgestreckte, recht dunkle zweiteilige Baracke. Ein Teil war für die älteren Jugendlichen, der andere für die unter Zwanzigjährigen bestimmt. Dort erwarteten uns circa 20 bis 30 Jungen und nur wenige Mädchen. Der Raum war voller Zigarettenqualm. Wir hatten Kekse und Kaffee mitgebracht, womit wir die ersten Minuten dieser für alle Beteiligten etwas seltsamen Begegnung überbrücken wollten. Einige der Mädchen saßen auf den Knien der Jungs und schmusten mit ihnen. Unsere Gegenwart störte sie dabei nicht im Geringsten. Ich stellte uns vor und betonte sofort, daß wir weder Aufnahmen von dieser Begegnung machen noch irgend etwas publizieren würden. (Ich war gewarnt worden, daß sie diesbezüglich äußerst argwöhnisch wären). Der Kaffee wurde ausgeschenkt, die Kekse herumgereicht und ich begann mit der Bemerkung, daß wir gekommen seien, uns nett mit ihnen zu unterhalten, daß ich ein jüdischer Musiker sei, der wisse, daß sie überzeugte Antisemiten wären, obwohl sie noch niemals einen Juden kennengelernt hätten und auch so gut wie nichts über das Judentum wüßten. Damit sie sich aber eine eigene Meinung bilden könnten, sei ich gekommen, um ihnen einmal einen Juden zu zeigen. Aber auch wir wollten uns davon überzeugen, daß sie gar nicht so böse seien, wie es überall behauptet würde.

Matthias (einer derjenigen, die ein Mädchen auf den Knien hatten), meldete sich im Verlauf des Treffens am häufigsten zu Wort. Dazu mußte er das Mädchen immer ein wenig zur Seite beugen. Wenn er dann zuhörte, rückte er sie wieder zurück, so daß sein Gesicht verdeckt war. Wir drei Besucher schmunzelten uns vorsichtig zu.

Nun folgte eine Bemerkung, ich glaube, sie kam wieder von

Matthias, die mir fast den Atem verschlug: »Wat denn, du bist doch keen Jude, du bist doch eener von uns, du bist doch'n Deutscher!« Frau Dr. Benz, Eran und ich schauten uns verblüfft an, dann sagte ich: «Na klar bin ich ein Deutscher und einer von euch, aber eben auch ein Jude. Das war doch der Hitler, der diese Absonderung den Menschen aufschwatzte. Und seine heutigen Nachfahren erzählen euch diesen Blödsinn immer weiter.«

Jetzt kam die zweite Überraschung: Irgendeiner der Jungs rief laut in die Runde: »Ach wat, der Hitler war doch'n Arschloch!« Und alle waren mit dieser Feststellung einverstanden. Wie interessant, also Nazismus ohne Hitler!

Ich versuchte ihnen nun etwas über das Judentum zu erzählen und berichtete über meine eigene Biographie, Nazizeit, Emigration, China, Israel, USA und Rückkehr nach Berlin. Damit hatte ich ihr Interesse geweckt, und sie stellten viele Fragen, zum Beispiel nach meinem Glauben und den verschiedenen Religionen. Eine allgemeine Unterhaltung setzte ein, z.B. wer woran glauben würde. Einer sagte: »Ick jlobe nur an mir selber«, ein anderer »Ick jlobe an Odin. Mein Vadder hat jesacht, dat det der richtige germanische Gott is und nich der Jesus...« usw. Einige lachten darüber, andere meinten, daß das alles Quatsch wäre. Im Laufe des Abends wurde die Unterhaltung immer lockerer. Die Jungs suchten auch in kleinen Grüppchen Kontakt mit jedem von uns.

Wir fühlten bei ihnen während der ganzen Zeit zwar eine gewisse Skepsis, doch keinerlei Feindseligkeit. Als wir aber zum Thema Ausländerfeindlichkeit kamen, wurde es lebhafter und merklich leidenschaftlicher. Es kamen die üblichen, uns bis zum Überdruß bekannten Parolen mit all ihren Vorurteilen und Teilwahrheiten, die wir mit guten Argumenten zu widerlegen versuchten, was uns natürlich nicht gelang. Bis dann Matthias wieder sein Mädchen resolut zur Seite beugte und uns seinen »Nationalsozialismus« erläuterte: Er sei national, weil Deutschland wieder den Deutschen gehören solle und die Ausländer ihm dann nicht mehr die Arbeit wegnehmen könnten und Sozialist, damit es wieder gerechter zugehe im Lande. Also Nationalsozialist!

Dann rief er emphatisch: »Bist du schon mal in Kreuzberg bei die Kanaken jewesen? Ein Deutscher kann sich da gar nicht mehr hin trauen. Weest du eigentlich, wat die mit uns deutschen Jungs machen? Wie die uns mit ihren Messern aufmischen? Mir ham se schon 'n Stich verpaßt! Willste mal sehen?«

Von allen Seiten kamen daraufhin bestätigende Kommentare und wer etwas ähnliches schon selber erlebt hätte. Aber ein hinter mir sitzender Junge raunte mir ins Ohr, daß ich das nicht alles glauben solle, denn die Jungs seien ja extra dort hingefahren, um sich mit den Türken zu schlagen. Und überhaupt, der Matthias und ein paar andere hätten schon gesessen.

Beim Abschied nach 4 Stunden intensiver Gespräche kamen alle, reichten uns die Hände und sagten zu mir: »Det war dufte, daß de da warst. Komm mal bald wieder!« Daraus wurde leider doch nichts. Wie wir später erfuhren, waren die Träger des Klubs, die Arbeiter-Wohlfahrt, mit unserem Besuch nicht einverstanden gewesen. Wie es hieß, sei man um unsere Sicherheit besorgt gewesen. Besser als derlei Bedenkenträgerei wäre es, wenn diese und ähnliche Einrichtungen mehr Fürsorglichkeit erfahren und auch finanziell besser ausgestattet werden würden. Es wäre dringend notwendig, geschultes Fachpersonal einzustellen, statt diese wichtige Aufgabe einigen wenigen unterbezahlten und kaum qualifizierten ABM-Kräften zu überlassen.

Mitte 1999 erfuhr ich durch die Presse, daß der Klub von sogenannten »linken« Jugendlichen überfallen und »unsere« Jungs verprügelt wurden. Diese selbsternannten »Rächer« sind selber nichts weiter als ebenso gewaltfreudige Schläger wie die Rechten. Solch eine »Aktion« ist mit Sicherheit die falsche Methode, mit ihnen umzugehen. Wir jedenfalls hatten die Überzeugung gewonnen, daß diese Jungs noch nicht verloren wären, wenn man sich ihrer mit etwas mehr Sachverstand und Fingerspitzengefühl annehmen würde, denn eines hat die Geschichte doch zur Genüge bewiesen: Es sind vor allem junge Leute, die für totalitäres Gedankengut besonders anfällig sind. Die demokratische Gesellschaft muß sich ihrer enormen Verantwortung für die Jugend bewußt werden, und dafür sorgen, daß besonders die Jugendlichen, die in wirtschaftlich und sozial unsicheren Verhältnissen aufwachsen, nicht in die Fänge ideologisch verbohrter Anführer abgleiten.

Zum Schluß, wie könnte es anders sein, noch ein paar Worte über mein, ja immer noch »mein« Orchester. Es wird, gemessen an den Eingriffen bei anderen mehr oder weniger vergleichbaren Einrichtungen, mit Glacéhandschuhen angefaßt. Mit Recht, denn wo gibt es noch eine Institution, die seit nunmehr 118 Jahren ihr künstlerisches Niveau und ihren Stellenwert in der musikalischen Welt so gehalten hat wie diese – und das trotz des Generationswechsels, der in den letzten Jahren stattgefunden hat. Was wieder einmal die Richtigkeit der künstlerischen Autonomie des Orchesters bei der Wahl des Nachwuchses beweist. Ich bin glücklich, die Möglichkeit gehabt zu haben, bei der Neufassung der Dienstordnung, die diese Autonomie des Orchesters und seine Mitbestimmung in allen künstlerischen Fragen garantiert, mitzuwirken.

Daß der von uns damals gewählte Indendant, Ulrich Meyer-Schoellkopf, das Orchester nach nur einer Amtsperiode aus privaten Gründen verlassen mußte, habe ich gemeinsam mit den Mitgliedern und Freunden des Orchesters sehr bedauert. Seine Amtszeit war infolge seiner ruhigen und ausgleichenden Art und seiner immer noblen und fairen Haltung beispielhaft und wegweisend für dieses Amt.

Anfang und Mitte der neunziger Jahre hat im Berliner Philharmonischen Orchester nicht nur ein Generationswechsel, sondern auch ein Wechsel in den Spitzenpositionen des Orchesters stattgefunden: zwei neue Erste Konzertmeister, wobei einer von ihnen zusätzlich zu den bisher üblichen drei hinzukam, und an wichtigster Stelle der neue »künstlerische Leiter« (Claudio Abbado möchte nicht Chefdirigent genannt werden).

Konnte und kann bei solchen durchgreifenden Veränderungen à la longue die Kontinuität des künstlerischen Niveaus bewahrt werden? Der Generationswechsel kam Abbados besonderem Interesse für die musizierende Jugend entgegen. So dirigiert er, wenn es seine Zeit erlaubt, gerne Jugendorchester, und die danken es ihm mit vorbehaltloser Bewunderung.

Die »Überreste« der Karajan-Ära hatten ihn zwar 1989 gewählt, musikalisch aber entsprachen sie wohl nicht ganz seinen Vorstellungen und seinen Konzepten. Nebenbei bemerkt: Dirigenten sehen in der Regel am liebsten nur junge Gesichter um sich herum im Orchester. Alt und reif sollten nur sie selber werden. Älter gewordene Orchestermusiker gelten als verbraucht und hemmen angeblich die musikalische Entwicklung des Orchesters (im Sinne des Dirigenten). Darüber hinaus sind sie auch noch kritisch eingestellt, manchmal sogar renitent.

Interessante neue Programmkonzepte waren von Claudio Abbado erwartet worden, als er 1989 in geheimer Abstimmung der Orchestermitglieder und zur Überraschung der Öffentlichkeit gewählt wurde. Diese Konzepte hat er in den sieben Jahren, die er an der Spitze unseres Orchesters steht, konsequent durchgeführt. Die Einbeziehung anderer Kunstgattungen wie Literatur, Malerei usw. in seine Programmgestaltung haben Interesse nicht nur in Berlin hervorgerufen. Die zyklische Aufführung von Werken einzelner Komponi-

Bei der Unterzeichnung der neuen Dienstordnung, die dem Orchester volle Mitbestimmung in allen künstlerischen Fragen garantierte, 1990
v.l.n.r.: Ulrich Meyer-Schoellkopf, Hellmut Stern, Claudio Abbado, Rudolf Watzel

sten, über größere Zeiträume verteilt, ist ein Novum für uns. Einige von ihnen werden heiß diskutiert.

Diese Diskussionen sind dem Kulturleben der Stadt nur förderlich. Abbado setzte auch Schwerpunkte bei der Musik einiger zeitgenössischer Komponisten wie Nono, Ligeti, Berg u.a. In seinen Konzertprogrammen findet man neben Mahler viele russische Komponisten, insbesondere Moussorgski. Einige der denkwürdigsten Ereignisse waren die semi-konzertante Aufführung der Rossini-Oper »Die Reise nach Reims«, des »Boris Godunow«, konzertant in Berlin und szenisch in Salzburg, desgleichen die »Elektra« und der »Wozzeck« von Alban Berg.

Mancher Kritiker, der sich große Sorgen um die Probentermine unseres Orchesters machte, müßte nun beruhigt sein: Wenn für »konservative« Repertoire-Programme früher im Schnitt drei Proben ausreichten (wir pflegten im Orchester zu sagen: »Zum Weltruhm hat's gelangt«), so sind es heute mindestens fünf geworden. Ob nun gerade diese Programme durch die vermehrte Probenzahl im Verhältnis zu früher an Qualität gewonnen haben, das zu beurteilen ist Sache des Publikums.

Wir werden oft gefragt, wo denn der Unterschied zwischen Karajan und Abbado läge. Darauf eine absolut eindeutige Antwort zu geben, ist kaum möglich. Das Wesen der beiden, ihre Herkunft, ihre Lebens- und Weltanschauung und damit auch ihr Musizieren sind so unterschiedlich, daß jeder Vergleich nur ungenau ausfallen würde. Dem etwas scheuen und doch recht impulsiven, emotionalen Karajan steht der eher introvertierte und intellektuelle Perfektionist Abbado gegenüber. Der Unterschied schlägt sich ganz besonders in der Probenarbeit nieder. Daß Abbado nach relativ spannungslosen Proben dann am Abend musikalisch »explodiert«, ist ein oft beobachtetes und kommentiertes Phänomen. Das Orchester hat zweifellos an Perfektion und Brillanz gewonnen. Ob die besondere Klangwärme, die immer als die besondere Eigenschaft unseres Orchesters empfunden wurde, dabei in den Hintergrund gerät, darüber grübelt und streitet mancher langjährige Bewunderer der Berliner Philharmoniker.

Mit abwertendem Unterton wird dem Orchester zuweilen vorgeworfen, es wäre »museal«. Die »Avantgardisten« vermissen einen größeren Anteil der Moderne in den Programmen. Selbst Mahler und Strauss, Bartók und Hindemith, Prokofjew und Britten, um nur einige »Klassiker« zu nennen, werden schon in die Museumsabteilung verwiesen. Der Vorwurf der Musealität des Berliner Philharmonischen Orchesters ist gerade in der Ära Abbado nicht nur unfair, sondern zeugt von wenig Sach- und Fachkenntnis.

Daß Berlin in der Welt vielleicht nur noch neben New York als die Musikstadt gilt, verdankt es nicht zuletzt dem Weltrenommee dieses Orchesters. Von ihm wird überall in der Welt die Pflege der unsterblichen Klassiker erwartet und ihre Aufführung verlangt. Statt auf solch ein »Museum« stolz zu sein, möchte man am liebsten, daß es diese vornehmste Aufgabe auf ein notwendiges Minimum beschränkt, um endlich ein »modernes« Orchester zu werden. Allerdings darf man auch nicht in das andere Extrem verfallen: Wenn man zum Beispiel im Brahmsjahr alle die Werke, die ohnehin jedes Jahr aufgeführt werden, abermals bringt, diesmal »zyklisch«, so empfinde ich das als übertrieben und konzeptionell nicht sehr originell.

Gegen Ende ist es ja üblich, Dank zu sagen. Bedanken möchte ich mich bei Gudrun Fröba und Rainer Nitsche für ihre Bemühungen, aus mir, wenn nicht gerade einen Schriftsteller, so doch einen Autor zu machen – wo ich doch ein Mensch bin, der in der Regel zu faul ist, auch nur eine Postkarte zu schreiben. Sie haben mir damit geholfen, der so gefürchteten Zeit danach, der Zeit nach dem Orchester, einen neuen Inhalt zu geben. Meinen Freunden Jens Brüning und Heinz Wilhelm Spreitz danke ich für weise Ratschläge und Anregungen.

Daß ich noch einen Dank ausspreche, wird jeder, der das Buch gelesen hat, verstehen: meinen Eltern. Durch die äußeren

Umstände wurden wir mehr als eine »normale Familie« wir waren eine Schicksalsgemeinschaft. Und ohne die Tapferkeit meiner Mutter, ohne die Energie meines Vaters hätte ich aus meinem Leben nicht das machen können, was ich – in aller Bescheidenheit – gemacht habe.

Meiner Lebensgefährtin Tania danke ich für ihre Geduld, wenn ich ungeduldig war. Franziska Günther vom Aufbau-Verlag danke ich für ihr kompetentes Lektorat. Der Pressechefin im Aufbau-Verlag, Barbara Stang, gilt mein besonderer Dank für ihre Bemühungen, mir zu noch größerer »Berühmtheit« zu verhelfen.

Für *glückliche* Ohren
ÜBER 6 MONATE PLATZ 1 DER HÖRBUCH-BESTSELLER-LISTE
FRIEDRICH DER GROSSE
Christian Graf von Krockow
DONNA W. CROSS DIE PÄPSTIN
HÖRSPIEL DER>AUDIO<VERLAG
Mäuseken Wackelohr
Hans Fallada/Peter Brasch
KINDERHÖRSPIEL DER>AUDIO<VERLAG
Ob groß oder klein: Der Audio Verlag macht alle Ohren froh. Mit Stimmen, Themen und Autoren, die begeistern; mit Lesungen und Hörspielen, Features und Tondokumenten zum Genießen und Entdecken.
DER>AUDIO<VERLAG D>A<V
Mehr hören. Mehr erleben.
Infos, Hörproben und Katalog: www.der-audio-verlag.de
Kostenloser Kundenprospekt: PF 193, 10105 Berlin

Ernest Heppner

Fluchtort Shanghai

Erinnerungen 1938–1948

Aus dem Amerikanischen
von Roberto de Hollanda

274 Seiten
Band 1724
ISBN 3-7466-1724-3

Als Ernest Heppner und seine Mutter sich 1939 zur Flucht aus Deutschland entschlossen, war die Wahl des Exilortes nicht der Abenteuerlust geschuldet: Shanghai verlangte als einziger Ort der Welt kein Einreisevisum. Doch die Heimatlosigkeit wog für die Shanghai-Flüchtlinge, die zum größten Teil in bitterster Armut im Ghetto Hongkew leben mußten, besonders schwer.

Heppners Bericht gehört zu den leisen, unspektakulären Versuchen, dieses Kapitel der Exilgeschichte aufzuarbeiten, und weist durch seine chronistische Genauigkeit weit über die persönliche Geschichte hinaus: ein einzigartiges und spannendes Zeugnis des Überlebens unter widrigsten Umständen in einer völlig fremden Welt.

»Fluchtort Shanghai ist eine ›sine ira et studio‹ verfaßte und daher um so lesenswertere Chronik des bislang wenig beachteten und daher wenig bekannten jüdischen Exilorts an der chinesischen Pazifikküste.«

Süddeutsche Zeitung

AtV
Aufbau Taschenbuch Verlag

Manfred Flügge

Wider Willen im Paradies

Deutsche Schriftsteller im Exil in Sanary-sur-Mer

163 Seiten
Band 8024
ISBN 3-7466-8024-7

Für deutsche Literaten und Maler war die Côte d'Azur seit Jahrhunderten ein Magnet der Sehnsucht. Bis 1933. Danach wurde die Küste mit der poetischen Patina zur Zuflucht vieler deutscher Künstler, bis sie anderswo Exil fanden oder in französische Internierung gerieten. Sanary-sur-Mer wurde zur literarischen Diaspora und zum geistigen Zentrum der Emigration. Thomas Mann lebte hier und Lion Feuchtwanger, Ludwig Marcuse, Franz Werfel, Bruno Frank, Franz Hessel, Friedrich Wolf. Viele heimatlos gewordene Künstler machten als Besucher Station: Brecht, Heinrich Mann, Arnold Zweig, Stefan Zweig, die Kinder Thomas Manns, Kisch oder Hasenclever. Sanary-sur-Mer war zum Wartesaal geworden, zum Sinnbild der Verlorenheit.

AtV

Aufbau Taschenbuch Verlag

Victor Klemperer

Ich will Zeugnis ablegen bis zum letzten

Tagebücher 1933–1945

Herausgegeben von Walter Nowojski unter Mitarbeit von Hadwig Klemperer

8 Bände in Kassette
1800 Seiten
Band 5514
ISBN 3-7466-5514-5

Victor Klemperers Tagebücher haben sich als unverzichtbare und unvergleichliche Zeitdokumente von außergewöhnlicher Faszination erwiesen. »Beobachten, notieren, studieren« – das war die ständige Forderung, die er an sich selbst stellte. Seine minutiösen Notizen über den Alltag der Judenverfolgung mitten in einer deutschen Großstadt lösten die selbstgesetzte Chronistenpflicht des zwangsemeritierten jüdischen Professors ein, den die Liebe seiner nichtjüdischen Ehefrau Eva vor der Deportation bewahrte. Tag für Tag, trotz ständiger Todesgefahr, Zwangsarbeit und entwürdigender Existenz im »Judenhaus«, hielt Victor Klemperer fest, was er erlebte, hörte, sah, was ihm zugetragen wurde: den täglichen Terror mit Razzien, ständig neuen Verboten und Schikanen, gelegentlich auch Gesten der Solidarität von Unbekannten, Gerüchte, politische Witze oder Berichte von Frontsoldaten. Er wollte der »Kulturgeschichtsschreiber der Katastrophe« sein, er wurde darüber hinaus auch der Chronist von bewegenden Schicksalen und Familientragödien, über die die Zeit hinwegging.

AtV
Aufbau Taschenbuch Verlag

Denis de Rougemont

Journal aus Deutschland
1935–1936

Aus dem Französischen
von Tobias Scheffel

Mit einem Nachwort
von Jürg Altwegg

151 Seiten
Band 8063
ISBN 3-7466-8063-8

Von 1935–1936 war der französischsprachige Schweizer Denis de Rougemont Lektor an der Universität Frankfurt. Dort erlebte er, dessen tiefe Zuneigung zur deutschen Kultur bekannt war, den Nationalsozialismus aus der Perspektive des Außenstehenden im Alltag. Seinen Aufzeichnungen verdanken wir eines der sensibelsten und scharfsinnigsten Protokolle der Atmosphäre und der Szenerie im damaligen Deutschland.

»Seine Beobachtungen sind vom bitteren Geruch der Wahrheit, vom galligen Geschmack der Wirklichkeit geprägt – vom ›erbärmlichen Idealismus‹, der in allen Herzen zu wuchern scheint, bis zu dem barbarischen Kult, mit dem der Vernichter als Erlöser gefeiert wurde.«

DIE ZEIT

AtV
Aufbau Taschenbuch Verlag

Bruno Apitz
Nackt unter Wölfen
Roman

427 Seiten
Band 1420
ISBN 3-7466-1420-1

Ein Kind im Konzentrationslager Buchenwald, ein dreijähriger Junge, eingeschleust von einem Neuzugang aus Auschwitz. Wenn die SS davon erfährt, ist ihm der Tod gewiß. Und auch denjenigen, die sein Leben bewahrten. Mehr noch: Die SS könnte auf die Spur des geheimen internationalen Lager-Komitees gebracht werden, das durch einen Aufstand der Liquidierung aller zuvorkommen will. Denn das ist der Plan der Lagerleitung: Die näherrückenden Amerikaner sollen in Buchenwald keine lebende Seele vorfinden. Dennoch – nirgendwo kann man das Kind besser schützen als hier. Aller Vernunft zum Trotz verbergen die Häftlinge den Jungen bis zu dem Tag, an dem sie das Lagertor stürmen.

Dieser bewegende Roman, für den Bruno Apitz authentische Ereignisse verarbeitete, wurde zum Welterfolg in 30 Sprachen.

Icchokas Meras

Remis für Sekunden

Roman

Aus dem Litauischen
von Irene Brewing

159 Seiten
Band 1752
ISBN 3-7466-1752-9

Die Schachpartie, die der sechzehnjährige Isaak gegen den Kommandanten des jüdischen Ghettos spielt, ist ein Spiel auf Leben und Tod. Aus einer satanischen Laune heraus hat der Kommandant ein schreckliches Angebot unterbreitet: wenn Isaak das Spiel gewinnt, bleiben die zum Abtransport vorgesehenen Kinder im Ghetto, aber Isaak wird erschossen; wenn er verliert, bleibt er am Leben, doch die Kinder werden weggebracht …

AtV
Aufbau Taschenbuch Verlag

Lion Feuchtwanger

Exil

Roman

856 Seiten

Band 5022

ISBN 3-7466-5022-4

In jener Nacht, in der das Auto über die Schweizer Grenze rast, ist der Schlagbaum auf deutscher Seite nicht geschlossen: Die Entführung des Journalisten Friedrich Benjamin geschieht im Auftrag deutscher Behörden. Sie ist Teil einer Kampagne der Nationalsozialisten gegen die Emigrantenpresse. Ein Tauziehen beginnt zwischen der NS-Parteizentrale und den in Paris lebenden Exulanten um das Leben des Mannes Benjamin, um die Existenz der Zeitung »Pariser Nachrichten«. Private Interessen mischen sich mit politischen, das Engagement für oder gegen Benjamin bleibt nicht ohne Wirkung auf Lebensschicksale der Emigranten und ihrer Gegenspieler.

AtV

Aufbau Taschenbuch Verlag

Wut, Verachtung, Abwertung